9급/7급 공무원 시험대비 **최신판** 동영상강의 www.pmg.co.kr

박문각 공무 입문서

2024

시작!
노범석
한국사

QMG 박문각

KB065373

이 책의 머리말

20여 년 동안 강의를 하면서 맞닥뜨리는 것 중 하나가 바로 국사에 대한 수험생 여러분들의 절치부심한 고민들입니다. 한국사 수업에 대한 수험생들의 고민 중 가장 흔한 것이 '지루하고 암기량이 너무 많아 어렵다'는 것이었습니다. 역사라는 긴 시간의 흐름이 요즘 수험생들의 짧게 생각하려는 특성과는 아무래도 어울리지 않는 것이 사실이기도 합니다.

때문에 현장에서 수험생들을 가르치는 교수로서 나름대로 쉽게 그리고 오래 기억될 수 있도록 여러 가지 방법을 시도하고 있습니다. 아무리 중요한 내용일지라도 학생들에게 명확히 전달되지 않는다면 그 수업은 실패이기 때문입니다. 이 교재는 그런 고민이 반영되었습니다.

오랜만에 한국사 공부를 하는 수험생들을 위해 억지로 암기하기 보다는 듣다가 보면 자연스럽게 한국사의 주요 내용이 기억되는 스토리텔링 방식으로 서술되었습니다.

특정 시기의 이 부분에서는 어떤 설명이 학생들에게 쉽게 받아들여졌고, 학생들이 특히 관심을 갖는 부분은 어떠한 내용이었는지를 수업의 실제 경험에서 기억하여 서술에 반영하였습니다.

또한 최신 출제 경향을 한눈에 파악할 수 있도록 하였으며, 국정 교과서는 물론 개정 교과서의 내용까지 담아 한국사의 모든 내용을 폭넓게 다루었습니다.

이처럼 이 교재는 공무원 국사를 처음 준비하는 수험생 여러분들이 최소한의 노력으로 최대의 효과를 얻을 수 있도록, 수험생들로 하여금 가벼운 마음으로 역사에 다가설 수 있도록 현장 수업을 상정하며 구성하였습니다. 따라서 개념 서술 형식도 나열식 설명은 가급적 피하면서 구체적 내용 하나하나에 대하여 인과 관계의 맥을 간결하게 짚어, 전체적인 흐름을 중시하는 방식을 취하였습니다.

기본적으로 국정 교과서에 맞춰 서술 체계는 통사의 형식을 채택하였고, 공무원 한국사 출제 비중에 맞춰 시대별·주제별 비중을 안배하였습니다. 특히 정치사의 경우 전체적인 역사적 흐름을 잡을 수 있도록 인과적 전개 방식을 취해 교재에 적극 반영하였습니다. 또한 사료와 사진 자료, 표, 개념 설명 등을 풍부하게 삽입하여 이해를 더욱 돕고자 하였습니다.

이 교재가 출간되기까지 오랜 시간 수많은 고민과 어려움을 함께해 준 정건수 연구실장 및 신윤원 선생님 이하 연구실 직원들, 늘 학원에서 사는 저를 이해해준 가족들에게 감사의 말을 올립니다. 또 잦은 교정과 편집 요청에도 한결같이 성심을 다해 준 박문각 공무원 출판팀 여러분에게도 깊은 감사의 마음을 표합니다.

아직도 불이 꺼지지 않은 노량진 현장에서

해법국사 노범석

구성과 특징

1

각 테마별로 08년~23년까지의 기출 분석표를 넣어 해당 단원의 중요도와 최근 기출 동향을 한눈에 파악할 수 있도록 했습니다.

기/출/분/석

구분	2008~2016	2017	2018	2(
국가 9급	• 선사(2) • 구석기 • 신석기(2) • 청동기	청동기		청동기
지방 9급	• 구석기(3) • 신석기(3) • 청동기(2) • 철기	선사	선사	
법원 9급	• 선사(3) • 신석기(4) • 청동기(5) • 철기	신석기	청동기	청동기

3 불교의 발달

(1) 원효(617~686) ✦✦

원효는 다양한 저술 활동을 하는 등 불교의 사상적 이해 기준을 확. 또한 모든 것이 한마음에서 나온다는 **일심 사상**을 바탕으로 여러 종. (화쟁)시키기 위해 노력하였다. 원효는 어려운 불교 경전을 이해하. 라도 나무아미타불이라는 염불만 외우면 누구든지 극락에 갈 수 있다. **신앙**을 전도하여 **불교의 대중화**에 큰 역할을 하였다.

 사료 원효의 불교 대중화

> 원효가 … 광대들이 놀리는 큰 박을 얻었는데 … 도구를 만들어 『화엄경.
> 체 무애인은 한길로 생사를 벗어난다."라는 문구에서 그 이름을 따와서.
> 고 하며 이내 노래를 지어 세상에 퍼뜨렸다. … 가난하고 무지몽매한 무.
> 모두 부처의 호를 알게 되었고, 모두 나무아미타불을 부르게 되었으니.

(2) 의상(625~702) ✦ ·

의상은 모든 존재가 상호 의존적인 관계에 있으며 서로 조화.

2

테마 안의 주요 주제들에는 별 표시를 해서 해당 단원에서 어느 내용을 좀 더 중점적으로 봐야 되는지 표시했습니다.

1 고구려의 발전 과정

(1) 고구려의 성립
기원전 37년 고주몽(동명성왕)이 고구려를 건국하였다. 이후, 유리왕 때 졸본성에서 압록강 근처의 국내성으로 도읍을 옮겼다.

(2) 태조왕(53~146)
옥저를 복속하고 계루부 고씨가 왕위를 세습하였다.

(3) 고국천왕(179~197)
부족적 전통을 지닌 5부가 **행정적 성격의 5부로 개편**되었고, 왕위 계승이 형제 상속에서 **부자 상속**으로 확립되었다. 한편, 한미한 신분의 을파소를 국상으로 채용했으며 빈민 구제를 목적으로 **진대법**을 실시하였다.

(4) 동천왕(227~248)
서안평을 공격했다가 이에 자극받은 위나라(관구검)의 침입을 받았다.

(5) 미천왕(300~331)
전략적 요충지인 **서안평**을 비롯해 **낙랑군**과 대방군까지 점령하였다.

(6) 고국원왕(331~371)
전연(모용황)의 침입을 받아 국내성이 함락되었고, **근초고왕의 공격**을 받아 국왕이 **평양성에서 전사**(평양성 전투)하는 등 국가적 위기에 빠졌다.

3

내용 서술은 되도록 쉬운 표현으로 읽으면서 역사적 사건들의 인과 관계가 충분히 전달 되도록 구성했습니다.

④

각 테마별로 날개단의 지도, 표, 더알아보기,
사진자료 등을 삽입해서 보충 설명이 충분히
가능하도록 했습니다.

⑤

각 테마별로 학습이 끝난 후 학습 내용을
간단히 점검할 수 있도록 대표 기출문제를
넣었습니다.

대표 기출문제

밑줄 친 '그'에 대한 설명으로 옳은 것은?

그는 중국 유학을 마치고 귀국한 다음, 국왕에게 황룡
했다. 그가 9층탑 건립을 건의한 데에는 주변 나라의 침
담겨 있다.

① 화랑이 지켜야 할 세속오계를 지었다.
② 대국통으로 있으면서 계율을 지키는 일에 힘을 ㅂ
③ 통일 이후의 사회 갈등을 통합으로 이끄는 화엄
④ 일심(一心) 사상을 주장하여 불교 교리의 대립을

Part 01 | 선사 시대의 문화와 국가의 형성

01 한국사의 바른 이해   10

02 선사 시대   11

03 고조선   15

04 여러 나라의 성장   17

Part 02 | 고대 사회의 발전

05 삼국의 정치적 발전   22

06 삼국 통일   31

07 통일 신라   33

08 발해   36

09 고대의 통치 체제   38

10 고대의 경제·사회   40

11 고대의 불교(+도교)   44

12 고대의 학문·과학 기술·예술   47

Part 03 | 중세 사회의 발전

13 중세 사회의 성립   54

14 중세 사회의 발전   56

15 통치 조직의 정비   59

16 문벌 귀족 사회의 성립과 동요   61

17 무신 정권과 대몽 항쟁   64

18 고려 후기의 정치 변동   66

19 중세의 경제·사회   68

20 불교와 도교, 풍수지리설   74

21 중세의 학문·과학 기술·예술   76

Part 04 | 근세 사회의 발전

22 근세 사회의 성립   82

23 집권 체제의 확립   83

24 통치 체제의 정비   86

25 사림의 대두와 붕당의 형성   89

26 대외 관계와 양난   93

27 근세의 경제·사회   96

28 민족 문화의 융성   101

29 성리학의 발달과 불교·민간 신앙   107

Part 05 | 근대 사회의 태동

30 통치 체제의 변화   112

31 붕당 정치의 변질과 탕평 정치(+세도정치)   113

32 조선 후기의 경제   119

33 조선 후기의 사회   123

34 성리학의 변화와 실학의 발달   126

35 과학 기술의 발달과 문화의 새경향   130

Part 07 | 민족의 독립 운동

43 식민 통치 체제의 구축과 경제 수탈   166

44 3·1 운동과 대한민국 임시 정부   170

45 국내의 항일 운동   173

46 무장 독립 전쟁의 전개   177

47 실력 양성 운동과 사회 운동   182

48 민족 문화 수호 운동   185

Part 06 | 근대 사회의 전개

36 흥선 대원군의 개혁 정책   136

37 개항과 불평등 조약   139

38 임오군란과 갑신정변   142

39 동학 농민 운동과 갑오개혁   146

40 독립 협회와 대한 제국   150

41 국권의 피탈과 항일 투쟁   153

42 근대의 경제·사회·문화   159

Part 08 | 현대 사회의 발전

49 대한민국 정부의 수립   192

50 6·25 전쟁   198

51 이승만 정부와 박정희 정부   200

52 전두환 정권과 제6공화국   205

53 통일 정책   208

54 경제의 발전과 사회의 변화   211

시작!
노범석
한국사

01 한국사의 바른 이해

02 선사 시대

03 고조선

04 여러 나라의 성장

PART
01

선사 시대의 문화와
국가의 형성

Theme 01 한국사의 바른 이해

기/출/분/석

구분	2008~2016	2017	2018	2019	2020	2021	2022	2023
국가 9급	• 역사관의 사관 • 기록으로서의 역사 • 우리 역사의 특수성 • 사료 비판							
지방 9급	• 기록으로서의 역사 • 사실로서의 역사							
법원 9급								

1 역사의 두 가지 의미

'역사(歷史)'라는 말은 여러 학자들에 따라 다양하게 쓰이지만, **일반적으로는 '과거에 있었던 사실'과 '조사되어 기록된 과거'라는 두 가지 뜻**을 지니고 있다.

(1) 사실로서의 역사

사실로서의 역사는 객관적 의미의 역사, 과거에 있었던 사실 그 자체를 의미한다. 시간적으로 현재에 이르기까지 일어났던 모든 과거 사건을 의미하기 때문에 이러한 의미에서 역사는 바닷가의 모래알같이 수많은 과거 사건들의 집합체이다. 대표적인 학자로는 19세기의 랑케가 있다.

(2) 기록으로서의 역사

기록으로서의 역사는 주관적 의미의 역사, 조사되어 기록된 과거를 의미한다. 역사는 과거 사실을 토대로 역사가가 재구성한 것이므로, 필연적으로 역사가의 가치관과 같은 주관적 요소가 개입하게 된다. 대표적인 학자로는 크로체와 카(E. H. Carr)가 있다.

> **사료** 기록으로서의 역사
>
> '역사란 무엇인가?'라는 물음에 대한 나의 최초의 대답은 결국 다음과 같은 것이 된다. 역사란 역사가와 사실 사이의 부단한 상호 작용의 과정이며, 현재와 과거 사이의 끊임없는 대화이다. — E. H. 카, 「역사란 무엇인가?」

더 알아보기

역사 연구 방법
사료를 가지고 과거 역사 탐구
⇨ 연구 결과는 역사가의 사관에 따라 서술

더 알아보기

역사 학습의 목적
과거 사실에 대한 지식을 토대로 현재 본인이 살아가는데 필요한 능력과 교훈 획득

Theme 02 선사 시대

구분	2008~2016	2017	2018	2019	2020	2021	2022	2023
국가 9급	• 선사(2) • 구석기 • 신석기(2) • 청동기	청동기		청동기	구석기	신석기		청동기
지방 9급	• 구석기(3) • 신석기(3) • 청동기(2) • 철기	선사	선사					
법원 9급	• 선사(3) • 신석기(4) • 청동기(5) • 철기	신석기	청동기	청동기		신석기		

해/법/요/람

	70만 년 전 구석기	B.C. 8000년 전 신석기	B.C. 2000년 전 청동기
사회	무리 사회	씨족 →(족외혼) 부족 사회	군장 국가
도구	뗀석기(사냥용)	간석기(농기구)	비파형 동검, 반달 돌칼
경제	채집, 수렵	원시 농경 ⇨ 조·피·수수	본격적 농경 ⇨ 벼농사 시작
주거	동굴, 막집	**움집(강가, 해안)** 반지하, 원형 화덕(중앙)	**움집(야산, 구릉)** 지상화, 직사각형, 화덕(벽) 배산임수(취락)
신앙	주술적	원시 신앙 (애니미즘, 토테미즘, 샤머니즘)	선민사상(제정일치)
대표 유적	연천 전곡리 공주 석장리	서울 암사동	부여 송국리

주먹도끼

주먹도끼는 짐승을 사냥하고 가죽을 벗기며, 땅을 파서 풀이나 나무뿌리를 캐는 등 여러 용도에 사용하는 만능 석기였다.

흥수아이

청원 두루봉 동굴에서 5~7세 어린이의 완전한 뼈가 발견되었는데, 발견자인 김흥수씨의 이름을 따서 '흥수아이'라고 부르게 되었다. 흥수아이의 머리와 가슴 부분에서는 국화꽃 가루가 검출되었는데, 이를 통해 당시 장례 절차로 국화꽃을 뿌렸음을 알 수 있다.

■ 이른 민무늬 토기

■ 빗살무늬 토기

■ 가락바퀴

1 구석기 시대

(1) 도구
뗀석기를 주로 사용했으며, 석기를 만드는 방법에 따라 전기·중기·후기의 세 시기로 나뉜다.

(2) 사회 모습
뗀석기와 동물 뼈로 만든 도구 등을 가지고 **사냥과 채집, 고기잡이**를 하면서 생활하였다. 주로 **동굴이나 바위그늘**에서 살거나 강가에 막집을 짓고 살았다. 먹을 것을 찾아 무리를 지어 **이동 생활**을 했으며, 모두가 **평등한 공동체 생활**을 하였다.

(3) 유적지
대표적인 유적지로는 **경기도 연천 전곡리, 충남 공주 석장리** 등이 있다.

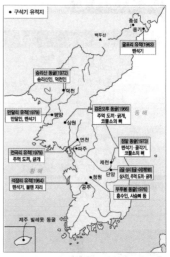
■ 구석기 시대의 유적지

2 신석기 시대 ☆

(1) 도구
돌을 갈아 만든 **간석기**를 사용했으며, 흙을 빚어 만든 토기를 가지고 식량을 운반·조리·저장하였다. 이 시기에 사용된 대표적인 토기로는 **이른 민무늬 토기, 덧무늬 토기, 눌러찍기무늬 토기, 빗살무늬 토기** 등이 있다.

(2) 경제
신석기 시대부터 **농경과 목축이 시작**되어 식량을 생산하였다. 신석기 사람들은 돌괭이·돌삽 등 간석기와 뼈나 뿔로 만든 농기구를 이용하여 잡곡류를 경작했으며, **가락바퀴·뼈바늘** 등을 가지고 옷이나 그물을 만들기도 하였다.

(3) 주거 생활
신석기 사람들은 주로 강가나 바닷가에 움집을 짓고 **정착 생활**을 하였다. 움집은 반지하형 가옥으로, 바닥은 원형이나 모서리가 둥근 사각형 모양이다. 움집의 중앙에는 취사와 난방을 위한 화덕이 있었다.

(4) 사회 모습

부족을 이루어 생활했으며, 부족은 **혈연을 바탕으로 한 씨족**을 기본 구성 단위로 하였다. 구석기 시대와 마찬가지로 **지배·피지배 관계가 발생하지 않은 평등한 사회**였으며, 연장자나 경험이 많은 사람이 부족을 이끌었다. 한편, 신석기 시대에는 **원시 신앙이 등장**하여 자연물이나 동물, 영혼 등을 숭배하였다.

(5) 유적지

대표적인 유적지로는 **서울 암사동, 봉산 지탑리, 부산 동삼동**, 양양 오산리 등이 있다.

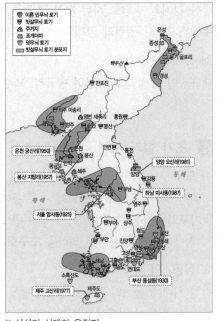

▌ 신석기 시대의 유적지

3 청동기 시대 ✿

(1) 도구

청동으로 도구를 만들기 시작했는데, **비파형 동검·거친무늬 거울** 등과 같이 주로 제사용 도구나 지배층의 장신구 등으로 사용되었다. 한편, **반달돌칼**·바퀴날도끼·홈자귀 등 석기를 농기구로 사용했으나, 청동제 농기구는 없었다. 그리고 **민무늬 토기, 미송리식 토기**, 붉은 간토기 등이 만들어졌다.

(2) 무덤

고인돌, 돌널무덤, 돌무지무덤 등이 만들어졌다. 특히 수십 톤 무게의 큰 돌을 가지고 만든 고인돌은 많은 인력을 동원할 수 있는 강력한 권력자가 이 시기에 존재했다는 것을 보여주는 유물이다.

(3) 경제

돌도끼, 바퀴날도끼, 홈자귀, 반달돌칼(추수용) 등 간석기가 농기구로 사용되었으며, **일부 저습지에서는 벼농사를 짓기 시작**하였다.

(4) 주거 생활

외부 침입을 막기 위해 마을 주변에 도랑을 파고 목책을 둘렀다. 움집은 점차 지상 가옥으로 바뀌었으며, 중앙에 있던 화덕은 벽 쪽으로 이동하였다.

▌ 비파형 동검

▌ 거친무늬 거울

▌ 미송리식 토기

▌ 탁자식(북방식) 고인돌

▌ 반달돌칼

더 알아보기

선민사상
자신의 부족을 하늘의 자손이
라고 믿는 사상. 정치 권력과
경제력이 우세한 부족은 선민
사상을 가지고 약한 부족을 정
복하였다.

■ 세형동검　■ 잔무늬 거울

더 알아보기

독무덤

독무덤은 크고 작은 항아리 두
개를 이어 붙여 만든 것으로,
주로 어린아이를 위한 무덤으
로 쓰였다.

■ 명도전

■ 반량전

(5) 사회 모습

생산 경제의 발달로 **사유 재산 제도와 계급이 발생**하였다. 점차 계급 분화가
뚜렷해지면서 **권력과 경제력을 가진 지배자(군장)가 등장**하였다.

(6) 유적지

대표적인 유적지로는 **부여 송국리, 의주 미송리**, 여주 흔암리 등이 있다.

4 초기 철기 시대

(1) 도구

기원전 5세기경부터 한반도와 만주 등지에서 점차 철기를 사용하였다. **철제
농기구의 사용**은 농업의 발달을 가져왔으며, 철제 도구의 사용에 따라 이전까
지 사용되었던 **청동기는 의식용 도구로 점차 변**하였다.

(2) 청동기의 독자적 발전

철기 시대에 들어와 한반도에서는 청동기 문화가 독자적으로 발달하였다. 이
에 따라 청동기 시대에 쓰이던 비파형 동검은 **세형동검**으로, 거친무늬 거울은
잔무늬 거울로 각각 그 형태가 변화되었다.

(3) 경제와 사회

철기 시대에는 철제 농기구와 철제 무기가 사용되어, 벼농사가 본격화되고 정
복 활동이 활발히 이루어졌다.

(4) 중국과의 교류

철기 시대의 유적에서 **명도전, 반량전, 오수전** 등 중국의 화폐가 출토되었다.
이는 당시 중국과 활발하게 교류했다는 것을 보여 준다. 또한 경남 창원 다호
리 유적에서 발견된 붓을 통해 당시에 중국으로부터 이미 한자가 전래되었음
을 알 수 있다.

대표 기출문제

밑줄 친 '이 시기'에 해당하는 사실로 옳은 것은?　　2017년 국가직 9급(하)

> <u>이 시기</u>에는 반달 돌칼 등 다양한 간석기가 사용되었고 민무늬 토기를 비롯한 토기
> 의 종류도 다양해졌으며, 고인돌과 돌널무덤이 만들어졌다.

① 목을 길게 단 미송리식 토기가 사용되었다.
② 용호동 유적에서 불 땐 자리가 확인되었다.
③ 주로 동굴이나 강가의 막집에 거주하였다.
④ 농경과 목축이 시작되었다.

밑줄 친 '이 시기'는 청동기 시
대이다. ① 청동기 시대에는
목이 길고 넓게 올라가서 다
시 안으로 오므라드는 것이
특징인 미송리식 토기가 사용
되었다.

오답분석
②, ③ 구석기 시대, ④ 신석
기 시대에 대한 설명이다.

정답　①

Theme 03 고조선

기/출/분/석

구분	2008~2016	2017	2018	2019	2020	2021	2022	2023
국가 9급	고조선(3)							
지방 9급	고조선							
법원 9급	고조선(2)					고조선	고조선	

해/법/요/람

고조선의 건국과 발전

건 국		• 성립 : 단군왕검, 기원전 2333년(『삼국유사』, 『동국통감』) • 영역 : 요령~한반도 　　　　비파형 동검, 고인돌(탁자식 · 북방식), 미송리식 토기의 출토 분포와 거의 일치 • 단군 이야기 : 청동기 문화를 바탕으로 고조선이 성립된 역사적 사실 반영 • 수록 문헌 : 『삼국유사』(일연), 『제왕운기』(이승휴), 『세종실록지리지』, 『응제시주』, 『동국여지승람』 등
발 전	단군 조선	• 세력 범위 : 요령~한반도(대동강 유역 중심) • 정치 조직 확립 : 왕위 세습(B.C. 3C, 부왕 · 준왕), 관직 정비(상 · 대부 · 장군 · 박사) • 대외 관계 : 연나라와 대립(연과 대등할 만큼 강성) • 연나라 장수 진개의 공격으로 요동 지역을 상실하고 대동강으로 이동(B.C. 3C 초)
	위만 조선	• 유이민의 이동(2차) : 진 · 한 교체기 위만이 고조선으로 이동, 세력 확대 　cf) 1차 유이민 이동 : B.C. 5C 전국 시대 혼란기 • 위만 왕조 성립(B.C. 194) : 유이민 세력과 토착 세력의 연합 정권, 단군 조선 계승 • 철기의 본격적 수용, 중계 무역으로 번성 • 대외 관계 : 흉노와 연결, 한과 대립(⇨ 한 무제의 침입)
멸 망		한 무제의 침입, 지배층의 내분으로 멸망(B.C. 108) ⇨ 한 군현 설치 ⇔ 토착민의 저항

1 고조선의 성립과 발전

(1) 성립
청동기 문화를 바탕으로 우리나라 역사상 최초의 국가인 고조선이 기원전 2333년에 건국하였다.

(2) 세력 범위
고조선은 요령 지방을 중심으로 성장하여 한반도까지 진출하였다. 이러한 세력 범위는 청동기 시대를 특징짓는 유물인 **비파형 동검과 탁자식 고인돌, 미송리식 토기**, 거친무늬 거울의 분포를 통해 짐작할 수 있다.

더 알아보기

『삼국유사』와 『동국통감』에는 고조선의 건국 이야기를 수록했으며, 『삼국유사』와 『제왕운기』에서 고조선을 우리나라 최초의 국가라고 기록하고 있다.

더 알아보기

단군 신화를 통해 환웅으로 대표되는 유이민 집단이 웅녀로 대표되는 토착 세력과 결합하여 고조선을 건국하였음으로 알 수 있다.

■ 고조선의 세력 범위

더 알아보기

위만은 동이족?
위만은 중국에서 건너왔으나 중국인이 아니라 조선인으로 본다. 그 이유는 아래와 같다.
1. 조선인의 특징인 상투를 틀고 조선인의 옷을 입은 채 남하하였다.
2. 왕이 된 이후에도 나라 이름을 그대로 조선이라 하였다.
3. 토착민 출신을 고위 관직에 등용하였다.

더 알아보기

고조선의 8조법
중국 한서 지리지에서 8조법 중 3개만 전해지고 있다. 이를 통해 고조선은 생명과 노동력을 중시했으며, 사유재산과 노비가 존재하는 계급 사회였음을 알 수 있다.

제시된 자료는 고조선의 8조법에 대한 내용이다. ④ 고조선에는 상(相)이 라는 관직이 있었다. 상(相)은 왕 밑에서 국무를 관장하며 왕과 함께 국가의 중대사를 논의하였다.

오답분석
① 동예의 제천 행사이다. ② 부여와 고구려에 존재한 혼인 풍습이다. ③ 고구려에 대한 설명이다.

정답 ④

(3) 단군 신화

단군 신화는 **청동기 문화**를 배경으로 고조선의 성립이라는 역사적 사실을 반영하고 있다. 또한, 단군왕검에서 단군은 제사장을, 왕검은 정치적 지배자를 의미하는데 이는 고조선이 **제정일치 사회**였음을 뜻한다.

(4) 단군 조선의 발전 과정

고조선은 요령 지방과 대동강 유역을 중심으로 점차 발전하였다. **기원전 3세기경에는 부왕, 준왕과 같은 왕이 등장**하여 왕위를 세습하였으며, **왕 밑에는 상·대부·장군 등의 관직이 존재**하였다. 기원전 4세기경에는 요서 지방을 경계로 연나라와 대립할 정도로 성장했으나, **기원전 3세기 초 연나라 장수 진개의 침입으로 요동을 상실**하였다.

2 위만 조선

(1) 성립

기원전 3세기경 중국의 진·한 교체기에 유이민이 대거 이주하였다. 이 때 **위만**은 1,000여 명의 무리를 이끌고 고조선으로 들어왔다. 준왕의 신임을 받아 세력을 키운 위만은 준왕을 몰아내고 스스로 왕이 되었다(B.C. 194).

(2) 발전 과정

위만 조선은 **본격적으로 철기 문화를 수용**하여 활발한 정복 사업을 전개하였다. 또한 지리적인 이점을 이용하여 남방의 진이 중국의 한나라와 직접 교역하는 것을 막고 **중계 무역**의 이득을 독점하고자 하였다.

(3) 멸망

위만 조선의 성장에 위협을 느낀 한의 무제는 대규모 침략을 감행하였다. 장기간의 전쟁으로 지배층 사이에 내분이 일어나 우거왕이 암살되고 왕검성마저 함락되어 멸망하였다(B.C. 108).

(4) 한사군 설치

한은 고조선이 멸망하자 **낙랑·진번·임둔·현도** 4개의 군현을 설치했다.

대표 기출문제

다음 자료와 관련된 나라에 대한 설명으로 가장 옳은 것은?　　2020년 법원직 9급

　대개 사람을 죽인 자는 즉시 죽이고, 남에게 상처를 입힌 자는 곡식으로 배상한다. 도둑질한 자가 남자면 그 집의 노, 여자면 비로 삼는다. 단, 스스로 용서받고자 하는 자는 1인당 50만전을 내야 한다.

① 10월에 무천이라는 제천 행사를 개최하였다.
② 형이 죽으면 형수를 아내로 삼는 풍습이 있었다.
③ 중대한 범죄자는 제가 회의를 열어 사형에 처했다.
④ 왕 밑에서 국무를 관장하던 상이라는 관직이 있었다.

Theme 04 여러 나라의 성장

기/출/분/석

구분		2008~2016	2017	2018	2019	2020	2021	2022	2023
국가 9급		• 고구려(3) • 부여 • 삼한 • 동예와 옥저	• 동예 • 삼한		부여와 동예			옥저	
지방 9급		• 여러 나라 성장 • 동예 • 동예와 옥저 • 부여와 삼한	• 부여와 고구려 • 고구려		옥저와 부여	옥저	부여		
법원 9급		• 부여 • 동예(2) • 옥저 • 부여와 삼한(2)	• 고구려				동예	고구려	

해/법/요/람

	부여	고구려	옥저	동예	삼한
위치	만주 송화강	압록강 졸본	함흥평야	강원도 (원산만)	한강 이남 (진의 성장)
국가	연맹 왕국(5부족) 왕 : 지배자 X ⇒ 대표자 O	연맹 왕국	군장 국가 : 왕 없음.		마한 54, 변한 12, 진한 12
정치	가(加) : 사출도 대사자, 사자	대가(상가, 고추가) 사자, 조의, 선인	읍군 · 삼로 · 후		목지국왕 = 삼한왕
경제	반농반목, 말, 주옥, 모피	졸본 : 산악 지방 약탈 경제(부경)	토지 비옥 소금, 해산물	방직 기술 발달 단궁, 과하마, 반어피	1. 벼농사 발달 ① 저수지 多 ② 두레 ③ 제천 행사 x 2회 2. 철 – 변한 – 가야
제천 행사	영고(12월) ⇒ 수렵 사회의 전통	동맹(10월) 국동대혈	×	무천(10월)	수릿날(5월) 계절제(10월)
풍습	순장, 흰옷, 형사취수제 4조목의 법 : 1책 12법	서옥제, 형사취수제	민며느리제 가족 공동묘	족외혼, 책화 ⇩ 씨족 사회의 풍습 ∴ 폐쇄적 지형	1. 소도(별읍) : 천군, 제정 분리 2. 반움집(토실), 귀틀집, 주구묘(마한)

▮ 여러 나라의 성장

더 알아보기

부여의 쇠퇴
• 3세기~4세기 선비족과 전연의 침입으로 국가적 위기에 처함
• 5세기 고구려(문자왕)에 완전 편입

더 알아보기

우제점법
• 부여와 고구려에 존재
• 소를 죽여 그 굽으로 길흉을 점침

1 부여 ✦ ✦

(1) 성립과 발전

부여는 만주 쑹화강 유역의 평야 지대를 중심으로 성장하였다. **1세기 초에 왕호를 사용**하였고 중국과 외교 관계를 맺는 등 발전된 국가의 모습을 보였다.

(2) 정치 제도

왕 아래에 **마가 · 우가 · 저가 · 구가와 대사자 · 사자** 등의 관리가 있었다. 왕은 가축의 이름을 딴 마가 · 우가 · 저가 · 구가 등 부족장들과 협의하여 국정을 논의하였다. 이들은 각자 **사출도**를 다스렸으며, 사자 · 대사자 등을 거느렸다.

(3) 경제

특산물로는 **말 · 주옥 · 모피** 등이 유명하였다.

(4) 풍속

부여에는 **영고**라는 제천 행사가 있었다. 이는 수렵 사회의 전통을 보여 주는 것으로 **12월**에 열렸다. 또한 왕이 죽으면 많은 사람을 껴묻거리와 함께 묻는 순장의 풍습이 있었으며 형이 죽은 뒤 동생이 형수와 결혼하는 **형사취수혼의 풍습**이 있었다. 그리고 남의 물건을 훔쳤을 경우에는 **물건 값의 12배를 배상**하게 하였다(1책 12법).

2 고구려 ✦ ✦

(1) 성립과 발전

고구려는 부여에서 내려온 주몽이 압록강 유역의 졸본 지역에서 건국하였다(기원전 37년). 세력을 점차 확장하여 옥저와 동예를 복속시키고 공물을 받았다.

(2) 정치 제도

1세기에 이미 왕호를 사용했으며, 5부족 연맹을 토대로 발전하였다. 왕 아래에 **상가 · 고추가 등 대가**들이 있었으며, 이들은 각기 **사자 · 조의 · 선인** 등의 관리를 거느렸다.

(3) 경제

영토의 대부분이 산악 지대였기 때문에 식량을 다른 나라로부터 약탈하였다. 집집마다 **부경**이라는 창고를 만들어 빼앗아 온 식량을 보관하였다.

(4) 법률

중대한 범죄자가 있으면 **제가 회의**를 통해서 사형에 처하고, 그 가족을 노비로 삼았다. 또한 부여처럼 **도둑질한 자는 12배로 배상**하게 하였다(1책 12법).

(5) 풍속

10월에는 **동맹**이라는 제천 행사를 개최하였는데, 왕과 신하들이 국동대혈에 모여 함께 제사를 지내기도 하였다. 혼인 풍습으로는 **서옥제와 형사취수제**가 있었다.

더 알아보기

서옥제
혼인을 정한 뒤 신부집 뒤꼍에 조그만 집을 짓고, 거기서 자식을 낳아 장성하면 아내를 데리고 신랑집으로 돌아가는 제도

3 옥저와 동예 ✿

(1) 성립과 정치 제도

선진 문화의 수용이 늦었으며, **고구려의 압력**을 받아 크게 성장하지 못하였다. 왕이 없었으며 **읍군·삼로·후라는 군장**이 각자 자신의 읍락을 다스렸다.

(2) 옥저

민며느리제라는 혼인 풍습이 있었으며, 가족이 죽으면 시체를 가매장하였다가 나중에 그 뼈를 추려서 **가족 공동 무덤인 커다란 목곽에 안치**하였다.

(3) 동예

특산물로는 **단궁과 과하마·반어피** 등이 유명했으며, 매년 10월에 제천 행사(**무천**)를 열었다. 또한 다른 부족의 영역을 침범하면 노비와 소, 말로 변상하게 하였다(**책화**).

4 삼한

(1) 정치 제도

삼한은 **제정 분리 사회**였으며, 정치적 지도자로는 **신지·읍차** 등이 있었고 제사장인 **천군**이 있었다. 이들 천군이 관리하는 **신성 지역인 소도**는 군장의 세력이 미치지 못하는 지역이었다.

(2) 경제

일찍부터 농업이 발달했으며, 각종 철제 농기구들을 사용하여 벼농사를 많이 지었다. 특히 **변한에서는 철이 많이 생산**되어 낙랑·왜 등에 수출하였다.

(3) 풍속

삼한에서는 해마다 **씨를 뿌리고 난 뒤인 5월과 가을 곡식을 거두어들이는 10월에 하늘에 제사를 지내는 계절제**를 열었다.

더 알아보기

민며느리제
어릴 때 신부가 신랑집에 미리 가서 살다가 성인이 되면 신랑집에서 예물을 주고 결혼하는 제도

더 알아보기

삼한의 성립
고조선의 남쪽 지역에는 일찍부터 진(辰)이 성장하고 있었다. 이후 고조선에서 남하한 유민들에 의해 철기 문화가 확산되어 사회가 더욱 발전하였다. 그 결과 마한·변한·진한이 성립되었다.

더 알아보기

삼한의 정치 상황
삼한 중에서 마한의 세력이 가장 컸으며, 마한을 이루고 있는 소국의 하나인 목지국의 지배자가 마한왕 또는 진왕으로 추대되어 삼한 전체를 대표하였다.

대표 기출문제

(가), (나) 국가에 대한 설명으로 옳은 것은?   2019년 지방직 9급

> (가) 그 나라의 혼인 풍속에 여자의 나이가 열 살이 되면 서로 혼인을 약속하고, 신랑 집에서는 (그 여자를) 맞이하여 장성하도록 길러 아내로 삼는다. (여자가) 성인이 되면 다시 친정으로 돌아가게 한다. 여자의 친정에서는 돈을 요구하는데, (신랑 집에서) 돈을 지불한 후 다시 신랑 집으로 돌아온다.
> (나) 은력(殷曆) 정월에 하늘에 제사를 지내며 나라에서 대회를 열어 연일 마시고 먹고 노래하고 춤추는데, 영고(迎鼓)라고 한다. 이때 형옥(刑獄)을 중단하여 죄수를 풀어 주었다.

① (가) - 무천이라는 제천 행사가 있었다.
② (가) - 계루부 집단이 권력을 장악하였다.
③ (나) - 사출도라는 구역이 있었다.
④ (나) - 철이 많이 생산되어 낙랑과 왜에 수출하였다.

(가)는 옥저의 혼인 풍습인 민며느리제에 대한 내용이고, (나)는 부여의 제천 행사(영고)에 대한 내용이다. ③ 부여에는 마가, 우가, 저가, 구가라는 가(加)들이 있어 저마다 따로 행정 구획인 사출도를 다스렸다.

오답분석
① 무천은 동예의 제천 행사이다. ② 고구려에 대한 설명이다. ④ 변한에 대한 설명이다.

정답 ③

시작!
노범석
한국사

05 삼국의 정치적 발전

06 삼국 통일

07 통일 신라

08 발해

09 고대의 통치 체제

10 고대의 경제·사회

11 고대의 불교(+도교)

12 고대의 학문·과학 기술·예술

PART
02

고대 사회의 발전

삼국의 정치적 발전

기/출/분/석

구분	2008~2016	2017	2018	2019	2020	2021	2022	2023
국가 9급	• 삼국의 발전(5) • 소수림왕 • 광개토대왕 • 지증왕 • 법흥왕 • 금석문	• 고구려의 발전 (2)	• 광개토대왕		• 삼국의 발전	• 유리왕 • 신라의 발전	• 장수왕	• 고국천왕 • 삼국의 발전
지방 9급	• 가야 • 삼국의 발전(4) • 지증왕 • 무령왕 • 성왕 • 금석문(2)	• 성왕		• 삼국의 발전	• 대가야 • 진흥왕	• 금관가야	• 삼국의 발전 • 지증왕	
법원 9급	• 삼국의 발전(6) • 광개토대왕(2)		• 삼국의 발전 (2)			• 삼국의 발전 • 근초고왕	• 삼국의 발전 • 법흥왕	

해/법/요/람

	고구려	백제	신라
2세기	• 태조왕(1세기 후반) 왕위 세습(계루부), 옥저 정복 • 고국천왕 부자 상속제, 행정적 5부 개편 진대법(국상 을파소)	* 도읍의 변천 1. 한성: 온조~개로왕 2. 웅진: 문주~성왕 3. 부여: 성왕~의자왕	* 왕호의 변천 1. 거서간: 박혁거세 2. 차차웅: 남해 3. 이사금: 유리~흘해 4. 마립간: 내물~소지 5. 왕: 지증왕 이후
3세기	• 동천왕 서안평 공격 ⇒ 실패 관구검(위) 공격 ⇒ 국왕 피난	• 고이왕 6좌평제, 관등 · 관복 제정 한강 유역 통합	
4세기	• 미천왕 서안평 점령, 낙랑군 축출 • 고국원왕 백제(근초고왕) 침공으로 전사 • 소수림왕 불교 수용, 태학 설립, 율령 반포	• 근초고왕 부자 상속제, 고흥 『서기』 고구려 공격(평양성 전투) 영토 확장(전라도 해안) 가야에 영향력 행사 요서 · 산둥 · 규슈 진출 • 침류왕 불교 수용 • 아신왕 광개토 대왕에 굴복, 한강 이북 상실	• 내물왕 김씨 왕위 세습, 마립간(왕호) 진한 지역 장악 고구려 도움으로 왜구 격퇴 (호우명 그릇)

5세기	• 광개토 대왕 거란·후연·동부여·숙신 격파 한강 이북 진출(백제 공격) 왜구 격퇴, 신라 구원 최초 연호 : 영락 • 장수왕 평양 천도(427), 남북조와 각각 교류 한성 점령(475), 남한강 진출 • 문자왕 최대 영토 확보(부여 복속)	• 비유왕 나·제 동맹(433~554) • 개로왕 한성 함락, 한강 유역 상실 • 문주왕 웅진(공주) 천도, 왕권 약화 • 동성왕 신라와 결혼 동맹(493), 탐라국 복속	• 눌지왕 나·제 동맹, 부자 상속제 • 소지왕 결혼 동맹(나·제 동맹 강화) 중앙 6부정비·시장 개설
6세기	귀족 간의 권력 싸움 ⇒ 왕권 약화(안장왕, 안원왕 암살), 나·제 동맹에 한강 유역 빼앗김 * 대대로(토졸) : 귀족 연합 정권	• 무령왕 22담로 설치(지방 통제) 중국 남조(양)와 교류(무령왕릉) • 성왕 사비 천도(538), 국호 : 남부여 중앙 관청 22부, 수도 5부, 지방 5방 일본에 불교 전파(노리사치계, 552) 한강 유역 일시 회복(551) 관산성 전투에서 전사(554)	• 지증왕 신라(국호), 왕(왕호), 우경 실시 지방 주군 제도(군주 파견) 우산국 복속 동시전 설치 • 법흥왕 병부 설치(517) 율령 반포 불교 공인, 상대등 설치 금관가야 병합 연호 : 건원(536) • 진흥왕 화랑도 개편 불교 교단 정비(혜량) 황룡사 건립, 전륜성왕 거칠부『국사』 한강 유역 장악(나·제 동맹 파기) 낙동강 유역 장악(대가야 점령) 단양 적성비, 4개의 순수비 연호(개국, 대창)
7세기	• 영양왕 요서 선제공격, 살수 대첩(612) • 영류왕 천리장성 축조 친당 정책(도교 전래) 연개소문에 의해 축출 • 보장왕 연개소문(막리지)의 대당 강경책 안시성 싸움(645) 멸망(668) : 지배층의 내분 ⇒ 안동 도호부 설치, 부흥 운동(오골성, 한성)	• 무왕 미륵사 창건, 익산 천도 추진 • 의자왕 '해동증자', 귀족 세력 숙청 신라의 대야성 등 40여 성 공략 멸망(660) : 정치 문란·지배층의 향락 ⇒ 나·당 연합군 공격 ⇒ 사비성 함락 ⇒ 웅 진 도독부 설치 ⇒ 부흥 운동(임존성, 주 류성) 실패	• 진평왕 원광(세속 5계, 걸사표), 진종설 • 선덕 여왕 첨성대, 황룡사 9층 목탑(자장) 분황사 • 진덕 여왕 집사부와 창부 설치, 나·당 동맹 • 태종 무열왕 백제 멸망, 집사부 시중 세력 강화 • 문무왕 고구려 멸망, 나·당 전쟁 삼국 통일 완성(676, 대동강~원산만)

1 고구려의 발전 과정

(1) 고구려의 성립

기원전 37년 고주몽(동명성왕)이 고구려를 건국하였다. 이후, 유리왕 때 졸본성에서 압록강 근처의 국내성으로 도읍을 옮겼다.

(2) 태조왕(53~146)

옥저를 복속하고 계루부 고씨가 **왕위를 세습**하였다.

(3) 고국천왕(179~197)

부족적 전통을 지닌 5부가 **행정적 성격의 5부로 개편**되었고, 왕위 계승이 형제 상속에서 **부자 상속**으로 확립되었다. 한편, 한미한 신분의 을파소를 국상으로 채용했으며 빈민 구제를 목적으로 **진대법**을 실시하였다.

(4) 동천왕(227~248)

서안평을 공격했다가 이에 자극받은 위나라(관구검)의 침입을 받았다.

(5) 미천왕(300~331)

전략적 요충지인 **서안평**을 비롯해 **낙랑군**과 대방군까지 점령하였다.

(6) 고국원왕(331~371)

전연(모용황)의 침입을 받아 국내성이 함락되었고, **근초고왕의 공격**을 받아 국왕이 **평양성에서 전사**(평양성 전투)하는 등 국가적 위기에 빠졌다.

(7) 소수림왕(371~384) ✤

전진의 승려 순도를 통해 **불교를 수용**(372)했으며, 유학 교육 기관인 **태학**을 설립(373)하고, **율령을 반포**(373)하여 통치 체제를 새롭게 정비하였다.

(8) 광개토대왕(391~413) ✤ ✤

거란족 비려의 3개 부락과 **후연**(선비족)을 공격하고 **동부여와 숙신**(여진)을 정복하여 요동을 포함한 만주 일대의 땅을 차지하였다. 남쪽으로는 백제(아신왕)를 공격해 **한강 이북을 차지**했으며, 신라(내물왕)의 요청으로 **왜구를 격퇴**하였다. 또한, 최초로 **영락**이라는 독자적인 연호를 사용하여 고구려의 강대함과 자주성을 과시하였다.

(9) 장수왕(413~491) ✤ ✤

장수왕은 다면 외교를 펼쳐 중국의 남북조와 각각 우호 관계를 맺었다. 한편 흥안령 일대의 초원 지대를 장악하여 중국을 압박하였다. 또한 **남진 정책**을 추진하여 국내성에서 **평양으로 천도**(427)하고, 백제의 수도 한성을 공격하여 개로왕을 죽이고 **한성을 점령**(475)하였다. 이로써 고구려는 **한강 유역을 완전히 차지**했다.

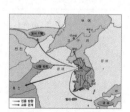

■ 5세기 고구려의 세력 판도

(10) 문자왕(491~519)

부여를 복속하여 최대 영토를 확보하였다.

(11) 영양왕(590~618)

중국을 통일한 수나라가 여러 번 침입해왔으나 이를 격퇴하였다. 특히 을지문덕이 살수에서 우중문의 30만 별동 부대를 격파한 **살수대첩**(612)이 유명하다.

(12) 영류왕(618~642)

영류왕은 당나라의 침입에 대비하고자 연개소문에게 **천리장성의 축조**를 감독하게 하였다. 이후 세력을 크게 키운 **연개소문은 정변**을 일으켜 영류왕과 반대파들을 제거하고 보장왕(영류왕의 조카)을 왕으로 세웠다(642).

(13) 보장왕(642~668)

정변 이후 연개소문은 대막리지의 자리에 올라 실권을 장악했으며, 당에 대해서는 **강경한 외교 정책**을 펼쳤다. 이에 당 태종이 군대를 직접 이끌고 고구려를 침략했으나, **안시성**(성주 양만춘)에서 군민이 힘을 합쳐 **당의 군대를 물리쳤다**(645). 그러나 연개소문 사망 이후 지배층이 분열되었고, 결국 고구려는 신라와 당나라의 연합군에 의해 멸망(668)하였다.

대표 기출문제

(가)~(다)는 고구려의 발전 과정을 시기 순으로 나열한 것이다. (나)에 들어갈 내용으로 옳은 것만을 〈보기〉에서 모두 고른 것은? **2017년 국가직 9급**

(가) 낙랑군을 차지하여 한반도로 진출하는 발판을 마련하였다.
(나)
(다) 평양으로 도읍을 옮기고, 백제의 수도인 한성을 함락하였다.

보기

㉠ 태학을 설립하였다.　　　㉡ 진대법을 도입하였다.
㉢ 천리장성을 축조하였다.　　㉣ 신라를 도와 왜를 격퇴하였다.

① ㉠, ㉡　　② ㉠, ㉣　　③ ㉡, ㉢　　④ ㉢, ㉣

(가)는 4세기 미천왕 때의 일이고, (다)는 5세기 장수왕 때의 일이다. ㉠ 4세기 후반 소수림왕은 유학 교육의 강화를 위해 태학을 설립하였다. ㉣ 400년 광개토대왕 때, 고구려가 신라를 도와 왜를 격퇴하였다.

오답분석
㉡ 진대법을 시행한 것은 2세기 고국천왕 때의 일이다. ㉢ 고구려가 국경에 천리장성을 축조한 것은 7세기 때의 일이다.

정답 ②

❷ 백제의 발전 과정

(1) 백제의 성립

기원전 18년 온조가 하남 위례성에서 건국하였다.

(2) 고이왕(234~286)

목지국을 제압하여 **한강 유역을 완전히 장악**하였다. 또한, 중앙에 **6개의 좌평**을 두어 업무를 분담시켰으며, **관등제를 정비**하고 **관리의 복색**을 제정하였다.

(3) 근초고왕(346~375) ✦✦

마한의 잔여 세력을 정복하여 **전라도 해안까지** 영토를 확보했으며, 고구려 **평양성을 공격**하여 고국원왕을 전사시켰다. 또한, **산둥 지방**과 일본의 **규슈 지방**까지 진출했으며 중국 남조의 동진과 외교 관계를 맺었다. 일본 왕에게는 칠지도를 하사하고, 아직기를 보내 한자를 가르치는 등 일본과의 교류를 강화하였다. 내적으로는 왕권의 강화로 왕위의 **부자**

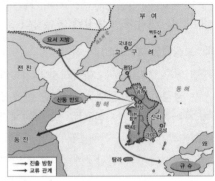
■ 4세기 백제의 세력 판도

상속제가 확립되었으며, 왕명에 따라 박사 **고흥**이 역사서인 『**서기**』를 **편찬**하였다.

(4) 침류왕(384~385)

동진의 마라난타를 통해 **불교를 수용**하였다.

(5) 비유왕(427~455)

장수왕의 남하 정책에 대응하여 신라 눌지 마립간과 **나·제 동맹**을 맺었다.

(6) 개로왕(455~475)

장수왕을 견제하여 중국 북위에 국서를 보내 고구려 정벌을 요청하기도 하였다. 그러나 결국 고구려 장수왕의 공격으로 **한성이 함락되면서 전사**하였다.

(7) 문주왕

개로왕의 아들로, 개로왕이 전사하면서 왕으로 즉위하였다. **웅진(공주)으로 천도**했으며, 정치적 혼란으로 인하여 왕권이 약화되었다.

(8) 동성왕(479~501)

고구려에 대항하기 위해 493년 신라(소지왕)와 **혼인 동맹**을 맺어 이벌찬 비지의 딸을 왕비로 맞이하였다.

백제의 성립

백제는 주몽의 아들 온조를 비롯한 고구려 계통의 유이민 세력(우수한 철기 문화를 보유)과 한강 유역의 토착민 집단이 결합하여 세운 나라다. 중국의 선진 문물을 수용하는 한편 한 군현과 경쟁하면서 성장하였다.

나·제 동맹
1. 비유왕(427~455) 때 신라의 눌지왕과 동맹
2. 동성왕(479~501) 때 신라의 소지왕과 동맹(결혼 동맹)

PART 02

(9) 무령왕(501~523)

지방에 **22담로를 설치**하고 왕족을 파견하였다. 대외적으로는 중국 남조의 양나라와 외교 관계를 강화했으며, 일본에 5경 박사인 단양이와 고안무를 파견하였다.

(10) 성왕(523~554)

성왕은 대외 진출이 쉬운 **사비(부여)로 도읍을 옮기고**(538), 국호를 **남부여로** 고치면서 중흥을 꾀하였다. 22부의 중앙 관청을 두고 수도는 5부, 지방은 5방 제로 편제하였다. 그리고 노리사치계를 일본에 보내 불교를 전해주었다. 한편 성왕은 신라의 진흥왕과 연합하여 일시적으로 한강 유역을 되찾았지만, 553년 진흥왕에게 **한강 유역을 빼앗겼다.** 이후 성왕은 신라를 공격했지만, **관산성 전투** (554)에서 전사하였다.

(11) 의자왕(641~660)

의자왕은 직접 신라를 공격하여 40여 성을 함락시키고, **대야성을 점령**하는 등 적극적으로 정복 활동을 전개하였다. 그러나 이후 백제는 의자왕의 실정과 지배층의 분열, 잦은 전쟁으로 정치가 점차 혼란해졌다. 660년 **나·당 연합군의 공격을 받아 멸망하였다.**

 **대표 기출문제**

밑줄 친 '왕'의 재위 기간에 있었던 사실로 옳은 것은?　　　2017년 지방직 9급(하)

　　왕 30년, 달솔 노리사치계를 왜에 보내 석가여래상과 불경을 전했다.

① 북위에 국서를 보내 고구려를 공격해줄 것을 요청했다.
② 평양성까지 진군하여 고국원왕을 전사시켰다.
③ 국호를 남부여로 고쳤다.
④ 불교를 공인하였다.

밑줄 친 '왕'은 백제의 성왕이다.
③ 성왕은 국호를 남부여로 개칭하였다.

오답분석

① 개로왕, ② 근초고왕, ④ 침류왕에 대한 설명이다.

정답 ③

3 신라의 발전 과정

(1) 신라의 성립

진한 소국 중 하나인 사로국에서 출발한 신라는 경주 지역의 토착민 집단과 유이민 집단이 결합하여 기원전 57년에 건국되었다.

(2) 내물마립간(356~402) ✦

김씨에 의한 **왕위 세습**을 확립했으며, 이사금 대신 **마립간**(대군장을 의미)이라는 왕호를 사용하기 시작하였다. 대외적으로는 활발한 정복 활동을 통해 **낙동강 동쪽의 진한 지역을 거의 차지**하였다. 한편, 광개토대왕의 군대가 신라에 침입한 왜구를 격퇴한 것을 계기로 **고구려 군대가 신라에 주둔**하였다. 이후 신라는 고구려의 정치적 간섭을 받는 한편, 고구려를 통하여 전진에 사신을 파견하여 중국의 문물을 수용하였다.

(3) 눌지마립간(417~458)

왕위 계승이 **부자 상속**으로 확립되었다. 또한, 고구려의 간섭에서 벗어나기 위해 백제와 나·제 동맹을 체결하였다.

(4) 소지마립간

백제와 **결혼 동맹**을 맺어 이벌찬 비지의 딸을 백제 동성왕에게 시집보냈다.

(5) 지증왕(500~514) ✦

국호를 '신라'로 정하고, 왕호를 마립간에서 '왕'으로 고쳤다. 지방 제도를 정비하여 **주군 제도**를 마련하고 이사부를 군주로 파견하였다(최초). 우경을 장려하였으며, 경주에 **동시전**이라는 관청과 **동시**라는 시장을 설치하였다. 대외적으로는 이사부를 보내 **우산국(울릉도)을 정벌**하였다.

(6) 법흥왕(514~540) ✦✦

율령을 반포하고 관리의 등급을 17관등으로 나누었다. 또한 상대등과 **병부를 설치**하여 정치 제도를 정비했으며, 이차돈의 순교를 계기로 **불교를 공인**하였다. 또한 대외적으로는 김해의 **금관가야를 정복**하여 낙동강까지 영토를 확장했으며, 이러한 대내외적 발전을 토대로 '**건원**'이라는 독자적 연호를 사용하였다.

(7) 진흥왕(540~576) ✦

화랑도를 국가적인 조직으로 개편했으며, **황룡사** 건립 등 불교 진흥 정책을 통해 사상적 통합을 도모하였다. 또한 거칠부에게 명령을 내려 역사서인 『**국사**』를 편찬하게 했으며, **개국·대창·홍제** 등의 연호를 사용하였다. 이러한 내적 발전을 토대로 진흥왕은 **한강 유역을 차지**하고, 함경도 지역까지 진출하였으며, 남쪽으로는 고령의 **대가야를 정복**하였다. 이러한 정복 활동은 단양 적성비와 4개의 순수비를 통하여 알 수 있다.

더 알아보기

신라의 왕호 변천

왕호	시기	의미
거서간	1대 박혁거세	추장, 군장
차차웅	2대 남해	제사장, 무당
이사금	3대 유리	연장자, 계승자
마립간	17대 내물	대수장
왕	22대 지증왕	한자식 왕호
	23대 법흥왕	불교식 왕명
	29대 무열왕	중국식 시호

■ 6세기 신라의 세력 판도

(8) 진평왕

원광에게 세속 오계를 만들게 하여 호국 불교의 전통을 세웠다. 대외적으로 고구려·백제의 침입을 많이 받자, 원광에게 **「걸사표」**를 짓게 하여 수나라에 보내 고구려 정벌을 요청하였다.

(9) 선덕여왕(632~647)✦

최초의 여왕으로 즉위한 선덕 여왕 때 백제 의자왕의 공격을 받아 **대야성**을 비롯한 여러 성들을 빼앗기는 등 국가적 위기에 처하였다. 신라는 고구려와 당에 사신을 보내 도움을 요청하였지만 거절당하였고, 이러한 위기를 극복하기 위해 **황룡사 9층 목탑**과 분황사, **첨성대** 등을 건립하여 국가의 권위를 높이고자 하였다.

(10) 진덕여왕

김춘추를 당에 보내 **나·당 동맹을 체결**하였다. 중국식 제도를 도입하여 의관을 중국식으로 고치고, 당나라의 연호를 사용하기 시작하였다.

 **대표 기출문제**

다음 사건이 있었던 시기의 신라 국왕에 대한 설명으로 옳은 것은? 2022년 지방직 9급

> 이찬 이사부가 하슬라주 군주가 되어, '우산국 사람이 우매하고 사나워서 위엄으로 복종시키기는 어려우니 계책을 써서 굴복시키는 것이 좋겠다.'라고 생각하였다. 이에 나무로 사자 모형을 많이 만들어 배에 나누어 싣고 우산국 해안에 이르러, 속임수로 통고하기를 "만약에 너희가 항복하지 않는다면 곧바로 이 맹수들을 풀어 너희를 짓밟아 죽이겠다."라고 하였다. 그 나라 사람이 두려워 즉시 항복하였다.

① 독서삼품과를 실시하였다.
② 국호를 신라로 확정하였다.
③ 관료전을 지급하고 녹읍을 폐지하였다.
④ 장문휴를 보내 당의 등주를 공격하였다.

제시된 자료는 신라 지증왕 때 우산국 정벌과 관련된 내용이다. 지증왕은 국호를 신라로 정하고 왕호를 기존의 마립간에서 중국식인 '왕'으로 고쳤다.

오답분석
① 원성왕의 업적이다. ③ 신문왕 때의 일이다. ④ 발해 무왕 때의 일이다.

정답 ②

4 가야

(1) 전기 가야 연맹

42년 김수로가 건국한 **김해의 금관가야**가 중심이 되어 **3세기에 전기 가야 연맹**을 이루었다. 금관가야는 **철**이 많이 생산되었고, 낙동강 하류라는 입지 조건을 이용하여 낙랑과 규슈 지방을 연결하는 **중계 무역**이 발달하였다. 이에 따라 전기 가야 연맹의 맹주가 될 수 있었다. 그러나 4세기 초부터 백제와 신라의 팽창에 밀려 전기 가야 연맹은 약화되기 시작하였다. 이후 4세기 말~5세기 초, 신라에 침입한 왜구를 격퇴하러 온 **고구려의 공격**을 받아 **전기 가야 연맹은 거의 몰락**하였다.

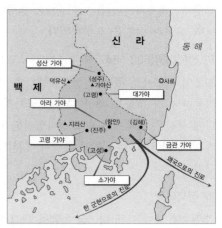
■ 가야 연맹의 위치

(2) 후기 가야 연맹

5세기 후반 전쟁의 피해를 거의 입지 않은 **고령의 대가야**를 중심으로 **후기 가야 연맹**이 형성되었다. 백제·신라와 대등하게 세력을 다투었고, 6세기에는 **신라 법흥왕과 결혼 동맹**을 맺어 국제적 고립에서 벗어나려 하였다. 이러한 노력에도 불구하고 **금관가야**는 532년 **법흥왕에게 정복**되었고, **대가야**는 562년 **진흥왕에게 멸망**하였다.

더 알아보기

가야의 발전

3C	금관가야 중심의 전기 가야 연맹 성립
4C말~5C 초	고구려 광개토대왕의 공격으로 전기 가야 연맹 쇠퇴
5C	대가야 중심의 후기 가야 연맹 성립
6C	법흥왕에게 금관가야 멸망, 진흥왕에게 대가야 멸망

■ 가야의 금관

■ 가야의 갑옷과 투구

■ 가야의 토기

대표 기출문제

(가) 나라에 대한 설명으로 옳은 것은?   2021년 지방직 9급

> 북쪽 구지에서 이상한 소리로 부르는 것이 있었다. … 구간(九干)들은 이 말을 따라 모두 기뻐하면서 노래하고 춤을 추었다. 자줏빛 줄이 하늘에서 드리워져서 땅에 닿았다. 그 줄이 내려온 곳을 따라가 붉은 보자기에 싸인 금으로 만든 상자를 발견하고 열어보니, 해처럼 둥근 황금알 여섯 개가 있었다. 알 여섯이 모두 변하여 어린아이가 되었다. … 가장 큰 알에서 태어난 수로(首露)가 왕위에 올라 ___(가)___을/를 세웠다.   ―『삼국유사』

① 해상 교역을 통해 우수한 철을 수출하였다.
② 박, 석, 김씨가 교대로 왕위를 계승하였다.
③ 경당을 설치하여 학문과 무예를 가르쳤다.
④ 정사암 회의를 통해 재상을 선발하였다.

제시된 자료는 금관가야의 건국 설화와 관련된 내용이다. ① 금관가야는 낙동강 하류에 위치하여 해상 무역에 유리하였다. 또한 질 좋은 철을 많이 생산해서 이를 교역 활동에 이용하였다.

오답분석

② 신라에 대한 설명이다. 초기 신라는 박, 석, 김의 3성이 교대로 왕위를 계승하였다. ③ 경당은 고구려의 교육 기관이다. ④ 백제에 대한 설명이다.

정답 ①

Theme 06 삼국 통일

구분	2008~2016	2017	2018	2019	2020	2021	2022	2023
국가 9급					김유신			삼국 통일
지방 9급			삼국 통일			연개소문	김유신	
법원 9급	고구려와 수·당 전쟁	삼국 통일						

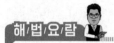

수 589 중국 통일   당 618 건국

612	살수 대첩	수 양제의 100만 대군 침입 때 을지문덕이 적을 살수에서 대파
	천리장성 축조(당의 침략에 대비) vs 영류왕의 친당 정책(도교 전래)	
642	연개소문 정변	연개소문: 반대파 숙청, 독재 정치, 당에 대하여 강경책, 백제 의자왕이 윤충으로 하여금 대야성 공격·함락
645	안시성 싸움	당 태종 침입, 60여 일간 저항 ⇒ 고구려의 대대적인 반격으로 당군 격퇴
648	나·당 연합군 결성	신라의 대중국 외교 성공(김춘추)
660	백제의 멸망	멸망: 의자왕의 향락 정치로 인한 국가 일체감 상실, 무리한 전쟁 ⇒ 웅진 도독부
		부흥 운동: 복신과 도침(주류성), 흑치상지(임존성) 등은 왕자 풍을 왕으로 추대하고 200여 성을 회복 ⇒ 나·당 연합군에 의하여 진압
668	고구려의 멸망	멸망: 계속된 전쟁, 연개소문 사후 지배층의 권력 쟁탈전 ⇒ 안동 도호부(평양)
		부흥 운동: 보장왕의 서자 안승을 받든 검모잠(한성)과 고연무(오골성) ⇒ 신라의 도움을 받기도 하였으나 실패
675	매소성 전투	이근행이 이끄는 당의 20만 대군 격파
676	기벌포 전투	금강 하구의 기벌포에서 당의 수군 섬멸, 평양에 있던 안동 도호부를 요동성으로 축출 ⇒ 삼국 통일 완성(676)

www.pmg.co.kr

더 알아보기

중국의 분열을 통일한 수나라
는 동북쪽으로 세력을 확대하
고자 하였다. 이에 고구려는
북쪽의 돌궐과 남쪽의 백제,
왜와 연결하여 연합 세력을 구
축하였다.

■ 고구려와 수나라의 전쟁

■ 고구려와 당나라의 전쟁

1 고구려와 수 · 당의 전쟁

수의 압박이 점차 심해지자 고구려의 영양왕은 중국의 요서 지방을 먼저 공격
하였다. 이를 빌미로 수의 문제, 이어서 양제가 대군을 이끌고 고구려를 침입
했으나, 살수(청천강)에서 을지문덕에게 대패하였다(**살수 대첩**, 612). 수에 이
어 당나라가 들어서 고구려를 압박하자 **천리장성**을 쌓는 등 방어 체제를 강화
하였다. 당 태종의 공격으로 고구려는 여러 성이 함락되는 등 어려움을 겪었
지만 결국 **안시성 전투**(645)에서 승리하여 당군을 물리쳤다.

2 백제의 멸망

신라는 당나라와 연합하여 백제를 공격하였다. 백제 **계백의 결사대**가 **황산벌**
에서 저항했으나 신라 김유신이 지휘하는 신라군에게 패배하였다. 결국 나 ·
당 연합군에게 백제 수도인 **사비성이 함락**되자, 웅진으로 피신했던 의자왕도
항복하여 **백제는 멸망**하였다(660).

이후 각지에서 백제 부흥 운동이 일어났다. **복신과 도침, 흑치상지** 등은 **왕자 풍**
을 왕으로 추대하고 **주류성과 임존성**을 거점으로 군사를 일으켰다. 왜의 수군
이 이들을 돕기 위해 백강 입구까지 왔으나 나 · 당 연합군에게 패배하였다.
결국, 백제 부흥 운동은 내부 분열과 나 · 당 연합군의 공격에 의해 좌절되었다.

3 고구려의 멸망

고구려는 수 · 당과의 거듭된 전쟁으로 인해 국력의 소모가 심하였고, **연개소문**
사후 집권 세력 내에서 내분이 일어나 정치적으로 혼란한 상황이었다. 결국
고구려도 나 · 당 연합군의 공격으로 평양성이 함락되어 **보장왕이 항복하면서**
멸망하였다(668).

멸망 이후 보장왕의 서자 **안승**을 받든 **검모잠**과 **고연무** 등은 **한성**과 **오골성**을
근거지로 고구려 부흥 운동을 전개하였다. 그러나 내부 분열로 실패하였다.

4 신라의 삼국 통일(676) ✿

당은 한반도 전체를 지배하고자 백제의 옛 땅에 **웅진 도독부**, 고구려의 평양
에 **안동 도호부**, 신라의 경주에 **계림 도독부**를 설치하였다. 그리하여 신라는
당나라와 전쟁을 벌였다. 신라는 안승이 이끄는 고구려 유민들을 받아들여 **금**
마저에 살게 하고 안승을 보덕국왕으로 임명하였다. 한편, 사비성을 무력을
탈환(소부리주 설치)하여 백제 땅에 대한 지배권을 장악하였다. 이어 남침해
오던 당의 군대를 **매소성(675)**에서 격파하고, 금강 하구 **기벌포(676)**에서 당
나라의 수군을 섬멸하여 당의 세력을 한반도에서 완전히 몰아냈다.

■ 나 · 당 전쟁의 전개

32　노범석 한국사

Theme 07 통일 신라

기출분석

구분	2008~2016	2017	2018	2019	2020	2021	2022	2023
국가 9급	신라 중대(2)	신문왕	• 문무왕 • 신문왕		진성여왕			
지방 9급	신라 하대					신문왕		
법원 9급	• 신문왕(3) • 신라 하대(2)	신문왕	통일신라					

해법요람

중대(전제 왕권 강화)	하대(왕위 쟁탈전)
• 상대등 약화 → 집사부 시중 강화(왕권 ↑) • 6두품 세력: 전제 왕권 뒷받침 • 9주 5소경, 9서당 10정, 국학	• 왕권 약화와 지방 통제 약화 • 6두품 세력 배제 → 반(反) 신라적 경향 • 호족 세력 성장

	왕	주요 업적
중대	신문왕	① 김흠돌의 모역사건 계기로 귀족 세력 숙청 ② 중앙 14부 완성, 지방 9주 5소경 체제 완비 ③ 관료전 지급(687), 녹읍 폐지(689) ④ 9서당 10정 편제, 국학 설립
	성덕왕	정전 지급, 당과의 국교 재개
	경덕왕	① 중시의 명칭을 시중으로 격상, 지명을 중국식으로 변경 ② 불국사, 석굴암 축조, 국학을 태학(감)으로 개칭 ③ 녹읍 부활
하대	원성왕	독서삼품과 실시
	헌덕왕	김헌창의 난 진압
	흥덕왕	사치금지령 반포, 청해진 설치(장보고)
	진성여왕	① 향가집 『삼대목』 편찬 ② 원종과 애노의 난을 시작으로 농민 항쟁의 전국적 확산, 호족의 성장 ③ 최치원의 「시무 10조」

www.pmg.co.kr

더 알아보기

신라 중대의 특징
신라 중대에는 통일 이후 영역 확대 및 인구 증가와 더불어 오랜 전쟁이 끝나 대외 관계가 안정됨으로써 생산력이 크게 증대되었다. 이러한 경제력과 군사력을 토대로 왕권이 전제화되었다. 이는 왕명을 받들고 국가 기밀과 행정을 총괄하는 집사부 시중의 권한이 강화된 반면 귀족의 이익을 대변하는 상대등 세력이 약화된 점에서 알 수 있다. 또한 진골 귀족 세력이 약화되면서 6두품이 국왕의 정치적 조언자 역할을 하며 두각을 나타냈다.

■ 신라의 9주 5소경

1 신라 중대 무열왕 직계 자손이 왕위 독점 세습

(1) 태종 무열왕(654~661)

최초의 진골 출신 왕으로 즉위하였고, 당나라와 연합하여 **백제를 멸망**시켰다. 또한, 왕권의 강화를 도모하여 집사부 장관인 중시의 역할을 강화했으며, 상대등의 권한을 약화시켰다.

(2) 문무왕(661~681)

고구려를 멸망시키고 **삼국 통일을 완성**하여 대동강에서 원산만 이남의 영토를 차지하였다. 또한, **의상**을 지원하여 부석사를 창건하게 하고 화엄종을 개창하게 하였다.

(3) 신문왕(681~692) ✦✦

신문왕은 **김흠돌의 반란**을 계기로 귀족 세력을 숙청하였다. 그리고 14부의 중앙 통치 조직이 완성되었고 **9주 5소경 체제**의 지방 제도가 마련되었다. 군사적으로는 **중앙군인 9서당과 지방군인 10정**이 설치됐으며, 유학 교육 기관인 **국학**이 설립되었다. 또한 관리에게 **관료전을 지급**하고 귀족의 경제 기반이었던 **녹읍을 폐지**하였다.

(4) 성덕왕(702~737)

일반 백성에게 **정전을 지급**하여 국가의 토지 지배력을 강화하였다. 대외적으로는 발해 무왕이 당나라의 등주를 공격하자 당나라에 지원을 하였다. 이 사건을 계기로 당과의 관계를 회복하였다.

(5) 경덕왕(742~765) ✦

경덕왕은 국학의 명칭을 **태학**으로 바꿔 유교 교육을 강화했으며, 한화 정책을 추진하여 중앙 관부·관직과 지방 행정 구역의 **명칭을 중국식으로 고쳤다**. 그리고 신문왕 때 폐지되었던 **녹읍이 부활**하였다.

(6) 혜공왕(765~780)

진골 귀족들의 반란이 빈번하게 일어났는데, 김지정의 난을 진압하는 과정에서 혜공왕이 살해되고 상대등 김양상이 선덕왕으로 즉위하였다. 혜공왕을 마지막으로 신라 중대는 막을 내렸다.

PART 02

2 신라 하대

(1) 선덕왕(780~785)

선덕왕을 시작으로 내물계에서 왕이 배출되기 시작하였다(신라 하대).

(2) 원성왕(785~798)

독서삼품과를 실시하여 유교 경전의 이해 수준을 시험하여 관리를 채용하고자 하였다.

(3) 헌덕왕(809~826)

김주원의 아들인 웅천주 도독 **김헌창이 난**을 일으켰으나, 진압하였다.

(4) 흥덕왕(826~836)

왕실과 귀족의 사치가 심해지자 **사치금지령**을 내렸다. 또한 **완도에 청해진을 설치**하고, **장보고**를 청해진 대사로 임명하였다.

(5) 진성여왕(887~897)

각간 위홍과 승려 대구에게 명령을 내려 『**삼대목**』을 편찬하게 하였다. 이 시기에는 정치적 혼란이 더욱 심해져 **최치원이 「시무 10조」**를 건의했으나, 받아들여지지 않았다. 그리고 사벌주에서 **원종·애노의 난**이 일어난 것을 계기로 농민 항쟁이 전국적으로 확산되었다. 그 과정에서 지방의 **호족이 성장**하였다.

> **더 알아보기**
> 호족
> 신라 하대, 지방에서 성장한 새로운 세력으로, 중앙 정부의 통제에서 벗어난 반독립적인 세력이었다. 이들은 자기 근거지에 성을 쌓고 군대를 보유하여 스스로 성주 또는 장군이라고 칭하면서 그 지방의 행정권과 군사권을 장악하였다.

> **더 알아보기**
> 호족의 종류
> 1. 낙향한 중앙 귀족 출신
> 2. 해상 세력
> 3. 군진 세력(변방 수비)
> 4. 초적 세력
> 5. 지방의 토착 세력(촌주 출신)

대표 기출문제

다음 왕의 재위 기간에 있었던 사실로 옳은 것은?   2018년 국가직 9급

- 왕 원년: 소판 김흠돌, 파진찬 흥원, 대아찬 진공 등이 반역을 도모하다가 사형을 당하였다.
- 왕 9년: 달구벌로 서울을 옮기려다 실현하지 못하였다.   - 『삼국사기』

① 관료에게 지급하는 녹읍을 부활하였다.
② 국학을 설치하여 유학을 교육하였다.
③ 수도에 서시와 남시를 설치하였다.
④ 사방에 우역을 설치하였다.

제시된 사료에서 김흠돌의 난과 달구벌 천도 등의 내용을 통해 신문왕 때임을 알 수 있다. ② 신문왕은 국학을 설치하여 유학 교육을 강화했다.

[오답분석]
① 경덕왕, ③ 효소왕, ④ 소지왕 때의 일이다.

정답 ②

Theme 08 발해

 기/출/분/석

구분	2008~2016	2017	2018	2019	2020	2021	2022	2023
국가 9급	발해의 대외 관계	발해	발해	무왕		발해 수도	무왕	
지방 9급	• 발해(2) • 무왕 • 무왕 · 선왕				발해 문왕 때의 신라			
법원 9급	발해(2)	발해	무왕					

해/법/요/람

1. 고왕(대조영) (698~719)	천통	발해 건국(698): 길림성 돈화시 동모산, 국호: 진
2. 무왕(대무예) (719~737)	인안	일본과 수교, 당의 등주 공격(장문휴)
3. 문왕(대흠무) (737~793)	대흥	• 상경, 동경 천도, 중앙 통치 제도 정비, 주자감 설치 • 당과 친선관계: 문물을 받아들임, 신라와 관계 개선: 상설 교통로 개설(신라도)
10. 선왕(대인수) (818~830)	건흥	• 5경 15부 62주(지방 행정), 발해의 전성기: '해동성국' • 대부분의 말갈족 복속, 요동 진출 • 남쪽으로 신라와 접함

⚑ 고구려 계승

옛 고구려의 영토를 대부분 차지

▼

지배층은 고구려계인 고씨, 대씨

▼

일본에 보낸 국서(고구려 옛 땅을 수복, 고려국왕으로 지칭)

▼

고구려 문화의 계승(온돌 장치, 와당, 불상, 무덤의 모줄임 구조 등)

1 고왕(대조영, 698~719)

대조영은 698년 동모산 기슭에서 나라를 건국하고 **국호를 진(震), 연호를 천통(天統)**이라 하였다. 세력이 점차 커지자 당은 대조영을 발해군왕으로 봉하였다.

2 무왕(2대, 719~737) ✦

무왕은 영토 확장에 힘을 기울여 **동북방의 여러 세력을 복속하고 북만주 일대를 장악**하였다. 발해는 일본에 사신을 파견하여 발해가 고구려를 계승했다는 것을 밝히는 한편, **장문휴를 보내 당의 산둥 지방을 공격**하였다. 또한, **인안**이라는 독자적인 연호를 사용하였다.

3 문왕(3대, 737~793) ✦

문왕 때 **당과 친선 관계**를 맺고, 중국의 선진 문물을 받아들여 **중앙 정치 체제를 정비**했으며 **신라와도 상설 교통로를 개설**하여 대립 관계를 해소하고자 하였다. 한편, 일본에 국서를 보내 천손임을 자랑하고 일본과의 관계를 장인과 사위로 비유하여 갈등을 빚기도 하였다. 그리고 **중경에서 상경으로, 다시 동경**으로 수도를 옮겼다. **황상**이라는 칭호를 사용하여 황제 국가의 면모를 과시했으며 **대흥·보력** 등의 독자적인 연호를 사용하였다.

4 선왕(10대, 818~830) ✦

대부분의 말갈족을 복속시키고 **요동 지역으로 진출**하였으며 남쪽으로는 신라와 국경을 맞대는 등 넓은 영토를 차지하였다. 광대한 영토를 다스리기 위해 **5경 15부 62주의 지방 제도를 정비**하였고, 이후 전성기를 맞아 중국에서는 발해를 **해동성국**이라 불렀다.

5 발해의 멸망

그러나 10세기 초에 이르러 부족을 통일한 거란이 발해를 위협하였고, 결국 거란의 침략을 받아 926년에 멸망하였다.

■ 발해의 영역

성왕(5대, 793~794)
수도를 동경에서 다시 상경(이후 발해가 멸망할 때까지 발해 수도)으로 옮겼다.

(가) 왕에 대한 설명으로 옳은 것은?　　　　　2022년 국가직 9급

　　당 현종 개원 7년에 대조영이 죽으니, 그 나라에서 사사로이 시호를 올려 고왕(高王)이라 하였다. 아들 ⸤(가)⸥이/가 뒤이어 왕위에 올라 영토를 크게 개척하니, 동북의 모든 오랑캐가 겁을 먹고 그를 섬겼으며, 또 연호를 인안(仁安)으로 고쳤다.
　　　　　　　　　　　　　　　　　　　　　　　　　　　　　－『신당서』

① 수도를 상경성으로 옮겼다.
② 해동성국이라고 불릴 만큼 전성기를 이루었다.
③ 장문휴를 시켜 당의 등주(산둥성)를 공격하였다.
④ 고구려 유민과 말갈족을 이끌고 동모산에 도읍을 정하였다.

(가)에 들어갈 국왕은 발해 무왕이다. ③ 발해 무왕은 중국 산둥 지방의 등주에 장문휴를 필두로 하는 수군을 보내 공격하였다.

오답분석
① 수도를 상경성으로 옮긴 것은 발해 문왕과 발해 성왕이다. ② 발해 선왕 때의 일이다. ④ 대조영(발해 고왕)에 대한 설명이다.

정답 ③

Theme 09 고대의 통치 체제

기출분석

구분	2008~2016	2017	2018	2019	2020	2021	2022	2023
국가 9급	통일신라제도		신라 지방제도					
지방 9급	• 고대 통치제도 • 발해 통치제도	• 백제 통치제도 • 발해 통치제도	• 삼국 정치제도 • 고대 통치제도				발해 통치제도	
법원 9급	고대 통치제도(2)							

더 알아보기

귀족 합의 기구
삼국은 초기에 고구려 5부, 백제 5부, 신라의 6부가 중앙의 지배 집단이 되어 성장하였다. 또한, 국가의 중대한 일을 결정할 때 각 부의 귀족들로 구성된 회의체에서 결정하였다 (고구려의 제가 회의, 백제의 정사암 회의, 신라의 화백 회의).

1 삼국의 통치 체제

(1) 중앙 정치 제도

① 고구려 : 10여 개의 관등이 있었고, 형계와 사자계의 관등으로 구분되었다. 재상인 **대대로**는 귀족들에 의해 선출되었으며, 국정을 총괄하였다.

② 백제 : 16관등이 있었으며, 관리들은 관등에 따라 각각 **자색·비색·청색**의 공복을 입었다. 6개의 부서(장관은 좌평)가 업무를 분담하였고, 좌평의 우두머리인 **상좌평**이 재상이 되었다. 이후 성왕 때 중앙 관청을 22부로 확대·개편하였다.

③ 신라 : 관등제는 **골품제와 결합**하여 운영되어 골품에 따라 개인이 승진할 수 있는 관등의 상한선이 정해졌다. 이러한 관등제는 **법흥왕 때 17관등**으로 완성되었다. 법흥왕 때 화백 회의를 주관하는 상대등을 두었고, 진덕여왕 때 국가 기밀을 담당하는 집사부를 설치하였다.

(2) 지방 행정 제도

삼국은 최상급 지방 행정 단위로 **부**와 **방** 또는 **주**를 두어 지방 장관을 파견하였다. 그러나 지방에 대한 중앙 정부의 지배력은 강력하지 못했으며, 지방 세력의 영향력이 오랫동안 유지되었다. 그리고 삼국의 **지방 행정 조직은 군사 조직**으로도 기능했기 때문에 지방관들은 군대의 지휘관을 겸하기도 하였다.

더 알아보기

삼국의 군사 제도
삼국의 지방 행정 조직은 그대로 군사 조직이기도 하였다. 각 지방의 지방관은 곧 군대의 지휘관으로, 삼국의 주민 통치는 군사적 지배의 성격을 띠고 있었다.

🏵 **삼국의 지방 제도**

구분	수도	지방	특수 지방 제도	지방관
고구려	5부	5부	3경	5부에 욕살 파견
백제	5부	5방	22담로	5방에 방령 파견
신라	6부	5주	2소경	• 5주에 군주 파견 • 2소경에 사신 파견

2 통일 신라의 통치 체제

(1) 중앙 정치 제도

최고 관청인 **집사부**를 포함한 **14개의 관청**을 두어 행정 업무를 분담하였다. 또한, 감찰 기구인 **사정부**를 두어 관리의 비리를 감시하였다.

(2) 지방 행정 제도

지방을 **9주**로 나누었으며, 장관으로는 **총관(도독)**을 파견하였다. 또한 군사·행정상의 요지에 **5소경**을 두어 각 지방의 균형있는 발전을 도모하였다.

(3) 군사 제도

중앙군은 9서당으로 편성되었으며, 지방에는 10정(한산주에만 2정)을 두어 국방과 치안을 담당하게 하였다.

3 발해의 통치 체제

(1) 중앙 정치 제도

당나라의 제도를 본떠 **3성 6부**로 편성되었다. **정당성**의 장관인 **대내상**이 국정을 총괄하였고, 그 아래의 좌사정과 우사정을 둔 이원적 체제를 구성하였다. 당의 제도를 수용하였지만 그 명칭과 운영은 발해의 독자성을 유지하였다. 또한 관리 감찰을 위하여 중정대를 설치하고, 최고 교육 기관으로 주자감을 두었다.

(2) 지방 행정 제도

5경 15부 62주로 조직되었다. 전략적 요충지에는 5경을 두었고, 지방 행정의 중심에는 15부를 두어 지방관으로 도독을 파견하였다.

(3) 군사 조직

군사 조직은 중앙군으로 **10위**를 두어 왕궁과 수도의 경비를 맡겼고, 지방 행정 조직에 따라 지방군을 편성하여 지방관이 지휘하게 하였다.

대표 기출문제

밑줄 친 '이 나라'에 대한 설명으로 옳은 것은?   2022년 지방직 9급

- 이 나라에서 귀하게 여기는 것에는 태백산의 토끼, 남해부의 다시마, 책성부의 된장, 부여부의 사슴, 막힐부의 돼지, 솔빈부의 말, 현주의 베, 옥주의 면, 용주의 명주, 위성의 철, 노성의 쌀 등이 있다.
  　　　　　　　　　　　　　　　　　　　　　 － 『신당서』 －
- 이 나라의 땅은 영주(營州)의 동쪽 2천 리에 있으며, 남으로는 신라와 서로 접한다. 월희말갈에서 동북으로 흑수말갈에 이르는데, 사방 2천 리, 호는 십여 만, 병사는 수만 명이다.
  　　　　　　　　　　　　　　　　　　　　　 － 『구당서』 －

① 중앙에 6좌평의 관제를 마련하였다.　② 9서당 10정의 군사 조직을 갖추었다.
③ 지방을 5경 15부 62주로 편성하였다.　④ 제가회의에서 국가의 중대사를 결정하였다.

더 알아보기

신라의 지방 제도
9주 아래에는 군·현을 두었고, 말단 행정 구역인 촌(토착 세력 촌주)이 있었다. 향·부곡이라고 불리는 특수 행정 구역도 존재하였다.

더 알아보기

상수리 제도
지방 세력을 통제하기 위해서 이들을 일정 기간 서울에 와서 거주하게 하던 제도이다. 고려 시대에 기인 제도로 이어졌다.

☑ 발해의 정치 제도

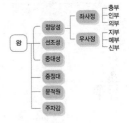

더 알아보기

발해의 지방 제도
지방 행정의 가장 말단에는 촌락을 두고, 수령이라는 토착 세력이 다스리게 하였다.

제시된 자료는 발해의 특산물과 위치에 대해 서술하고 있다. ③ 발해의 지방 제도에 대한 설명이다.

오답분석
① 백제, ② 통일 신라, ④ 고구려에 대한 설명이다.

정답 ③

Theme 10 고대의 경제 · 사회

구분	2008~2016	2017	2018	2019	2020	2021	2022	2023
국가 9급	• 신라 토지 제도 • 민정 문서 • 순장 • 고구려의 사회 • 골품 제도(2)	골품제		통일 신라 경제				
지방 9급	• 신라 토지 제도 (2) • 민정 문서 • 경제(2) • 신라 하대 사회 • 호족	• 대외무역 • 민정 문서 • 6두품 • 진골		통일 신라 경제				
법원 9급	• 신라 토지 제도 • 6두품							

1 삼국 시대의 경제

(1) 수취 체제

중앙 집권 체제를 정비하며 조세 제도를 마련한 삼국은 **조세(토지세), 공물, 역**을 기본으로 징수하였다. 조세는 재산의 정도에 따라 호(戸)를 나누어 곡물과 포를 거두었다. 공물의 경우 각 지역의 특산물을 거두었고, 역으로는 왕궁·성·저수지 등을 만드는 데에 노동력이 필요한 경우 15세 이상의 남자를 동원하였다.

(2) 농업과 수공업

4~5세기에 철제 농기구가 보급되기 시작하였고 6세기 이후에는 널리 사용되었다. 또한 신라 **지증왕 시기에 우경을 실시**하였다는 기록이 남아 있다.
수공업의 경우 주로 노비를 통해 무기와 장신구 등을 생산하였는데, 국가 체제가 정비되면서 무기와 비단 등을 생산하는 관청을 설치하였다.

(3) 상업과 무역

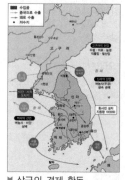

■ 삼국의 경제 활동

신라의 경우 5세기 말 **소지왕 때 경주에 시장**을 처음 설치하여 물품을 매매하게 하였으며, 6세기 초 지증왕 때 동시를 설치하고 시장 감독 관청인 **동시전**을 설치하였다. 국제 무역은 4세기 이후 발달하기 시작하였다. **고구려**는 남북조 및 유목민인 **북방 민족**과 무역을 하였고, **백제**는 **남중국** 및 **왜**와 활발한 무역을 전개하였다. **신라**의 경우 고구려와 백제를 통하여 중국과 교류하다가 이후 한강 유역으로 진출하며 **당항성을 통하여 직접 교역**하였다.

(4) 귀족의 경제 생활

귀족들은 자기 소유의 토지와 노비, 국가로부터 받은 **식읍과 녹읍**을 기반으로 **사치 생활**을 유지하였다. 귀족들은 토지, 철제 농기구 등 생산 수단과 조건이 일반 농민에 비해 훨씬 유리하였으며, 고리대를 이용하여 농민의 토지를 빼앗거나 농민을 노비로 만들기도 하며 더 많은 토지와 노비를 확보할 수 있었다.

(5) 농민의 경제 생활

삼국 시대의 농민들은 자기 소유의 토지를 경작하거나 부유한 자의 토지를 빌려 경작하였다. 이들은 조세·공물·역을 부담하였고, 전쟁에 동원되었다. 또한, 자연재해·가혹한 수취·고리대 등으로 노비로 전락하는 일이 많았다.

2 남북국 시대의 경제

(1) 통일 신라의 경제

① 수취 체제 : 조세는 생산량의 10분의 1을 수취하여 이전보다 완화하였다. 역은 군역과 요역으로 이루어졌으며, **16세에서 60세까지의 남자를 대상**으로 하였다. 공물은 **촌락 단위로 그 지역의 특산물**을 거두었다.

② 민정 문서✤ : 1933년 일본 도다이사[동대사] 쇼소인[正倉院, 정창원]에서 발견된 **민정 문서**는 당시 촌락의 **경제 상황**과 국가의 **세무 행정**을 알 수 있는 자료이다. 이에 따라 조세, 공물, 역 등을 수취하였다.

> #### 🔖 민정 문서의 작성
>
> 1. 조사 지역 : 서원경(청주) 부근의 4개 촌락
> 2. 기록 : 촌주가 변동 사항을 조사하여 3년마다 작성
> 3. 내용 : 마을 면적, 토지 결 수, 인구수, 호구(가구) 수, 가축 수, 유실수(뽕나무, 잣나무, 호두나무) 등
> 4. 호구 조사 방법 : 9등급(사람이 많고 적음에 따라)
> 5. 인구 조사 방법 : 6등급[남녀 구별하여 나이에 따라(노비 포함)]

③ 토지 제도의 변천✤ : 신라 중대에 신문왕은 귀족 관리들에게 **관료전을 지급**하는 대신 **녹읍을 폐지**하여 귀족의 경제 기반을 약화시켰다. 또한 8세기 성덕왕은 백성에 대한 지배권을 강화하기 위해 백성에게 **정전을 지급**하였다. 그러나 8세기 중반 경덕왕 때 **녹읍이 부활되고 관료전이 폐지**되었다.

❖ 더 알아보기

식읍과 녹읍
조세를 수취하고 노동력을 징발한 권리를 부여. 식읍은 주로 전쟁에서 공을 세운 경우 왕족과 공신에게, 녹읍은 급여의 성격으로 관료 귀족에게 지급되었다.

❖ 더 알아보기

관료전
관료의 녹봉 성격으로 지급된 토지. 식읍·녹읍과 마찬가지로 조세를 수취할 권리를 부여하였으나, 노동력을 징발한 권리는 없었다. 관료전의 지급은 귀족의 백성에 대한 지배력이 약화되었음을 뜻한다.

> **사료** 토지 제도
>
> - 신문왕 7년(687) 5월 문무 관료전을 지급하되 차등을 주었다.
> - 신문왕 9년(689) 1월 내외관의 녹읍을 혁파하고 매년 조(租)를 내리되 차등이 있게 하여 이로써 영원한 법식을 삼았다.
> - 성덕왕 21년(722) 8월 처음으로 백성에게 정전을 지급하였다.
> - 경덕왕 16년(757) 3월 여러 내외관의 월봉을 없애고 다시 녹읍을 나누어 주었다.
>
> ─ 『삼국사기』

④ 상업과 대외 무역 : 통일 후 동시만으로는 상품 수요를 감당할 수 없었기 때문에 서시와 남시를 추가로 설치하였다. 한편, 통일 후 당과의 관계가 긴밀해지면서 무역이 번성하였다. 그래서 산둥 반도와 양쯔 강 하류 일대에 신라인들의 거주지인 신라방과 신라촌, 여관인 신라관, 절인 신라원이 세워졌다. **장보고는 완도에 청해진을 설치**하고 해적을 소탕하여 해상 무역권을 장악하였다. 또한 국제 무역이 발달하여 이슬람 상인이 울산에 와서 무역을 하기도 하였다.

⑤ 귀족과 농민의 생활 : 귀족은 **식읍**과 **녹읍**을 통하여 그 지역의 농민을 지배하였고, 당이나 아라비아에서 수입한 비단·유리그릇·귀금속 등 사치품을 사용하였다. 이들은 경주 근처에 호화스러운 별장을 짓고 살기도 했다. 농민의 생활은 여전히 어려웠는데 **시비법이 발달하지 않아서** 휴경 농법이 일반적이었다. 또한 남의 토지를 빌려 경작하는 경우는 수확량의 반 이상을 토지 소유자에게 주어야 했다. **향이나 부곡**에 사는 사람들은 더 많은 공물 부담을 져야 했기 때문에 일반 농민보다 더 어려운 형편이었다.

(2) 발해의 경제

■ 남북국 시대의 무역 활동

조·콩·보리 등 곡물을 거두는 조세, 베·명주·가죽 등의 특산물을 거두는 공물, 궁궐·관청 등의 건축에 농민을 동원하는 부역이 있었다. 발해는 일부 지역에서 벼농사를 지었으나 주로 밭농사가 중심이었으며, 특히 목축이 발달하였는데 말은 주요 수출품이었다. 당은 산둥 반도의 덩저우에 발해관을 설치하고 발해인들이 무역에도 이용하게 하였다.

3 고대의 사회

(1) 신분 사회

고대 사회는 크게 **귀족, 평민, 천민**의 신분 구조를 갖추었다. 귀족은 정치·경제·사회적 특권을 독점하였고, 평민층은 대부분 농민으로서 자유민이었으나 조세·공납·역을 부담하였다. 또한 천민의 대부분은 노비로, 대개 전쟁 포로나 빚을 갚지 못한 사람이 노비가 되었다.

(2) 법률

고구려는 형법이 매우 엄격하였다. 반역을 꾀하거나 반란을 일으킨 자는 **화형에 처한 뒤 다시 목을 베었고** 그 가족을 노비로 삼으며, **도둑질한 자는 12배**를 물게 하였다. 백제의 법률 또한 비슷하였는데, 반역한 자나 전쟁터에서 퇴각한 군사 및 살인자는 목을 베었고, **도둑질한 자는 귀양 보냄과 동시에 2배**를 물게 하였다. **관리가 뇌물을 받거나 국가의 재물을 횡령했을 경우 3배를 배상**하게 했다.

(3) 신라의 사회

① 화랑도 : **진흥왕 때** 국가 차원에서 그 활동을 장려하여 조직이 확대되었다. 귀족 출신인 화랑을 지도자로 삼고, 귀족은 물론 평민까지 포함한 낭도가 그를 따랐다. 화랑도는 원광의 세속 5계를 행동의 규범으로 삼았다.

② 골품 제도✦ : 신분제인 **골품 제도**를 통하여 개인의 정치·사회 활동의 범위를 엄격히 제한하였다. 골품 제도는 **관등 승진**의 상한뿐 아니라 가옥의 규모와 장식물, 복색이나 수레 등 **일상 생활**까지 규제하였다. **진골이 주요 관직을 독점**했기 때문에 **6두품**은 주로 **학문과 종교** 분야에서 활동하였다.

③ 통일 신라 : 통일 이후 **6두품 출신**이 학문적 식견과 실무 능력을 바탕으로 국왕을 보좌하면서 정치적 진출을 활발히 하였다. 한편 1~3두품은 시간이 지남에 따라 평민화되었다. 신라 하대인 9세기 말, 각지에서 농민들이 봉기하여 중앙 정부는 지방에 대한 통제력을 거의 잃어갔다. 이러한 가운데 중앙 정부의 통제에서 벗어난 **호족**이 등장하였고, 이들은 스스로 성주, 장군이라 부르며 **반독립적 세력**으로 성장하였다.

(4) 발해의 사회

발해의 **지배층은 고구려계** 사람들이 대부분이었으며 발해의 **주민 중 다수는 말갈인**으로, 발해의 사회는 이원적 구조로 이루어졌다.

더 알아보기

화랑의 역할
여러 계층이 화랑도 내에서 일체감을 가지고 활동함으로써 계층 간의 대립과 갈등을 완화하는 역할을 하였다. 또한 신라 청소년들은 화랑도 활동을 통하여 전통적 사회 규범을 배웠고, 이들은 신라의 삼국 통일에 중요한 역할을 수행하였다.

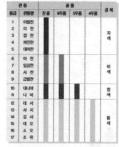
■ 신라의 골품과 관등표

더 알아보기

발해의 지식인
당나라에 유학했으며, 당에서 외국인을 대상으로 실시한 과거시험(빈공과)에 응시하고 신라인과 성적을 다투기도 하였다.

대표 기출문제

다음 자료에 나타난 통일 신라 시대의 신분층과 연관된 설명으로 옳은 것은?

2016년 국가직 9급

> (그들의) 집에는 녹(祿)이 끊이지 않았다. 노동(奴僮)이 3천 명이며, 비슷한 수의 갑병(甲兵)이 있다. 소, 말, 돼지는 바다 가운데 섬에서 기르다가 필요할 때 활로 쏘아 잡아먹는다. 곡식을 남에게 빌려주어 늘리는데, 기간 안에 갚지 못하면 노비로 삼아 부린다. 『신당서』

① 관등 승진의 상한은 아찬까지였다.
② 도당 유학생의 대부분을 차지하였다.
③ 돌무지덧널무덤을 묘제로 사용하였다.
④ 식읍·전장 등을 경제적 기반으로 하였다.

제시문에 나타난 신분층은 진골이다. ④ 통일 신라 진골 귀족의 경제 기반에 대한 설명이다.

오답분석
①, ② 6두품에 대한 설명이다.
③ 돌무지덧널무덤은 신라 상대에 축조되었다. 통일 신라에서는 주로 굴식 돌방무덤을 사용하였다.

정답 ④

Theme 11 고대의 불교(+도교)

기출분석

구분		2008~2016	2017	2018	2019	2020	2021	2022	2023
국가 9급		• 의상 • 원효와 의상 • 선종						신라의 승려	
지방 9급		• 불교 전반(3) • 의상(3) • 신라의 주요 지식인 • 역사서 • 신라의 교육 • 풍수지리사상		선종	선종		원광		
법원 9급		• 불교(2) • 독서삼품과						도교	

1 불교의 수용

삼국은 중앙 집권 체제의 확립 과정에서 불교를 수용하였다. 그리하여 고구려는 **소수림왕** 때(372), 백제는 **침류왕** 때(384) 각각 불교를 공인하였다. 토착세력이 강했던 신라는 이보다 조금 늦은 시기인 **법흥왕** 때(527) 이차돈의 순교를 계기로 공인되었다.

삼국에서 불교를 수용하는 데 선도적인 역할을 한 것은 왕실이었다. 이러한 불교는 곧 사회를 지도하는 원리가 되었으며, 이는 불교 신앙으로 나라를 지킨다는 **호국 불교**의 이념으로 발전하였다.

■ 이차돈 순교비

2 불교의 역할

불교는 **중앙 집권화에 기여**하였으며, '왕은 곧 부처'라는 믿음은 왕의 권위를 높여 주었다. 또한, 불교는 새로운 문화 창조에도 중요한 역할을 하였다.

3 불교의 발달

(1) 원효(617~686) ✦✦✦

원효는 다양한 저술 활동을 하는 등 불교의 사상적 이해 기준을 확립하였다. 또한 모든 것이 한마음에서 나온다는 **일심 사상**을 바탕으로 여러 종파를 조화(화쟁)시키기 위해 노력하였다. 원효는 어려운 불교 경전을 이해하지 못하더라도 나무아미타불이라는 염불만 외우면 누구든지 극락에 갈 수 있다는 **아미타 신앙**을 전도하여 **불교의 대중화**에 큰 역할을 하였다.

> **사료** 원효의 불교 대중화
>
> 원효가 … 광대들이 놀리는 큰 박을 얻었는데 … 도구를 만들어 『화엄경』의 "일체 무애인은 한길로 생사를 벗어난다."라는 문구에서 그 이름을 따와서 '무애'라고 하며 이내 노래를 지어 세상에 퍼뜨렸다. … 가난하고 무지몽매한 무리까지도 모두 부처의 호를 알게 되었고, 모두 나무아미타불을 부르게 되었으니 …

(2) 의상(625~702) ✦✦✦

의상은 모든 존재가 상호 의존적인 관계에 있으며 서로 조화를 이루고 있다는 **화엄 사상**을 정립하였다. 의상은 화엄 사상을 바탕으로 교단을 형성하여 많은 제자를 양성하고, **부석사를 비롯한 여러 사원을 건립**하였다. 또한 아미타 신앙과 함께 현세의 고난을 구제받고자 하는 **관음 신앙**을 이끌어 불교 대중화에 기여하였다.

> **사료** 의상의 『화엄일승법계도』
>
> 하나 안에 일체요, 많음 안에 하나이며 / 하나가 곧 일체요, 많음이 곧 하나이다. 한 티끌 속에 시방을 머금고 / 일체의 티끌 속 또한 이와 같다.

4 선종의 유행

통일 전후에 실천 수행을 통하여 마음속에 내재된 깨달음을 얻는다는 선종 불교가 전래되었다. 선종은 교종의 위세에 눌려 관심의 대상이 되지 못하다가 신라 말에 널리 확산되었다.

선종은 지방을 근거로 성장하여 **지방 문화 역량의 증대**를 가져왔다. 선종 승려는 사회 변혁을 희망하던 6두품 지식인과 함께 **새로운 사회 건설에 사상적 바탕**을 마련해 주었다. 한편 선종의 확산과 함께 신라 하대에는 **승탑**(선종 승려의 사리 보관)이 많이 만들어졌다.

더 알아보기

원효의 저서
- 『대승기신론소』·『금강삼매경론』: 불교 이해의 기준을 확립
- 『십문화쟁론』: 일심 사상을 바탕으로 화쟁 사상을 주장

더 알아보기

혜초의 『왕오천축국전』
통일 신라 시대의 승려인 혜초(704~787)는 당에서 바닷길을 통해 인도로 들어가 각지를 순례하였다. 그는 자신이 돌아본 인도와 중앙아시아 여러 나라의 풍물을 『왕오천축국전』으로 기록하였다. 이 책은 1908년 프랑스 고고학자에 의해 중국 둔황 동굴에서 발견되어 현재 프랑스 국립 도서관에 소장되어 있다.

■ 교종 5교와 선종 9산

더 알아보기

교종
경전의 이해를 통하여 깨달음을 찾는 이론 불교이다. 경전 연구와 교단 조직을 중시하였다.

■ 강서대묘 현무도(고구려)

■ 금동 대향로(백제)

■ 산수무늬 벽돌(백제)

■ 도선 국사

5 도교

(1) 특징

도교는 무위자연, 불로장생, 현세의 이익을 추구하였다. 특히 고구려의 연개소문은 독재 정치를 강화하고 불교 세력을 누르기 위하여 도교를 장려하였다.

(2) 영향

도교는 삼국의 문화에 큰 영향을 끼쳐 관련된 유물이 많이 전해진다. 고구려에는 강서대묘의 벽화에 그려진 **사신도**가 남아 있다. 사신도는 도교의 방위신인 청룡(좌), 백호(우), 주작(남), 현무(북)를 그린 것으로, 죽은 자의 사후 세계를 지켜 주리라는 믿음을 표현한 것이다.

백제의 금동 대향로와 **산수무늬 벽돌**은 대표적인 도교 관련 유물이다. 백제 말기의 귀족인 사택지적이 절을 짓고 세운 비인 **사택지적비**에는 도교의 노장사상과 관련한 인생의 허무함이 나타나 있기도 하다. 또한 신라의 화랑도나 최치원의 사상에서 도교의 영향을 알 수 있다.

6 풍수지리 사상

(1) 전래

신라 하대에 도선 등 선종 승려들이 당에서 유행하던 풍수지리설을 들여왔다. 풍수지리설은 산세와 수세를 살펴 도읍·주택·묘지 등을 선정하는 인문 지리적 학설로서, 국토의 효율적인 이용과 관련되어 있다.

(2) 영향

풍수지리설의 확산은 경주 중심의 지리관에서 벗어나 **다른 지방의 중요성을 자각**하는 계기가 되었고, 신라 정부의 권위를 약화시켰다.

대표 기출문제

밑줄 친 '그'는 신라의 승려 자장이다. 자장은 선덕여왕에게 황룡사 9층 목탑의 건립을 건의하였다. ② 자장은 선덕여왕 때 대국통에 임명되어 출가자의 규범과 계율을 주관하였다.

[오답분석]
① 원광에 대한 설명이다. ③ 의상에 대한 설명이다. 자장은 통일 이전에 활동했으며, 계율종을 강조하였다. ④ 원효에 대한 설명이다.

[정답] ②

밑줄 친 '그'에 대한 설명으로 옳은 것은?   2019년 지방직 9급

그는 중국 유학을 마치고 귀국한 다음, 국왕에게 황룡사에 9층탑을 세울 것을 건의했다. 그가 9층탑 건립을 건의한 데에는 주변 나라의 침입을 막고자 하는 호국 정신이 담겨 있다.

① 화랑이 지켜야 할 세속오계를 지었다.
② 대국통으로 있으면서 계율을 지키는 일에 힘을 보탰다.
③ 통일 이후의 사회 갈등을 통합으로 이끄는 화엄 사상을 강조하였다.
④ 일심(一心) 사상을 주장하여 불교 교리의 대립을 극복하고 자하였다.

Theme 12 고대의 학문·과학 기술·예술

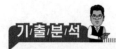

구분	2008~2016	2017	2018	2019	2020	2021	2022	2023
국가 9급	• 고분(2)					• 발해 수도별 유적 • 유네스코 세계 유산	유네스코 세계 유산	
지방 9급	• 고분 • 문화재(경주)							
법원 9급	• 고분(3) • 백제 문화재 • 신라 하대 문화							

1 고대의 교육

고구려는 수도에 **태학**을 세워 유교 **경전**과 역사서를 가르쳤으며, 지방에는 경당을 세워 한학과 무술을 가르쳤다.

백제는 **5경박사**와 의박사, 역박사 등을 두어 유교 경전과 기술학 등을 가르쳤다. 신라의 경우 **임신서기석**을 통해 유교 경전을 공부하였다는 사실을 알 수 있다. 통일 신라 시대에는 신문왕 때 **국학**이라는 교육 기관을 설립하였다. 이후 경덕왕 때 국학을 태학으로 고치고 박사와 조교를 두어 『논어』와 『효경』 등 유교 경전을 가르쳤다. 원성왕 때는 유교 경전의 이해 수준을 시험하여 관리를 채용하는 **독서삼품과**를 마련하였다. 이 제도는 귀족들의 반발로 그 기능을 제대로 발휘하지 못하였지만 학문과 유학을 보급하는 데 이바지하였다.

발해에서도 유학 교육을 목적으로 **주자감**을 설립하여 유교 경전을 가르쳤다.

> **임신서기석**
> 화랑으로 보이는 두 사람이 공부와 인격 도야에 관해 맹세한 내용을 새긴 비문이다.

사료 국학과 독서삼품과

> 국학은 예부에 속하였는데 신문왕 2년에 설치하였고 경덕왕 때 그 명칭을 태학감으로 고쳤다가 혜공왕 때 이전 명칭으로 회복시켰다. …… 모든 학생들이 독서함에 있어서 ……『논어』·『효경』에 밝은 자는 상으로 하고, 『곡례』·『논어』·『효경』을 읽은 자는 중으로 하고, 『곡례』·『효경』만을 읽은 자는 하로 하되, 만일 5경, 삼사와 제자백가의 서를 능히 겸통하는 자가 있으면, 등급에 관계하지 않고 발탁하였다.
> ─『삼국사기』

www.pmg.co.kr

더 알아보기

김대문

삼국 통일 이후, 신라의 대표적 문장가로 활동하였다. 화랑의 전기를 모은 『화랑세기』, 유명한 승려의 전기를 모은 『고승전』, 한산주 지방의 지리지인 『한산기』 등을 지었다.

더 알아보기

설총

신문왕에게 화왕계라는 글을 바쳐 향락을 멀리하고 도덕을 엄격하게 지킬 것을 강조하였다.

더 알아보기

도당(渡唐) 유학생

당에 건너가 공부한 유학생, 숙위 학생이라고도 하며, 이들은 대부분 6두품 출신이었다.

더 알아보기

최치원

계원필경과 사산비명 등을 남겼는데 오늘날까지 전해오고 있다. 그는 유학자이면서도 불교와 도교, 그리고 풍수지리 사상에도 조예가 깊었다.

▌첨성대

2 역사서 편찬

고구려에서는 일찍이 『유기』가 편찬되었으며, 영양왕 때 이문진이 이를 간추려 『신집』 5권을 편찬하였다. 백제에서는 근초고왕 때 고흥이 『서기』를, 신라에서는 진흥왕 때 거칠부가 『국사』를 편찬하였다. 다만 이들 역사서는 모두 전하지 않고 있다.

3 유학의 발달

신라의 유학자는 6두품 출신이 많았다. 강수는 외교 문서를 잘 지은 문장가로 유명하였다. 또한 원효의 아들이었던 설총은 유교 경전에 조예가 깊었고, 이두를 정리하여 한문 교육의 보급에 공헌하였다.

통일 이후 신라에는 당에 건너가 공부한 도당 유학생이 많아졌다. 그중에서 **최치원**은 당의 빈공과에 급제하고 문장가로 이름을 떨친 후 귀국하여 진성 여왕에게 **개혁안 10여 조**를 건의하였다. 그러나 개혁안이 받아들여지지 않자 그는 은둔 생활을 하면서 뛰어난 문장과 저술을 남겼다.

발해도 당에 유학생을 파견하였는데, 당의 빈공과에 급제한 사람이 여러 명 나왔다.

4 천문학

고구려에서는 별자리를 그린 천문도가 만들어졌고, 고분 벽화에도 별자리 그림이 남아 있는데, 매우 사실적이고 정확한 관측을 토대로 그려졌다. 신라에서도 7세기 선덕여왕 때 **첨성대**를 세워 천체를 관측하였다.

5 고분 ✦

(1) 고구려

고구려는 **초기에 주로 돌무지무덤**을 만들었으나, **점차 굴식 돌방무덤**으로 바뀌었다. 돌을 정밀하게 쌓아올린 돌무지무덤으로는 **장군총**이 대표적이다.

▌장군총(고구려)

후기에는 돌로 널방을 짜고 그 위에 흙으로 덮어 봉분을 만든 굴식 돌방무덤이 많이 만들어졌다. 널방의 벽과 천장에는 벽화를 그렸는데, **강서대묘의 사신도·무용총의 수렵도**가 대표적이다.

PART
02

(2) 백제 ✿

백제는 초기 한성 시기에 **돌무지무덤**을 만들었다. **서울 석촌동 고분군**이 대표적인데 이는 **백제 건국 세력이 고구려와 같은 계통임을 증명**한다.

웅진 시기에는 굴식 돌방무덤과 널방을 벽돌로 쌓은 **벽돌무덤**이 축조되었다. 벽돌무덤은 중국 남조의 영향을 받은 것으로, **무령왕릉**이 유명하다. 사비 시기에는 규모는 작지만 세련된 **굴식 돌방무덤**이 만들어졌다.

■ 서울 석촌동 돌무지무덤(백제)

(3) 신라

신라는 **돌무지덧널무덤**을 많이 만들었으며, 통일 직전부터는 굴식 돌방무덤도 축조하였다. 통일 신라 시대에는 불교의 영향으로 화장이 유행하였고, 굴식 돌방무덤의 주변에 둘레돌을 두르고 **12지 신상**을 조각하는 독특한 양식이 나타났다.

(4) 발해

발해에서는 **굴식 돌방무덤과 벽돌무덤**이 만들어졌다. 굴식 돌방무덤인 정혜 공주 묘는 고구려의 영향을 받아 모줄임천장 구조였고, 당의 영향을 받은 벽돌무덤인 정효 공주 묘에서는 벽화가 발견되었다.

■ 정혜 공주 묘 천장

■ 정효 공주 묘 벽화

> **더 알아보기**
>
> **돌무지덧널무덤**
> 지상이나 지하에 시신과 껴묻거리를 넣은 나무덧널을 설치하고 그 위에 돌(돌무지)을 쌓은 다음 흙(봉토)으로 덮었다. 도굴이 어려워 많은 껴묻거리가 그대로 남아 있다.

> **더 알아보기**
>
> **모줄임천장**
>
>
>
> 고구려 후기 굴식 돌방무덤에서 주로 보이는 양식으로, 발해에도 계승되었다.

6 건축

불교가 융성함에 따라 사원을 많이 축조했는데, 그중 백제의 미륵사는 거대한 목탑을 중심에 두고 동서에 석탑을 배치한 독특한 양식이었다.

특히 통일 신라 시대의 **불국사**는 불국토의 이상을 표현한 사원으로, 불국사 3층 석탑과 다보탑으로 유명하다. 인공 석굴인 **석굴암**은 네모난 전실과 둥근 주실을 갖추고 있는데, 전실과 주실 그리고 천장이 이루는 균형의 조형미로 세계적인 걸작으로 손꼽힌다.

발해의 수도인 상경은 당의 수도였던 장안을 본떠 건설하였다. 남북으로 넓은 **주작대로**를 낸 것이 특징이며, 궁궐에서는 온돌 장치가 발견되기도 하였다.

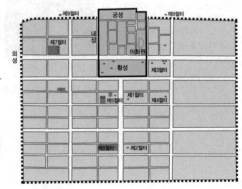
■ 발해 상경

7 탑

사원과 함께 부처의 사리를 봉안하던 탑도 많이 건립되었다. 고구려는 주로 목탑을 건립했는데 지금까지 남아 있는 것은 없다.

백제의 **미륵사지 석탑**은 서탑만 일부 남아 있는데 목탑 양식을 띠고 있으며, 우리나라에 현존하는 가장 오래된 탑이다. **정림사지 5층 석탑**은 경쾌하면서 안정된 모습이다.

통일 이전의 신라의 대표적인 탑으로는 선덕여왕 때 석재를 벽돌 모양으로 만들어 쌓은 모전 석탑인 분황사 모전 석탑과, 자장의 건의에 따라 세운 **황룡사 9층 목탑**(몽골의 침입으로 소실)이 있다.

■ 미륵사지 석탑(백제)　　■ 정림사지 5층 석탑(백제)　　■ 분황사 모전 석탑(신라)

통일 신라 시대에 들어와서는 이중 기단 위에 3층으로 쌓는 전형적인 석탑 양식을 완성하였다. 불국사에는 통일 신라 석탑의 전형이라 할 수 있는 **3층 석탑**과 높은 예술을 보여 주는 **다보탑**이 있다.

신라 하대의 **양양 진전사지 3층 석탑**은 탑의 면에 부조로 불상을 새긴 것으로 유명하다. 또한 선종이 널리 퍼지면서 승려의 사리를 봉안하는 **승탑이 유행**했는데, 팔각원당형을 기본으로 하였다.

더 알아보기

목판 인쇄술의 발달
불교가 발달함에 따라 불경을 대량으로 인쇄하기 위해 목판 인쇄술이 발달하였다. 불국사 3층 석탑에서 발견된 '무구정광대다라니경'은 8세기 초에 만들어진 불경으로, 현존하는 세계에서 가장 오래된 목판 인쇄물이다.

더 알아보기

팔각원당형 승탑
전체 평면이 팔각을 이루는 승탑을 통틀어 이르는 말로, 전형적인 형태이다. 아래부터 위까지 모두 팔각으로 조성되었다.

■ 불국사 3층 석탑　　■ 불국사 다보탑　　■ 양양 진전사지 3층 석탑　　■ 쌍봉사 철감선사 승탑

발해의 탑은 대부분이 벽돌로 쌓은 전탑으로, 영광탑이 대표적이다.

PART 02

8 불상

불교가 성행함에 따라 불상이 많이 제작되었다. 고구려의 **연가 7년명 금동 여래 입상**이나 백제의 미소로 불리는 **서산 마애 삼존불**, 신라의 **경주 배동 석조 여래 삼존 입상**은 당시 불상의 특징을 잘 보여 준다. 또한 삼국 모두 미륵 반가상을 많이 제작하였는데, 이 중 금동 미륵보살 반가상이 널리 알려져 있다.

■ 연가 7년명 금동 여래 입상(고구려)

■ 서산 마애 삼존불(백제)

■ 경주 배동 석조 여래 삼존 입상 (신라)

■ 미륵 보살 반가 사유상

통일 신라 시대에는 균형미가 뛰어난 불상들이 만들어졌다. **석굴암의 본존불**이 균형 잡힌 모습과 사실적인 조각으로 이 시기 조각의 최고 경지를 보여 준다. 발해에서도 많은 불상이 제작되었는데, 동경의 절터에서 고구려 양식을 계승한 것으로 보이는 불상(**이불병좌상**)이 발굴되었다.

■ 석굴암 본존불(통일 신라)

■ 이불병좌상(발해)

대표 기출문제

우리나라 유네스코 세계유산에 대한 설명으로 옳지 않은 것은?　　2022년 국가직 9급
① 미륵사지에는 목탑 양식의 석탑이 있다.
② 정림사지에는 백제의 5층 석탑이 남아 있다.
③ 능산리 고분군에는 계단식 돌무지무덤이 있다.
④ 무령왕릉에는 무덤 주인공을 알려주는 지석이 있었다.

③ 계단식 돌무지무덤은 서울 석촌동 고분군에서 발견되었다. 부여 능산리 고분군에서는 규모는 작지만 세련된 굴식 돌방무덤이 발견되고 있다.

오답분석
① 미륵사지 석탑, ② 정림사지 5층 석탑, ④ 무령왕릉에 대한 설명이다.

정답 ③

시작!
노범석
한국사

13 중세 사회의 성립

14 중세 사회의 발전

15 통치 조직의 정비

16 문벌 귀족 사회의 성립과 동요

17 무신 정권과 대몽 항쟁

18 고려 후기의 정치 변동

19 중세의 경제·사회

20 불교와 도교, 풍수지리설

21 중세의 학문·과학 기술·예술

PART
03

중세 사회의 발전

Theme 13 중세 사회의 성립

구분	2008~2016	2017	2018	2019	2020	2021	2022	2023
국가 9급								
지방 9급	후삼국 시대							
법원 9급	후삼국 통일 과정					후삼국 통일 과정		

해/법/요/람

	사 건	내 용
900	후백제 건국	• 견훤이 호족, 군사 세력을 토대로 완산주(전주)에서 건국 • 신라에 적대적, 농민에 과중한 조세 수취, 호족 포섭 실패
901	후고구려 건국	• 궁예가 초적, 호족 세력을 토대로 송악(개성)에서 건국 • 마진[904], 철원 천도(905)], 태봉(911) 등 잦은 국호 변경 • 미륵 신앙을 이용해 전제 정치 도모
918	고려 건국	• 왕건이 궁예를 축출하고 건국, 고구려 계승 의식 • 국호: 고려, 연호: 천수, 송악 천도(919)
926	발해 멸망	거란족에 의해 멸망, 발해의 유민 고려로 망명
927	공산 전투	고려가 후백제에 크게 패함(견훤이 신라를 공격하여 경애왕 죽임).
930	고창 전투	고려가 후백제에 승리하고 이를 계기로 주도권 장악
935	신라 멸망	신라 경순왕의 고려 투항(경순왕 김부: 고려 최초 사심관)
936	후백제 멸망	후백제 지배층의 내분
	고려의 통일	선산(일리천) 전투에서 고려가 승리함으로써 후삼국 통일

PART 03

1 후백제

군인 출신이었던 **견훤**은 전라도 지방의 군사력과 호족 세력을 토대로 **완산주**에 도읍을 정하고 **후백제**를 세웠다(900). 견훤은 중국과 외교 관계를 맺고 오월, 거란, 일본 등에 외교 사절을 파견하는 등 국제적 감각도 갖추었다. 그러나 신라를 습격하여 경애왕을 죽이는 등 신라에 적대적이었고, 호족을 포섭하는 데 실패하는 등 한계를 지니고 있었다.

2 후고구려

신라 왕족 출신인 **궁예**는 북원 지방의 도적인 양길의 부하로 있다가 점차 세력을 키워 자립하였다. 이후 송악(개성)에 도읍을 정하고 **후고구려**를 세웠다(901). 그는 **미륵 신앙을 이용**하여 전제 정치를 도모했는데, 이 과정에서 죄 없는 신하들을 살해하는 등 실정을 거듭하여 신하들에게 축출되었다.

3 고려의 건국과 후삼국 통일

(1) 고려 건국

왕건은 **궁예의 신하로 있으면서**, 나주 등지에서 큰 전공을 세워 시중의 자리까지 올랐다. 이후 궁예를 몰아낸 뒤 신하들의 추대를 받아 왕위에 올라 고려를 건국하였다(918). **연호를 천수**라고 했으며, 다음해 송악으로 도읍을 옮겼다.

(2) 후삼국 통일

왕건은 신라에 대하여 적극적인 우호 정책을 내세워 927년 후백제의 침입을 받은 신라를 돕기 위해 병력을 보냈으나 대구 근방의 **공산에서 패배**하였다. 이후 **고창(안동) 전투**에서 후백제군에서 승리를 거둔 고려는 후백제와의 경쟁에서 우위를 점하게 되었다. 935년 견훤의 투항과 신라 경순왕의 자진 항복으로 통일을 목전에 둔 고려는 936년 후백제군을 일리천 전투에서 격파하였다. 당시 후백제의 왕이었던 신검의 항복을 받아 **후삼국 통일**을 완성하였다.

더 알아보기
궁예의 잦은 체제 변화
궁예는 904년 국호를 마진으로 고치고, 다음해 도읍을 철원으로 옮겼다. 911년 다시 국호를 태봉으로 바꾸었다.

■ 고려의 민족 재통일

더 알아보기
고려의 후삼국 통일 과정

년도	사건
900	후백제 건국(견훤)
901	후고구려 건국(궁예)
918	고려 건국(왕건)
926	발해 멸망
935	신라 멸망
936	• 후백제 멸망 • 고려의 통일

대표 기출문제

다음에 제시된 역사적 사건들을 시기순으로 바르게 나열한 것은?　2016년 경찰 1차

㉠ 발해가 거란에 의하여 멸망하였다.
㉡ 신라의 경순왕이 왕건에게 항복하였다.
㉢ 왕건이 후백제를 정벌하여 후삼국을 통일하였다.
㉣ 왕건은 고구려 계승을 내세워 국호를 고려라 하고 송악으로 도읍을 옮겼다.

① ㉠-㉣-㉡-㉢
② ㉠-㉣-㉢-㉡
③ ㉣-㉠-㉡-㉢
④ ㉣-㉠-㉢-㉡

㉣ 고려 건국(918) ⇨ ㉠ 발해 멸망(926) ⇨ ㉡ 신라 멸망(935) ⇨ ㉢ 후삼국 통일(936)

정답 ③

Theme 14 중세 사회의 발전

기/출/분/석

구분	2008~2016	2017	2018	2019	2020	2021	2022	2023
국가 9급	시무 28조						성종	
지방 9급	• 정치제도(3) • 지방제도(3)		문·무산계	태조	광종	식목도감	광종	
법원 9급	• 정치제도(4) • 광종(3) • 시무 28조		• 정치제도 • 고려 전기의 국왕					

해/법/요/람

태조	광종	성종	현종 문종	숙종	예종 인종	정 경 이 최 최 중 대 의 충 부 승 민 헌 우	충 충 충 목 렬 선 공민	우왕
918					1170	1270		1388(위화도 회군)

지배층	호족(초기)	문벌 귀족(중기)	무신	권문세족(후기)	신진 사대부(말기)
특징	자주적	보수적	기존 질서 붕괴 (-) 사회 동요 ↑ (+) 능력 중시, 관료 사회	자주권 상실	보수 vs 개혁
외교	북진 정책 거란(요): 강경책	여진 ⇒ 금 별무반(윤관) 사대 요구 수용 동북 9성 ㄴ. 북진 정책 좌절	몽골: 대몽 항쟁	원 ⇒ 내정 간섭	이민족 침입 (홍건적, 왜구)
유학	독자적 (최승로)	보수적, 사대적 (최충, 김부식)	유학 쇠퇴	성리학 수용 (안향)	성리학 ↑ (이색, 정몽주, 정도전)
역사	자주적 『7대 실록』	보수적 『삼국사기』 김부식	자주적 『동명왕편』 이규보	자주적 『삼국유사』 일연 『제왕운기』 이승휴	성리학적 사관 『사략』 이제현

1 태조(왕건, 918~943) ✿

유력 호족들과의 **혼인 정책**으로 결속을 강화했으며, 건국 과정에서 공을 세운 이들을 공신으로 책봉하고 **역분전**을 하사하였다. 한편, 지방 세력을 견제하고 지방 통치를 보완하기 위하여 **사심관 제도**와 **기인 제도**를 실시하였다.

민생 안정을 위해 조세를 10분의 1로 낮추고(취민유도), 고구려의 진대법을 계승한 **흑창을 설치**하였다.

고구려 계승을 표방하여 **북진 정책**을 추진하였다. 이에 따라 평양을 서경으로 삼아 중시했으며 **청천강에서 영흥만까지** 영토를 넓혔다.

태조는 말년에 **훈요 10조**를 남겨 후대 왕들이 지켜야 할 정책의 기본 방향을 제시하였다. 또한 신하들에게는 『정계』와 『계백료서』를 남겼다.

2 혜종(943~945)

혼인 정책의 부작용으로 재위 당시 왕권이 불안정하였다. 외척인 왕규가 난을 일으켰는데, 왕의 동생인 요(정종)가 왕규를 제거하고 왕위에 올랐다.

3 정종(945~949)

서경으로 천도를 계획했으나, 실패하였다. 거란의 침입에 대비하기 위해 **광군**을 조직했으며, 불교 장려를 목적으로 광학보를 설치하였다.

4 광종(949~975) ✿ ✿

광종은 호족 세력을 견제하기 위해 **노비안검법**을 실시했으며, 중국에서 귀화한 쌍기의 건의에 따라 **과거 제도**를 실시하여 새로운 인재를 등용하였다. 또한 대상 준홍·좌승 왕동을 비롯한 **공신 세력을 숙청**하여 왕권을 강화했으며, **백관의 공복(자·단·비·녹)**을 제정하여 지배층의 위계 질서를 확립하였다. 외왕내제 체제를 구축한 광종은 스스로 황제라 칭하고 **광덕·준풍** 등 독자적인 연호를 사용하였다.

📜 사료 노비안검법

> 광종 7년(956)에 노비를 조사해서 옳고 그름을 분명히 밝히도록 명령하였다. 이 때문에 주인을 배반하는 노비들을 도저히 억누를 수 없었으므로, 주인을 업신여기는 풍속이 크게 유행하였다. 사람들이 다 수치스럽게 여기고 원망하였다. 왕비도 간절히 말렸으나 받아들여지지 않았다.　　　　　　－『고려사절요』

더 알아보기

사심관 제도와 기인 제도
사심관 제도는 지방의 관리(사심관)로 그 지방 사람을 임명하여 출신 지역에 대한 기득권을 인정하는 한편, 지방에서 반역이 일어나면 사심관에게 연대 책임을 지게 함으로써 지방 세력을 약화시키는 제도였다.
또한 기인 제도는 통일 신라의 상수리 제도를 계승한 것으로, 향리의 자제를 수도로 데려와 지방 행정 자문을 맡기는 일종의 인질 제도이다.

PART 03

www.pmg.co.kr

5 경종(975~981)

시정 전시과를 제정하여 관품과 인품을 고려하여 전지와 시지를 지급하였다.

6 성종(981~997) ✿ ✿

신라계 유학자들이 국정을 주도하면서 유교 정치가 본격적으로 추진되었다. 성종은 **최승로의 시무 28조**를 수용하여 통치 체제를 정비하였다.

당의 제도를 모방하여 **2성 6부제**를 중심으로 중앙 관제를 정비하였다. 전국 주요 지역에 **12목을 설치**하고 지방관을 파견했으며, **향리 제도**를 정비하였다. 또한, 중앙의 국자감을 정비하고 지방에 경학박사와 의학박사를 파견하였다. 우리나라 최초의 화폐인 **건원중보**가 제작되었고, 빈민 구제 기관인 **의창**과 물가 조절 기관인 **상평창**이 설치되었다.

대외적으로는 거란이 침입해왔으나, 서희가 소손녕과 회담하여 거란과의 교류할 것을 약속하고 대신 **강동 6주**를 획득하였다.

더 알아보기

노비안검법과 노비환천법
노비안검법은 후삼국 시대의 혼란기에 불법으로 노비가 된 자를 조사하여 양인으로 해방시키는 법이다. 노비가 양인이 되어 조세와 부역의 의무를 지게 되면서 공신이나 호족의 경제적·군사적 기반이 약화된 반면 국가의 재정 기반이 확대되었다.
노비환천법은 광종 때의 노비안검법으로 해방된 노비 중 옛 주인을 모함하거나 불손하게 대하는 자를 선별하여 다시 노비로 되돌리는 법이었다.

대표 기출문제

다음 정책을 시행한 국왕 대에 있었던 사실로 옳은 것은? 2020년 국가직 9급

- 광덕, 준풍 등의 연호를 사용하였다.
- 개경을 고쳐 황도라 하고 서경을 서도라고 하였다.

① 노비안검법을 시행하였다.
② 전시과 제도를 시행하였다.
③ 개경에 국자감을 설립하였다.
④ 12목을 설치하고 지방관을 파견하였다.

제시된 자료들은 광종이 실시한 정책들에 대해 설명하고 있다. ① 광종은 노비안검법을 실시하여 불법적으로 노비가 된 자들을 조사하여 양인으로 해방시켰다.

오답분석
② 전시과 제도는 경종 때 처음 실시되었다. ③, ④ 성종 때 추진된 정책들이다.

정답 ①

Theme 15 통치 조직의 정비

1 중앙 정치 제도 ✦ 재추, 대간 : 독자적

당나라 제도에 영향을 받아 2성 6부제가 마련되었다. **중서문하성**(2품 이상의 **재신**+3품 이하의 **낭사**)은 정책을 결정하는 최고의 정무 기관으로, 수상인 **문하시중**이 **국정을 총괄**하였다. 정무 집행 기관인 상서성은 6부를 하위 기관으로 두어 실제 정무를 분담하게 하였다.

중추원(2품 이상의 **추밀**+3품 이하 **승선**)은 중서문하성과 함께 양부라고 불렸으며, **군사 기밀**과 **왕명 출납**을 담당하였다. 삼사는 단순히 화폐와 곡식의 출납에 대한 회계를 담당하였다. **어사대**는 관리의 비리를 **감찰**하는 임무를 맡았으며, 어사대의 관원은 중서문하성의 낭사와 함께 **대간**으로 불리며 **간쟁 · 봉박 · 서경** 등을 담당하였다.

고려의 독자적인 기구인 **도병마사**와 **식목도감**은 재신과 추밀이 모여 회의(재추회의)를 통해 국가의 중대사를 결정하였다. **도병마사**는 주로 국방 · 군사 · **대외 문제를 논의**했으며, **식목도감**은 대내적인 법식과 각종 격식 문제를 다루었다. 이외에 왕명 기록 · 외교 문서 작성을 담당한 **한림원**, 실록 편찬을 담당한 춘추관 등이 있었다.

✓ 정치 기구의 구성원

중서문하성
- 재신: 백관 통솔, 국정 총괄
- 낭사: 간쟁, 봉박, 서경의 기능

중추원
- 추밀: 국정 총괄, 군사 기밀 담당
- 승선: 왕명 출납 담당

대간
- 낭사: 간쟁, 봉박, 서경의 기능
- 어사대: 관리의 비리 감찰

- 이부: 문관 인사
- 병부: 무관 인사, 국방
- 호부: 호구 조사, 재정
- 형부: 법률, 소송
- 예부: 외교, 교육
- 공부: 토목, 건축, 수공업

✓ 고려의 중앙 관제

2 지방 행정 조직 이원적 구성 + 불완전한 중앙 집권

5도와 양계 · 경기로 크게 나누고, 5도 양계 안에 4도호부 · 8목을 비롯하여 주 · 군 · 진 등을 편성하였다. **5도**에는 **안찰사**가 파견되어 도내의 지방을 순찰하였다. 북방의 국경 지대에는 동계와 북계의 **양계**를 설치하여 **병마사**를 파견하였다. 그리고 말단 행정 조직으로 촌이 있었고, 특수 행정 구역으로 향 · 부곡 · 소 등이 존재하였다.

지방관이 파견되는 주현보다 파견되지 않는 속현이 더 많았다. 속현은 주현을 통해 간접 통제를 받았고 속현이나 향 · 소 · 부곡의 조세 수취 등 실제 업무는 **향리가 담당**하였다.

■ 고려의 5도 양계

3 군사 조직

중앙군인 **2군 6위**와 **지방군**인 **주현군·주진군**이 있었다. 중앙군은 국왕의 친위 부대인 2군과 수도 경비·국경 방어를 담당하는 6위로 구성되었다. 2군 6위의 지휘관은 **중방**이라는 합좌 기구에서 군사 문제를 논의하였다. 지방군은 16세 이상의 농민들로 편성되었으며, 일반 주현에 주둔하는 주현군과 북방 국경 지대인 양계에 주둔하는 주진군으로 이루어졌다. 이밖에 특수군으로는 광군(거란 침입 대비), **별무반**(여진 정벌 목적), **삼별초**(최씨 무신정권의 군사 기반) 등이 있었다.

4 관리 등용 제도

관리는 과거와 음서를 통해 등용되었다. 과거는 **법적으로 양인 이상**이면 과거에 응시할 수 있었으나, 실제로는 귀족과 상층 향리들이 과거에 응시했으며 농민들은 주로 잡과에 응시하였다.

과거의 종류로는 제술업, 명경과, 잡과, 승과 등이 있었다. **제술업**은 문학적 재능과 정책을 시험하였고, **명경업**은 유교 경전에 대한 이해 능력을 시험하였다. 한편, **5품 이상 고위 관료의 자손** 등은 과거를 거치지 않고도 관료가 될 수 있는 **음서**의 혜택을 받아 관료로서의 지위를 세습하였다. 이는 고려의 관료 체제가 귀족적 특성을 지녔음을 보여 준다.

더 알아보기

음서의 범위
공신과 종신의 자손 외에 5품 이상 관료의 아들, 손자, 사위, 동생, 조카 등에게도 음서의 혜택이 주어졌다.

대표 기출문제

제시된 자료에 들어갈 정치기구는 식목도감이다. 고려 시대에는 중서문하성과 중추원에 소속된 고관이 함께 모여 중요한 정책을 의논하는 기구인 도병마사와 식목도감이 있었다. ④ 식목도감은 법의 제정이나 각종 시행 규정 등 대내 문제를 주로 다루었다.

정답 ④

(가)에 들어갈 기구로 옳은 것은?   2021년 지방직 9급

　　고려 시대 중서문하성과 중추원의 고위 관료들은 도병마사와 ＿(가)＿에서 국가의 중요한 일을 논의하였다. 도병마사에서는 국방과 군사 문제를 다루었고, ＿(가)＿에서는 제도와 격식을 만들었다.

① 삼사　　　　　　　　　　② 상서성
③ 어사대　　　　　　　　　④ 식목도감

Theme 16 문벌 귀족 사회의 성립과 동요

기출/분석

구분	2008~2016	2017	2018	2019	2020	2021	2022	2023
국가 9급	• 별무반 • 대외 관계	예종(하)	대외 관계	인종	서울(한성)			서희(거란)
지방 9급	• 숙종 • 대외관계	현종(하)	서경(지역사)		별무반	대외 관계(거란)	강조(거란)	
법원 9급	• 현종~예종 • 최충 • 대외 관계						• 숙종 • 예종	

1 문벌 귀족 사회의 성립

여러 세대에 걸쳐 고위 관직자를 배출한 가문을 **문벌 귀족**이라 부른다. 이들은 지방 호족 출신으로 성종 이후 중앙의 새로운 지배층이 되었다. **과거와 음서**로 통해 관직에 진출하여 **중서문하성과 중추원의 재상**이 되어 정국을 주도했으며, **왕실이나 고위 귀족과 혼인 관계**를 맺어 기득권을 독점하였다. 이들은 오랜 기간 특권을 누리면서 점차 보수화되었다.

2 고려 중기의 정치 상황

(1) **현종(1009~1046)**

경기와 5도 양계, 4도호부, 8목을 두어 **지방 제도를 정비**하였다. 거란의 **2차·3차 침입을 격퇴**했으며, 외침에 대비하여 개경에 나성을 쌓았다.

(2) **문종(1046~1083)**

중앙 정치 제도가 완비되었으며, 전시과 제도를 개편하여 **경정 전시과**를 시행하였다. 또한, 한양을 남경으로 승격하여 개경·서경과 함께 3경이라고 했으며, **최충**의 문헌공도를 비롯한 **사학 12도**가 성행하였다.

(3) **숙종(1095~1105)**

주전도감을 설치하고, **해동통보·은병(활구)** 등과 같은 화폐를 만들었다. 윤관의 주장에 따라 **별무반**을 조직하였다. 한편, **의천**이 국청사를 건립하고 해동 천태종을 창시하였다.

(4) 예종(1105~1122)

사학이 융성하자 전문 강좌인 **7재**, 도서관인 청연각과 보문각, 장학 재단인 **양현고** 등을 설치하여 **관학을 진흥**하고자 하였다. 민생 안정을 위해 구제도감 과 혜민국을 설치하였다. 대외적으로는 **윤관**이 별무반을 이끌고 여진을 정벌하 여 함흥평야 일대에 **9성**을 쌓았다(그러나 1년 만에 돌려줌).

더 알아보기

거란의 침입 배경
거란은 송을 공격하고자 하였 는데, 그에 앞서 송과 교류하 고 있었던 고려와의 관계를 개선시키고자 하였다. 그러나 고려는 거란을 '발해를 멸망시 킨 나라'라고 하여 오히려 강 력한 북진 정책을 추진하였고 이에 거란이 고려를 침략하였다.

3 거란의 침입

10세기 초 통일 국가를 세운 거란(요) 은 송나라를 공격하기 전에 후방의 안 정을 확보하고자 여러 차례 고려를 침 략하였다. **성종** 때 거란의 장수 소손 녕은 80만 대군을 이끌고 고구려를 침입하였다(**1차 침입**, 993). 이에 외 교 담판에 나선 **서희**는 거란과 교류하 는 대신 고려가 고구려의 후계자임을 인정받고, 압록강 동쪽의 **강동 6주**를

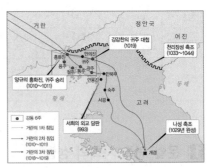

▌ 강동 6주와 거란의 침입

확보하는 성과를 거두었다. 이후 거란은 **강조의 정변**을 빌미로 **2차 침입**(1010) 했는데, 이때 개경이 함락되고 현종은 나주까지 피난하였다. 그러나 배후인 홍화진에서 **양규**가 저항했으며, 고려 정부도 화친의 조건을 내밀자 거란은 물 러났다. 현종 때인 1018년 거란은 **3차 침입**했으나, **강감찬**이 이끄는 고려군에 게 **귀주**에서 크게 패배하였다(**귀주 대첩**, 1019).
이후 고려는 개경에 **나성**을 쌓아 도성 수비를 강화하였고, 북쪽 국경 일대에 는 **천리장성**을 쌓아 거란과 여진의 침략에 대비하였다.

4 여진 정벌

여진은 고려의 국경까지 남하하면서 고려군과 자주 충돌하였다. 이에 **숙종** 때 윤관의 건의로 신기군(기병), 신보군(보병), 항마군(승병)으로 이루어진 **별무 반을 조직**하였다. **예종** 때 윤관의 별무반은 여진 정벌을 단행하여 **동북 9성**을 축조했으나, 1년 후 다시 돌려주었다. 이후 금나라를 건국한 여진은 요(거란) 를 멸망시킨 후, 고려에 군신 관계를 요구하였다. 많은 신하들이 반대했으나 당시 집권자였던 **이자겸은 정권 유지를 위해 금나라의 요구를 수용**하였다.

5 문벌 귀족 사회의 모순

(1) 인종(1122~1146)

김부식이 『삼국사기』를 편찬하였다. 한편, 이 시기에는 문벌 귀족 사회의 모순이 표출되어 **이자겸의 난·묘청의 난** 등이 발발하였다.

(2) 이자겸의 난(1126)

이자겸은 대표적인 문벌귀족인 경원이씨 가문으로, 예종과 인종의 외척이 되어 권력을 장악하였다. 이자겸의 권력 독점에 위협을 느낀 인종이 그를 제거하려 하자, 이자겸은 척준경과 함께 반란을 일으켰다. 그러나 이자겸이 척준경에 의하여 제거되고, 척준경 역시 탄핵을 받아 축출됨으로써 이자겸 세력은 몰락하였다. 이 사건은 **문벌 귀족 사회의 붕괴를 촉진하는 계기**가 되었다.

(3) 묘청의 서경 천도 운동(1135)

이자겸의 난으로 왕권은 크게 실추되었다. 이후 김부식 등 개경 귀족들과 묘청·정지상 등 서경 출신의 신진 관리들 사이에 갈등이 일어났다.

묘청 세력은 인종에게 **황제를 칭하고, 금나라를 정벌**할 것을 요구하였다. 또한, 이를 위해 서경으로 도읍을 옮기자고 하였다. 반면, **김부식** 등 개경 귀족들은 **유교 이념에 충실**함으로써 합리적 사회 질서를 확립해야 하며, **민생 안정**을 위하여 **금과 사대 관계를 유지**하자고 하였다.

서경 천도를 통한 정권 장악이 어렵게 되자 **묘청 세력**은 1135년 **서경에서 난을 일으켰다.** 이들은 **국호를 대위, 연호를 천개**, 군대를 천견충의군이라 하였다. 그러나 김부식이 이끈 관군의 공격으로 약 1년 만에 진압되고 말았다.

십팔자위왕(十八子爲王)

십팔자(十八子), 즉 이씨(이자겸)가 왕이 된다는 의미이다.

신채호의 평가
신채호는 『조선사연구초』에서 서경 천도 운동을 '조선 역사상 일천년래 제일대 사건'이라 하여 자주성을 높이 평가하였다.

대표 기출문제

다음과 같이 말한 인물에 대한 설명으로 옳은 것은?　　2023년 국가직 9급

> 우리나라가 곧 고구려의 옛 땅이다. 그리고 압록강의 안팎 또한 우리의 지역인데 지금 여진이 그 사이에 몰래 점거하여 저항하고 교활하게 대처하고 있어서 … (중략) … 만일 여진을 내쫓고 우리 옛 땅을 되찾아서 성보(城堡)를 쌓고 도로를 통하도록 하면 우리가 어찌 사신을 보내지 않겠는가?　　—『고려사』

① 목종을 폐위하였다.
② 귀주에서 거란군을 물리쳤다.
③ 여진을 몰아내고 동북 9성을 쌓았다.
④ 소손녕과 담판하여 강동 6주를 획득하였다.

제시된 자료는 거란의 1차 침입 당시, 서희가 거란의 소손녕과 담판한 내용이다. ④ 서희는 소손녕과의 담판에서 거란과 교류하겠다고 약속하고, 대신 압록강 동쪽의 강동 6주를 획득하였다.

오답분석
① 강조, ② 강감찬, ③ 윤관에 대한 설명이다.

정답 ④

무신 정권과 대몽 항쟁

기/출/분/석

구분	2008~2016	2017	2018	2019	2020	2021	2022	2023
국가 9급	• 지역사(제주도) • 삼별초				최충헌			
지방 9급	• 대몽 항쟁 • 무신 정권					무신 정권		
법원 9급	• 무신 정권(3) • 대외 관계(4)		만적의 난	지역사(압록강)				

1 무신 정변(1170)

정중부, 이의방 등 무신들은 보현원에서 정변을 일으켜 문신을 제거하고 권력을 장악하였다. 이들은 의종을 폐위하고, 의종의 동생인 명종을 왕으로 세워 권력을 장악하였다.

2 무신 정권의 전개

초기에는 중방을 중심으로 정국을 운영했는데, 무신들끼리 권력 다툼을 하여 정치가 불안정하였다. 정중부가 이의방을 제거하여 권력을 장악하였다. 이후 경대승이 정중부를 제거하고 권력을 장악했는데, 그는 신변 안전을 위해 **사병 집단인 도방**을 설치하였다. 경대승이 병사하자, 그 뒤를 이어 **천민 출신의 이의민**이 권력을 잡았으나 각종 부정부패를 일삼다가 최충헌에게 피살당했다.

1170	1174	1179	1183	1196	1219	1249	1257	1258	1268	1270	1271
이의방	정중부	경대승	이의민	최충헌	최우	최항	최의	김준	임연	임유무	
중방		중방, 도방	중방	교정도감, 도방	정방, 서방, 교정도감	교정도감, 정방					

더 알아보기

무신 정권

정중부	중방(무신 합좌)
경대승	도방(신변 ⇨ 정치)
이의민	중방
최충헌	• 교정도감 • 도방 부활
최우	• 정방(인사) • 서방(문신) • 삼별초 • 강화 천도

3 최씨 무신 정권 ✯

(1) 최충헌

최충헌은 명종에게 사회 개혁안으로 **봉사 10조**를 제시했으나, 개혁은 흐지부지되었다. 또한, **교정도감**을 설치하여 국가의 중요 정책을 결정·집행하는 최고 기구로 삼았으며, 신변 보호와 정권 안정을 위해 사병 기관인 **도방을 부활**시켰다. **이규보**와 같은 문인들을 등용하는 한편, 선종 승려인 **지눌의 신앙 결사 운동**을 후원하였다.

(2) 최우

최충헌의 뒤를 이른 최우는 교정도감의 교정별감이 되어 권력을 장악하였다. 자기 집에 **정방**을 설치하여 **모든 관직에 대한 인사권을 장악**했으며, 문인들의 숙위 기관인 **서방**도 사저에 두었다. 또한, 좌별초·우별초·신의군으로 구성된 **삼별초**를 설치하여 최씨 무신 정권의 군사 기반으로 삼았다.

4 무신 정권의 붕괴

몽골과의 강화가 이루어지고, 임유무가 제거되면서 무신 정권은 완전히 종식되었다. 결국 정부는 **개경으로 환도**(원종, 1270)했으며 왕정이 회복되었다.

5 몽골과의 전쟁 ✦

(1) 몽골의 침입

고려를 방문했던 몽골 사신이 귀국길에 피살된 사건을 구실로 몽골은 **1차 침입**(1231)하였다. **귀주성의 박서**와 충주의 지광수 등이 활약했으나, 고려 정부는 몽골과 강화를 체결하였다. 이후 몽골이 무리한 조공을 요구하자 **최우**는 항전을 결심하고 **수도를 강화도로 옮겼다**. 이어 몽골이 **2차 침입**했으나 **처인성 전투**에서 **김윤후**가 몽골군 총사령관 살리타의 군대를 물리쳤다.
40여 년간 몽골은 수차례 침입해왔으며, 결국 몽골과의 강화가 성립되었다.

(2) 삼별초의 항쟁(1270~1273)

고려 정부가 개경으로 환도하자 대몽 항쟁에 앞장섰던 삼별초는 **배중손**을 중심으로 **진도**에 내려가 항전을 계속하였다. 이후 김통정의 지휘 하에 **제주도**에서 항쟁을 이어갔으나 여·몽 연합군에게 진압되었다.

더 알아보기

삼별초
최우가 집권하면서 설치한 야별초에서 분리된 좌별초, 우별초와 몽골에 포로로 잡혀갔던 병사들로 조직된 신의군을 말한다.

더 알아보기

무신 집권기의 사회 동요
• 지배층의 반란: 김보당의 난, 조위총의 난
• 백성들의 반란: 망이·망소이의 난, 김사미·효심의 난
• 신분 차별에 항거: 만적(최충헌 사노비)의 난

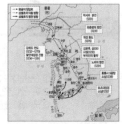

■ 몽골의 침입과 대몽 항쟁

대표 기출문제

(가) 인물에 대한 설명으로 옳은 것은?   2020년 국가직 9급

신종 원년 사노비 만적 등이 북산에서 땔나무를 하다가 공사의 노비들을 모아 모의하기를, "우리가 성 안에서 봉기하여 먼저 ___(가)___ 등을 죽인다. 이어서 각각 자신의 주인을 죽이고 천적(賤籍)을 불태워 삼한에서 천민을 없게 하자. 그러면 공경장상이라도 우리가 모두 할 수 있을 것이다."라고 하였다.

① 정방을 설치하여 인사권을 장악하였다.
② 치안 유지를 위해 야별초를 설립하였다.
③ 이의방을 제거하고 권력을 장악하였다.
④ 봉사 10조를 올려 사회 개혁안을 제시하였다.

제시된 자료는 최충헌 집권기에 일어난 만적의 난에 대한 내용으로, (가)에 들어갈 인물은 최충헌이다. ④ 최충헌은 사회 개혁안으로 봉사 십조를 제시하여, 토지 겸병과 승려의 고리대업 금지, 조세 제도의 개혁 등을 주장하였다.

오답분석
①, ② 최우에 대한 설명이다.
③ 정중부에 대한 설명이다.

정답 ④

Theme 18 고려 후기의 정치 변동

기/출/분/석

구분	2008~2016	2017	2018	2019	2020	2021	2022	2023
국가 9급	• 충선왕 • 공민왕(2)	원 간섭기 정치					원 간섭기 정치	전민변정도감
지방 9급	• 도평의사사 • 충선왕				공민왕	지역사(서경)	우왕	
법원 9급	• 전민변정도감 • 공민왕(3) • 여말선초						원 간섭기 정치	

해/법/요/람

충렬왕
① 전민변정도감 설치
③ 여·원 연합군 일본 원정
⑤ 국학을 '성균관'으로 개칭, 섬학전 설치, 문묘 건립

② 도평의사사 설치
④ 안향이 원에서 성리학 전래
⑥ 고조선 계승 의식: 『삼국유사』, 『제왕운기』 편찬

충선왕
① 사림원 설치
③ 수시력 채용

② 소금 전매제(의염창)
④ 만권당(연경) 설립: 학문 연구소, 이제현

충목왕
정치도감(정리도감) 설치

공민왕

반원 정책
① 친원파 숙청(기철 등)
② 정동행성 이문소 폐지, 관제 복구, 몽골풍 폐지
③ 쌍성총관부 회복: 유인우 공격 ⇒ 철령 이북 땅 수복

왕권 강화책
① 정방 폐지
② 성균관 개편(순수 유학 교육 기관)
③ 전민변정도감 설치(신돈 등용)

공민왕의 영토 수복

우왕
① 왜구 격퇴(홍산·진포·황산), 위화도 회군
② 『직지심체요절』: 청주 흥덕사

1 원의 내정 간섭

고려는 원의 부마국이 되었다. 이에 따라 왕실의 예법과 용어는 제후국에 해당되는 것으로 격하되고, **관제도 격하**되어 **중서문하성과 상서성**은 **첨의부**로 합쳐졌다. 일본 원정을 위해 설치되었던 **정동행성**은 계속 유지되어, 고려의 내정을 간섭하였다. 원은 고려 영토의 일부를 차지하여 **쌍성총관부(철령 이북)**, **동녕부(서경)**, **탐라총관부(제주도)**를 두었다. 동녕부와 탐라총관부는 충렬왕 때 돌려받았고, **쌍성총관부는 공민왕 때 무력으로 탈환**하였다.

2 원 간섭기의 개혁 정치

(1) 충렬왕

도병마사가 **도평의사사로 개편**되어 국정 전반의 중요 사항을 결정하였다. 또한, 안향에 의해 **성리학이 처음 전래**되었으며, 『**삼국유사**』·『**제왕운기**』 등의 역사서들이 편찬되었다.

(2) 충선왕

개혁의 핵심 기구로 **사림원**을 설치했으며, 국가 재정 확보를 위해 **소금의 전매**를 단행하였다. 또한, 원에서 만든 역법인 **수시력**이 전해져 이를 채용하였다.

3 공민왕의 개혁 정치 ✦✦

공민왕은 원·명 교체기라는 시대 상황을 이용하여 **반원 자주 정책**을 추진하였다. **기철 등 친원 세력을 숙청**했으며, 원나라 연호와 **원나라 풍습을 폐지**하였다. 이어 고려의 내정을 간섭하던 **정동행성 이문소를 폐지**했으며, 무력으로 **쌍성총관부를 공격**하여 철령 이북의 땅을 수복하였다. 그러나 두 차례 걸친 **홍건적의 침입**으로 개혁은 잠시 중단되었고, 개경까지 함락되어 공민왕은 안동까지 피신하였다. 이후 공민왕은 **전민변정도감**을 설치하고 **신돈**을 등용하여 권문세족이 빼앗은 토지와 노비를 본래 소유주에게 돌려주거나 양민으로 해방시켰다. 또한 **성균관을 순수한 유학 교육 기관**으로 개편하였다. 그러나 이러한 개혁은 신돈이 제거되고, 공민왕이 시해되면서 중단되고 말았다.

🔍 대표 기출문제

밑줄 친 '그'에 대한 설명으로 옳은 것은? 2016년 국가직 9급

> 그는 즉위하여 정방을 폐지하고 사림원을 설치하는 등의 관제 개혁을 추진하는 한편, 권세가들의 농장을 견제하고 소금 전매제를 실시하여 국가 재정을 확충하고자 하였다.

① 만권당을 통해 고려와 원나라 학자들의 문화 교류에 힘썼다.
② 도병마사를 도평의사사로 개편하여 국정을 총괄하게 하였다.
③ 철령 이북의 영토 귀속 문제를 계기로 요동 정벌을 단행하였다.
④ 기철을 비롯한 부원 세력을 숙청하고 자주적 반원 개혁을 추진하였다.

더 알아보기

원 간섭기의 관제·칭호 격하

원 간섭 전	원 간섭 후
2성(중서문하성, 상서성)	첨의부
6부	4사
도병마사	도평의사사 (도당)
중추원	밀직사
어사대	감찰사
조(祖)·종(宗)	충○왕(王)
폐하·태자·짐	전하·세자·고

더 알아보기

충선왕의 만권당 설립
아들인 충숙왕에게 왕위를 물려준 뒤에 원나라 수도인 연경(북경)에 만권당을 설립하였다. 여기서 이제현 등 고려 학자들과 중국 학자들이 서로 교류하였다.

더 알아보기

신진 사대부
대부분 지방 향리의 자제들로, 과거를 통하여 중앙 관리로 진출하였다. 이들은 대부분 성리학을 수용하였다.

더 알아보기

왜구의 침입
고려 말, 왜구들은 해안뿐만 아니라 내륙까지 침입하여 미곡 등을 약탈하였다. 최영·이성계 등이 왜구 격퇴에 공을 세워 신흥 무장 세력으로 성장하였다.

밑줄 친 '그'는 충선왕이다. ① 충선왕에 대한 설명이다.

오답분석
② 충렬왕 때의 일이다. ③ 우왕 때의 일이다. ④ 공민왕에 대한 설명이다.

정답 ①

Theme
19

중세의 경제 · 사회

기·출·분·석

구분	2008~2016	2017	2018	2019	2020	2021	2022	2023
국가 9급	• 토지 제도(2) • 경제 정책 • 신분 제도(4) • 형률 제도 • 향 · 소 · 부곡	• 상업 • 경제 정책		시정전시과	구제도감	향리	경제 정책	
지방 9급	• 수공업 • 토지 제도(2) • 신분 제도(2) • 향 · 소 · 부곡	• 토지 제도 • 대외 무역						
법원 9급	• 토지 제도(3) • 신분 제도 • 가족 제도(2)			토지 제도	• 토지 제도 • 원 간섭기 사회 모습	• 고려 경제 • 신분 제도	• 토지 제도 • 향리	

삼사
곡식의 출납 · 회계 등 재정 관련 업무를 담당하였다.

1 수취 제도의 운영

고려는 토지와 호구를 조사하여 토지 대장인 **양안**과 호구 장부인 **호적**을 작성하였다. 이것을 근거로 조세, 공물, 부역 등을 부과하였다.

조세는 토지를 **비옥한 정도**에 따라 **3등급**으로 나누어, 생산량의 **10분의 1**을 부과하였다. 거둔 조세는 조창으로 옮긴 다음 **조운**을 통해 개경으로 운반하여 보관하였다.

공물은 토산물을 거두었는데, 중앙에서 필요한 공물의 종류와 액수를 주현에 부과하면, 각 고을에서 향리들이 집집마다 거두었다. 매년 내야 하는 **상공**과 필요에 따라 수시로 거두는 **별공**이 있었다.

역은 백성의 노동력을 동원하는 제도로, 군역과 요역으로 이루어져 있있다. 16세에서 60세까지의 남자를 정남이라 하여 역의 의무를 지게 하였다.

2 토지 제도의 정비 ☆

(1) 역분전(태조)
태조는 **개국 공신** 등에게 **충성도**와 인품에 따라 토지를 지급하였다.

(2) 시정 전시과(경종)
경종 때 전시과 제도를 **처음으로** 만들었다. 광종 때 제정한 공복 제도에 따라 **관품과 인품을** 기준으로, **현직 관리와 퇴직 관리에게 모두 지급**하였다.

(3) 개정 전시과(목종)

인품이 배제되고 **현직 · 전직 관리**에게 **오직 관품만 고려**하여 **18등급 관등에 따라서**만 토지를 지급하였다.

> **사료 개정 전시과**
>
> 12월에 문무 양반 및 군인, 한인에게 토지를 나누어 주는 전시과를 제정하였다. …… 이에 들지 못한 자에게는 모두 전 17결을 주기로 하였고, 이것을 항구적으로 지켜야 할 법식으로 제정하였다.　　　　　　　　 — 『고려사』

(4) 경정 전시과(문종)

귀족과 관료들의 토지 독점과 세습이 심화되면서 관리에게 지급할 토지가 부족하게 되었다. 이에 따라 **현직 관리에게만** 18관등에 따라 토지를 지급하였다.

> **사료 경정 전시과**
>
> 문종 30년 양반 전시과를 다시 개정하였다. 제1과 전지 100결, 시지 50결, 제2과 전지 90결, 시지 45결 …… 제18과는 전지 17결로 한다.　　　 — 『고려사』

(5) 토지의 종류

과전	문 · 무 관리에게 지급한 토지로, 전지와 시지로 구성, **세습 불가능**
공음전	**5품 이상**의 관료가 되어야 받을 수 있는 토지, 세습 가능
한인전	6품 이하 하급 관료의 자제로 관직에 오르지 못한 사람에게 지급
군인전	군인에게 군역의 대가로 지급 ⇨ 군역이 세습됨에 따라 토지도 세습
외역전	향리에게 향역의 대가로 지급 ⇨ 향직이 세습됨에 따라 토지도 세습
구분전	하급 관료와 군인의 유가족에게 지급하여 생활 대책 마련해 줌
내장전	왕실의 경비를 충당하기 위해 지급
공해전	지방의 각 관청의 경비를 충당하기 위해 지급
사원전	사원에 지급한 토지

민전은 매매 · 상속 · 임대 등이 가능한 사유지로서, 소유권이 보장되어 함부로 빼앗을 수 없는 토지였다. 민전의 소유자는 국가에 세금을 납부하였다.

더 알아보기

전시과

전시과는 국가에 봉사하는 대가로 관료에게 토지를 나누어 주었던 제도이다. 국가는 문무 관리로부터 군인, 한인에 이르기까지 18등급으로 나누어 곡물을 수취할 수 있는 전지와 땔감을 얻을 수 있는 시지를 지급하였다. 이때 지급된 토지는 수조권(토지에서 조세를 수취할 권리)만 가지는 토지였다. 토지를 받은 자가 죽거나 관직에서 물러날 때에는 토지를 국가에 반납하도록 하였다.

더 알아보기

공전과 사전
1. 소유권에 의한 구분
   - 공전: 국가가 소유권을 가진 토지로, 국유지
   - 사전: 개인이 소유권을 가진 토지로, 사유지(민전)
2. 수조권에 의한 구분
   - 공전: 국가나 관청이 수조권을 행사하는 토지
   - 사전: 국가가 개인(관료)이나 사원에 수조권을 위임한 토지

3 고려의 농업

고려 시대에는 소를 이용하여 **깊이갈이(심경법)가 일반화**되고 시비법이 발달하여 **휴경지가 감소**하였다. 밭농사의 경우 **2년 3작의 돌려짓기(윤작법)가 보급**되었다. 논농사에 있어서는 **이앙법이 남부 지방 일부에 보급**되었으며, 이암이 중국의 농서인 『**농상집요**』를 소개하여 조선 시대까지 영향을 미쳤다. 문익점은 원에서 목화씨를 가져와 **목화 재배**가 최초로 이루어졌다.

4 고려의 수공업

고려 전기의 수공업은 **관청 수공업**과 **소(所) 수공업**이 중심이었다. 관청에서는 전문 수공업자들을 공장안에 등록하여 주로 국가가 필요로 하는 물품을 만들게 하였다. **소**에서는 금, 은, 철, 종이, 먹 등을 생산하여 공물로 바쳤다. **고려 후기에는 민간 수공업**과 **사원 수공업** 중심으로 변화하였다. 민간의 수공업은 농촌의 가내 수공업을 중심으로 농민이 삼베, 모시 등을 생산하였다. **사원**에서도 베·모시·술·소금 등 품질 좋은 제품을 생산하였다.

5 고려의 상업

고려의 상업은 도시를 중심으로 발달하였다. 개경에는 시전을 설치하였고, **경시서**를 두어 상행위를 감독하였다. 대도시에는 서적점, 약점, 주점, 다점 등 **관영 상점**을 두었다. 고려 후기에는 새로운 육상로가 개척되면서 여관인 원이 발달하였다.

활구

우리나라의 지형을 본따서 은 1근으로 만든 고가의 화폐이다.

6 화폐의 사용과 대외 무역

성종 때에는 철전인 **건원중보**를, 숙종 때에는 **삼한통보·해동통보·해동중보** 등 동전과 **활구**(은병)라는 은전을 만들었다. 그러나 널리 유통되지 못했으며, 일반적인 거래는 여전히 **곡식**이나 **삼베**를 사용하였다.

국내 산업이 안정적으로 발전하면서 송·요 등 외국과의 무역도 활발해졌는데, **벽란도**가 국제 무역항으로 번성하였다. 고려의 대외 무역에서 가장 큰 비중을 차지한 국가는 송이었다. 대식국이라 불리던 **아라비아 상인**들까지 고려에 와서 수은, 향료, 산호 등을 팔았다.

■ 해동통보

■ 삼한통보

■ 고려의 대외 무역

7 고려의 신분 제도

고려의 신분은 크게 귀족, 중류층, 양민, 천민으로 구성되었다. 신분은 세습되는 것이 원칙이었다.

(1) 귀족층

나말 여초의 **호족**과 6두품 출신들이 대대로 고위 관직을 차지하며 **문벌 귀족**을 이루었다. 5품 이상의 고위 관직을 독점하였고, 음서나 공음전의 혜택을 받는 특권층이었다. 무신 정변 이후에는 **무신**이 권력을 잡았다가 정권이 무너지고 원 간섭기에 들어서 친원 세력으로 성장한 **권문세족**이 나타났다. 이들 역시 음서로 신분을 세습했으며, 대규모의 농장을 소유하고도 세금을 내지 않았다. **신진 사대부**는 대부분 지방의 중소 지주층인 향리 출신이며, 학문적 교양을 갖춘 학자적 관료였다. 이들은 과거를 통하여 정계에 진출하였고 **성리학을 수용**하여 고려 말 개혁을 추구하였다.

(2) 중류층

새로이 등장한 신분층인 중류층은 지배 기구의 말단 행정직으로 존재하였는데, 중앙 관청의 말단 서리인 **잡류**, 궁중 실무 관리인 **남반**, 지방 행정의 실무를 담당한 **향리**, 직업 군인으로 하급 장교인 **군반** 등이 있었다. 이들은 직역을 세습적으로 물려받았고, 그에 상응하는 토지를 국가로부터 지급받았다.

(3) 양민 ✿

양민은 일반 주·부·군·현에 거주하면서 농업이나 상공업에 종사하는 사람들을 말하는데, 농민층이 주류를 이루었다. 이들을 **백정**(白丁)이라고도 한다. 이들에게는 조세·공납·역이 부과되었고, **과거에 응시할 수 있었다.**

특수 행정 구역인 **향·부곡·소**에 거주하는 주민은 양민이면서 군현민보다 **더 많은 세금을 부담**하는 등 차별을 받았다. 이들은 과거 응시가 법적으로 금지되었으며, 다른 지역으로 **이주하는 것도 금지**되었다.

(4) 천민

천민의 대다수는 노비로, 공공 기관에 속하는 **공노비**와 개인 소유의 **사노비**가 있었다.

공노비	입역 노비	궁중과 관청에서 잡역에 종사하면서 급료를 받고 생활
	외거 노비	농경을 하여 얻은 수입 중 일정 액수를 관청에 납부
사노비	솔거 노비	귀족이나 사원에서 거주하며 잡일을 하는 노비
	외거 노비	• 주인과 따로 살며, 일정량의 몸값을 주인에게 바침 • 생활 기반 소유 : 가족·집·토지 소유 가능

고려의 신분 구조

대가족 단위로 편제 / 지배층 / 피지배층

황족·귀족
중류층 (서리, 남반, 향리, 하급 장교)
양민 (백정 농민, 상인, 수공업자) / 향·소·부곡
천민 (노비, 화척, 진척, 재인)

더 알아보기

향·부곡·소
향이나 부곡에 거주하는 사람은 농업을, 소에 거주하는 사람은 수공업품이나 광업을 주로 담당하였다. 이 밖에 역과 진의 주민은 각각 육로 교통과 수로 교통에 종사하였다.

PART 03

이들은 재산으로 간주되어 **매매, 증여, 상속의 대상**이 되었다. 인격적 대우를 받지 못했으며, 귀족은 노비를 늘리기 위하여 **부모 중 한쪽이 노비이면 그 자식도 노비**가 되게 하였다.

이 밖에 화척, 양수척, 재인 등이 있었다. 이들은 노비와는 구별되는 존재로 국가에 부역 등 부담을 지지 않았으며, 호적에도 등록되지 않았다.

사료 고려 시대의 노비

> 평량은 평장사 김영관의 집안 노비로, 경기도 양주에 살면서 농사에 힘써 부유하게 되었다. …… 그의 처는 소감 왕원지의 집안 노비인데, 왕원지는 집안이 가난하여 가족을 데리고 가서 의탁하고 있었다. 평량이 …… 처남과 함께 원지의 부처와 아들을 죽이고 스스로 그 주인이 없어졌으므로 계속해서 양민으로 행세할 수 있음을 다행으로 여겼다.
> — 『고려사』

8 고려의 생활 모습

(1) 사회 제도

농민의 생활을 안정시키기 위해 국가는 여러 사회 시책을 펼쳤다. 평시에 곡물을 비치하였다가 흉년에 빈민을 구제하는 **의창**이 있었다. 개경과 서경 및 각 12목에는 **상평창**을 두어 물가의 안정을 꾀하였다. 뿐만 아니라 의료 혜택이나 빈민 구제를 위해 여러 기관을 설치하였다.

동서 대비원	환자 진료 및 빈민 구휼
혜민국	의약 전담
구제도감, 구급도감	각종 재해가 발생하였을 때 임시 기관으로 설치하여 백성 구제
제위보	기금을 마련한 뒤 이자로 빈민을 구제

사료 상평창

> 왕이 개경과 서경 및 12목에 상평창을 두고 명령을 내리기를, "해마다 풍흉에 따라 조적*을 행하되, 백성에게 여유가 있을 때 조금씩 거두고, 백성에게 부족함이 있을 때 많이 푼다고 하니, 법에 따라 행하라."라고 하였다.
> — 『고려사』
> *조적: 국가 기관이 쌀을 비축하고 배포하는 행위

(2) 법률과 풍속

고려는 형법의 경우 중국의 **당률을 참고한 71개조 법률**을 시행하였으나, 일상 생활과 관계된 것은 대부분 전통적인 **관습법**을 따랐다. 유교 윤리를 중시하여 반역죄, 불효죄 등을 중죄로 취급하였다. 형벌로는 태, 장, 도, 유, 사의 다섯 종류가 있었다. 한편, 장례에 관한 의례는 대게 토착 신앙과 융합된 불교와 도교의 풍속을 따랐다.

더 알아보기

고려의 형벌
- 태: 회초리로 때림
- 장: 곤장형
- 도: 목에 칼을 채워 감옥에 수감
- 유: 멀리 유배 보냄
- 사: 교수형과 참수형

(3) 향도

공동체 조직의 대표적인 것이 불교 신앙 조직이었던 **향도**이다. 향도는 절이나 탑 등을 만들 때 주도적인 역할을 했으며, **매향 활동**을 하였다. **후기**에는 점차 농민들의 이익을 위한 조직으로 변모되어, 마을 노역, 혼례와 상장례, 마을 제사 등 공동체 생활을 주도하였다.

(4) 가족 제도

고려 시대, **여성의 지위는 비교적 높아** 정치적 진출을 제외한 많은 부분에서 남성과 거의 동등한 대우를 받았다. 또한, 여성의 재가도 자유롭게 이루어졌으며 그 자식의 사회적 진출에도 차별을 두지 않았다. 결혼 후 남자가 여자 집에서 생활하는 경우가 많았다(**남귀여가혼**, 처가살이).

부모의 유산은 자녀에게 골고루 분배되었으며, 태어난 차례대로 호적에 기재하여 남녀 차별을 하지 않았다. 아들이 없을 때에는 양자를 들이지 않고 딸이 제사를 지냈고, 사위와 외손자에게까지 음서의 혜택이 주어졌다.

더 알아보기

매향

▮ 사천 매향비

매향은 불교 신앙의 하나로, 미륵을 만나 구원받고자 향나무를 바닷가에 묻는 활동이다.

 **대표 기출문제**

고려 시대 (가)~(라)의 토지 제도가 시행된 순서대로 바르게 정리한 것은?

2020년 법원직 9급

(가) 관등과 인품을 기준으로 지급하였다.
(나) 현직 관리만을 대상으로 지급하였다.
(다) 공신의 공로에 따라 차등 지급하였다.
(라) 관등에 따라 18등급으로 구분하여 지급하였다.

① (가) − (나) − (다) − (라)
② (나) − (가) − (라) − (다)
③ (다) − (가) − (라) − (나)
④ (라) − (다) − (나) − (가)

(다) 태조 때 실시한 역분전에 대한 설명이다. (가) 경종 때 제정한 시정 전시과에 대한 설명이다. (라) 목종 때 제정한 개정 전시과에 대한 설명이다. 개정 전시과에서는 인품이라는 막연한 요소를 배제하고 오직 관품만 고려하여 18과(科)로 구분하여 토지를 나누어 주었다. (나) 문종 때 실시한 경정 전시과에 대한 설명이다.

정답 ③

Theme 20 불교와 도교, 풍수지리설

구분	2008~2016	2017	2018	2019	2020	2021	2022	2023
국가 9급	• 불교(2) • 도교 • 풍수지리설	풍수지리설	팔관회					
지방 9급	• 불교(6) • 대장경 • 풍수지리설	불교(2)	고려의 국가 제사	불교				
법원 9급	• 불교(3) • 도교·풍수 지리설		의천과 지눌					

1 불교의 발달

(1) 불교 정책

고려 초기부터 불교는 국가의 지원을 받으며 발전하였다. 태조는 훈요 10조에서 불교를 숭상하고 연등회와 팔관회 등 불교 행사를 성대하게 치를 것을 당부하였으며, 광종 때부터는 승과 제도를 실시하였다. 그러나 성종 때에는 최승로 등의 유학자가 등용되어 각종 불교 행사가 일시 폐지되었다.

(2) 불교 통합 운동과 천태종✿

고려 초기에는 균여의 화엄종을 중심으로 교종을 통합하고자 하였다(광종). 이후 문종의 아들로서 승려가 된 **의천**이 교단 통합 운동을 펼쳤다. 그는 **화엄종**을 중심으로 교종을 통합하려 하였고, 또 선종을 통합하기 위하여 **천태종을 창시**하였다. 의천은 교종을 중심으로 선종을 통합하고자 하였는데, 이를 뒷받침할 사상으로 이론의 연마와 실천을 아울러 강조하는 **교관겸수와 내외겸전을 주장**하였다.

(3) 신앙 결사 운동과 조계종✿

무신 정변 후 불교계에는 새로운 움직임이 일어났다. **지눌**은 당시 불교계의 타락상을 비판하며, 승려 본연의 자세로 돌아가서 **독경과 선 수행, 노동**에 힘쓰자는 개혁 운동인 **수선사 결사**를 제창하였다. 지눌은 선과 교학이 근본적으로 하나라는 사상인 **정혜쌍수**를 바탕으로 철저한 수행을 강조했으며, 꾸준한 수행으로 깨달음의 확인을 강조한 **돈오점수**를 주장하였다.

한편, 지눌의 뒤를 이은 **혜심**은 **유불 일치설**을 주장하며 장차 성리학을 수용할 수 있는 사상적 토대를 마련하였다. 무신 집권기에 활동한 **요세**는 **백련 결사**를 제창하였고, 지방민의 적극적인 호응을 얻었다. 또한, 자신의 행동을 진정으로 **참회하는 법화 신앙**을 주장하였다.

(4) 원 간섭기의 불교
사원은 막대한 토지를 소유하고 상업에도 관여하여 부패가 심하였다. 신진 사대부는 이와 같은 불교의 사회 · 경제적 폐단을 크게 비판하였다.

2 대장경의 조판

대장경이란 **경 · 율 · 논의 삼장**으로 구성되어 불교 경전을 집대성한 것이다. 현종 때 거란의 침입을 받았던 고려는 부처의 힘으로 이를 물리치기 위해 **초조대장경**을 간행하였다. 숙종 때 의천은 고려 · 송 · 요의 대장경에 대한 주석서를 모아 **교장**(속장경)을 편찬하였다. 몽골 침략으로 초조대장경이 소실되자 최우 집권기에 몽골 격퇴를 염원하며 대장경을 다시 만들었다. **팔만대장경**이라고도 불리며, 현재 합천 해인사에 보존되어 있다. 또한, 잘못된 글자나 빠진 글자가 거의 없는 제작의 정밀성과 글씨의 아름다움으로 세계에서 가장 우수한 대장경으로 꼽힌다.

3 도교와 풍수지리설

고려 시대에는 유교, 불교와 함께 도교도 성행하였다. 궁중에서는 하늘에 제사 지내는 초제를 지냈으며, 도교와 민간 신앙 및 불교가 어우러진 팔관회가 행해졌다. 풍수지리설은 미래의 길흉화복을 예언하는 도참 사상과 더해져 고려 시대에 크게 유행하였다. 이러한 길지설은 묘청의 서경 천도 운동의 이론적 근거가 되기도 하였다.

> **경 · 율 · 논**
> 1. 경: 부처가 설법한 근본 교리
> 2. 율: 교단에서 지켜야 할 윤리 조항과 생활 규범
> 3. 논: 경과 율에 대한 승려나 학자의 의론과 해석

대표 기출문제

밑줄 친 '나'에 대한 설명으로 옳지 않은 것은? 2014년 지방직 9급

나는 도(道)를 구하는 데 뜻을 두어 덕이 높은 스승을 두루 찾아다녔다. 그러다가 진수대법사 문하에서 교관(教觀)을 대강 배웠다. 법사께서는 강의하다가 쉬는 시간에도 늘 "관(觀)도 배우지 않을 수 없고, 경(經)도 배우지 않을 수 없다."라고 제자들에게 훈시하였다. 내가 교관에 마음을 다 쏟는 까닭은 이 말에 깊이 감복하였기 때문이다.

① 해동 천태종을 창시하였다.
② 이론과 실천의 양면을 강조하였다.
③ 교종의 입장에서 선종을 통합하였다.
④ 정혜쌍수로 대표되는 결사 운동을 일으켰다.

밑줄 친 '나'는 의천이다. ④ 지눌에 대한 내용이다. 지눌은 당시 불교계의 타락을 비판하고 송광사를 중심으로 정혜결사를 만들었으며, 선정(선종의 수행 방법)과 혜(지혜)를 함께 수행하자는 정혜쌍수를 주장하였다.

오답분석
①, ②, ③ 의천에 대한 내용이다.

정답 ④

중세의 학문·과학 기술·예술

구분	2008~2016	2017	2018	2019	2020	2021	2022	2023
국가 9급	• 유학 • 역사서(3)	화통도감	진화	• 삼국유사 • 단군에 대한 인식	제왕운기	안향	봉정사극락전	고려 문화재
지방 9급	• 역사서(5) • 유학(2) • 서적 편찬 • 건축 • 문화 양상					삼국사기	고려 초기의 불상	
법원 9급	• 관학진흥책 • 금속활자 • 건축 • 불상과 탑 • 상감청자 • 고려 문화	고려 문화		탑	관학진흥책			삼국유사

1 유학의 발달

고려는 유교를 정치 이념으로 채택하여 국가를 운영하였다. 성종 때에 최승로는 시무 28조의 개혁안을 올리고, **유교를 치국의 근본**으로 삼고자 하였다. 고려 중기에는 문벌 귀족 사회의 발달과 함께 유교 사상도 점차 보수적이고 귀족적인 성격으로 바뀌었다.

2 성리학의 전래

고려에 성리학을 처음 소개한 사람은 **안향**이었다. 이후 **이제현**은 원의 학자들과 교류하며 성리학에 대한 이해를 심화하였다. 공민왕 때의 **이색**은 정몽주, 권근, 정도전 등을 가르쳐 성리학을 더욱 확산시켰다. **신진 사대부**는 성리학을 바탕으로 사회 모순을 개혁하고자 하였다.

+ 알아보기

성리학

한대에서 당대까지는 경전의 구절 해석에 치중하였던 훈고학이 성행하였다. 삼국과 고려에서도 훈고학이 유행하였는데, 고려 말 남송의 주희(주자)가 집대성한 성리학을 수용하면서 성리학이 널리 퍼졌다. 성리학은 인간의 심성과 우주의 원리 문제를 철학적으로 탐구하는 신유학이었다.

③ 교육 기관

고려 성종 때 중앙에 국립 대학으로 **국자감**(국학)을 설치했는데, 유학부와 기술학부가 있었다. 지방에는 향교가 설치되었다.

고려 중기에는 **최충의 문헌공도**를 비롯한 **사학 12도**가 융성하였다. 사학에서 공부한 학생이 과거에서 좋은 성적을 거두자 국자감의 관학 교육은 위축되었다. 이에 정부는 여러 관학 진흥책을 추진하였다.

예종	7재(전문 강좌) 설치, 양현고(장학 재단)
충렬왕	국학을 성균관으로 개칭, 공자의 사당인 문묘를 새로 건립
공민왕	성균관을 순수한 유교 교육 기관으로 개편

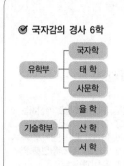

☑ **국자감의 경사 6학**

```
            ┌ 국자학
유학부   ─┤  태 학
            └ 사문학
            ┌ 율 학
기술학부 ─┤  산 학
            └ 서 학
```

④ 역사서 편찬 ☙ ☙

현종 때 태조부터 목종에 이르는 『**7대실록**』을 편찬하였다. 인종 때 **김부식** 등이 왕명을 받아 『**삼국사기**』를 편찬하였다. 『삼국사기』는 유교적 합리주의 사관에 기초하여 **기전체**로 서술되었으며, **현존하는 최고(最古)의 역사서**이다.

고려 후기에는 민족적 자주 의식을 강조하는 경향이 대두되었다. 이는 무신 정변의 사회적 혼란과 몽골 침략이라는 위기를 극복하기 위해 나타난 변화였다.

『해동고승전』(각훈)	삼국 시대의 승려 30여 명의 전기 수록
『동명왕편』(이규보)	• 고구려 건국 영웅인 동명왕의 업적 칭송, 일종의 영웅 서사시 • 고구려 계승 의식 반영
『삼국유사』(일연)	• 불교사를 중심으로 민간 설화와 단군 신화 수록 • 고조선 계승 의식, 왕력·기이·탑상 등 9편목 구성
『제왕운기』(이승휴)	• 우리 역사를 단군부터 서술, 발해사를 최초로 우리 역사로 기록 • 우리 역사를 중국사와 대등하게 파악, 자주성 강조

고려 말에는 신진 사대부의 성장 및 성리학의 수용으로 정통 의식과 대의명분을 강조하는 성리학적 유교 사관이 대두하였다. **이제현**의 『**사략**』이 대표적이다.

⑤ 인쇄술의 발달

신라 때부터 발달한 목판 인쇄술은 고려 시대에 이르러 더욱 발달하였다. **대장경의 편찬**은 고려의 목판 인쇄술이 최고 수준에 이르렀음을 보여준다.

고려 후기에 **세계 최초로 금속 활자 인쇄술을 발명**하였다. 이에 따라 최우 집권기에 강화도에서 금속 활자로 **상정고금예문**을 인쇄(1234)하였다. 이는 서양의 금속 활자 인쇄보다 200여 년은 앞서 이루어진 것이다. 그러나 이 책은 현재 전해지지 않으며, 대신 **직지심체요절**(1377)이 **현존 세계 최고(最古)의 금속 활자본**으로 공인받고 있다.

▌ 직지심체요절

6 천문학과 의학

천문과 역법을 맡은 관청으로서 사천대(서운관)가 설치되었고, 이곳의 관리는 첨성대에서 관측 업무를 수행하였다.

고려 초기에는 신라 때부터 쓰던 당의 선명력을 그대로 사용하였으나, 후기의 충선왕 때에는 원의 **수시력**을 채택하였다.

의료 업무를 맡은 태의감에서 의학 교육을 실시하였다. 또한 고종 때 강화도에서 편찬된 『**향약구급방**』은 우리나라 **최고(最古)의 의학 서적**이다.

7 무기 제조 기술

고려 말에 **최무선**의 노력으로 화약 제조 기술을 습득하였다. 이에 고려는 우왕 때 **화통도감**(최무선)을 설치하고 화약과 화포를 제작하였다.

8 건축 ✤

고려 시대의 건축은 궁궐과 사원이 중심이었다. 고려 전기에는 **주심포 양식**이 유행하였다. 안동 봉정사 극락전은 가장 오래된 주심포 양식의 건축물이고, **영주 부석사 무량수전**과 예산 수덕사 대웅전도 주심포 양식으로 지어졌다.

고려 후기에는 **다포식 건물**이 등장하여 조선 시대 건축에 큰 영향을 끼쳤다. 황해도 사리원의 성불사 응진전은 고려 시대 다포식 건물로 유명하다.

▌안동 봉정사 극락전(주심포 양식)

▌영주 부석사 무량수전(주심포 양식)

▌사리원 성불사 응진전(다포 양식)

9 탑

고려 시대의 석탑은 다양한 형태로 제작되어, 다각다층탑이 많았다. 고려 전기의 오대산 **월정사 8각 9층 석탑**이 유명하며, 고려 후기의 **경천사 10층 석탑**은 원의 석탑을 본뜬 것으로, 조선 시대로 이어졌다. 승탑은 **고달사지 승탑**처럼 신라 하대의 승탑 양식을 계승하는 것이 많았다.

▌월정사 8각 9층 석탑

▌경천사 10층 석탑

▌고달사지 승탑

더 알아보기

수시력

1년을 365.2425일로 계산하는 것을 말한다. 이것은 300년 후인 16세기 말 서양에서 개정한 그레고리우스력(현재 역법과 유사)과 같다.

더 알아보기

주심포 양식과 다포 양식

1. 주심포 양식 : 지붕의 무게를 기둥에 전달하면서 건물을 치장하는 장치인 공포가 기둥 위에만 짜여 있는 양식
2. 다포 양식 : 공포가 기둥 위뿐만 아니라 기둥 사이에도 짜여 있는 양식. 웅장한 지붕이나 건물을 화려하게 꾸밀 때 사용

10 불상

고려 초기에는 **광주 춘궁리 철불** 같은 대형 철불이 많이 조성되었다. **논산 관촉사 석조 미륵보살 입상**이나 **안동 이천동 석불**처럼 사람이 많이 다니는 길목에 지역 특색이 드러난 거대한 불상도 조성되었다. 또한 **부석사 소조 아미타여래 좌상**처럼 신라 시대 양식을 계승한 걸작도 있었다.

■ 광주 춘궁리 철불

11 공예

고려자기는 귀족 사회의 전성기인 11세기 독자적인 경지를 이룩하였다. 12세기 중엽에는 고려의 독창적 기법인 상감법이 개발되었다. 상감법을 활용한 **상감청자**는 강화도에 도읍한 13세기 중엽까지 주류를 이루었으나, 원 간섭기 이후에는 퇴조해 갔다. 고려청자는 전라도 강진과 부안이 생산지로 유명하였다.

■ 안동 이천동 석불

12 서예 · 그림과 음악

(1) 서예

고려 전기에는 **구양순체**가 주류를 이루었는데, 탄연의 글씨가 특히 뛰어났다. 후기에는 **송설체**가 유행했는데, 이암이 뛰어났다.

■ 부석사 소조 아미타여래 좌상

(2) 그림

공민왕이 그렸다는 「**천산대렵도**」는 힘차게 말을 달리는 인물을 현실감있게 묘사하였다. 한편 고려 후기에는 왕실과 권문세족의 구복적 요구에 따라 **불화**가 많이 그려졌다. 일본에 전해 오고 있는 혜허의 관음보살도가 대표적이다.

■ 청자 상감 운학무늬 매병

(3) 음악

음악은 크게 아악과 향악으로 구분된다. 아악은 송에서 수입된 대성악이 궁중음악으로 발전된 것이며, 향악(속악)은 우리의 고유 음악이 당악의 영향을 받아 발달한 것이다. 동동, 한림별곡, 대동강 등의 곡이 유명하다.

■ 천산대렵도

대표 기출문제

(가)와 (나)에 들어갈 역사서에 대한 설명으로 옳은 것은?　　　2016년 국가직 9급

- _____(가)_____은(는) 현존하는 우리나라의 가장 오래된 역사서로 고려 인종 때 편찬되었다. 본기 28권, 연표 3권, 지 9권, 열전 10권 등 총 50권으로 구성되어 있다.
- _____(나)_____은(는) 충렬왕 때 한 승려가 일정한 역사 서술 체계에 구애받지 않고 자유로운 형식으로 저술한 역사서이다. 총 5권으로 구성되었으며, 민간 설화와 불교에 관한 내용들이 많이 수록되어 있다.

① (가) - 고조선의 역사를 중시하였다.
② (가) - 고구려 계승 의식을 강조하였다.
③ (나) - 민족적 자주 의식을 고양하였다.
④ (나) - 도덕적 합리주의를 표방하였다.

(가)『삼국사기』, (나)『삼국유사』이다. ③ 고려 후기에는 민족적 자주 의식이 성장했는데, 이를 반영한 역사서로는『삼국유사』등이 있다.

오답분석
①『삼국유사』, ②『동명왕편』, ④『삼국사기』에 대한 설명이다.

정답 ③

시작!
노범석
한국사

22 근세 사회의 성립

23 집권 체제의 확립

24 통치 체제의 정비

25 사림의 대두와 붕당의 형성

26 대외 관계와 양난

27 근세의 경제·사회

28 민족 문화의 융성

29 성리학의 발달과 불교·민간 신앙

PART

04

근세 사회의 발전

Theme 22 근세 사회의 성립

기/출/분/석

구분	2008~2016	2017	2018	2019	2020	2021	2022	2023
국가 9급		정도전						
지방 9급	정도전			정도전				
법원 9급				건국 과정				

더 알아보기

4불가론
1. 소국이 대국 거역 ×
2. 여름에 전쟁 ×
3. 왜구 침입 우려
4. 장마철이라 활이 녹슬고 전염병 ↑

☑ 조선의 건국 과정

1388	위화도 회군
1391	과전법 실시
1392	조선 건국
1393	국호 제정
1394	한양 천도

1 조선의 건국 과정

(1) 위화도 회군

고려 우왕 때 명나라가 공민왕이 탈환한 철령 이북의 땅의 반환을 요구하자, 최영의 주도로 요동 정벌을 추진하였다. 이성계는 4불가론을 내세워 출병에 반대했으나 결국 요동 정벌이 단행되었다. 이성계는 위화도에서 회군(1388)하여 최영과 우왕을 제거하고 우왕의 아들인 창왕을 옹립하였다.

(2) 신진 사대부의 분화

위화도 회군 이후 신진 사대부 세력은 개혁의 방향을 둘러싸고 분화되었다. **이색·정몽주 등 온건 개혁파**들은 **고려 왕조를 유지**하면서 점진적인 개혁을 추진하려 하였다. 반면 **조준·정도전 등 급진 개혁파(혁명파)**들은 **고려 왕조를 부정**하는 **역성혁명**을 주장하였다.

(3) 조선의 건국

이성계와 급진 개혁파들은 폐가입진을 내세워 창왕을 폐하고 공양왕을 옹립하였다. 정치적 실권을 장악한 이들은 **과전법**을 시행하여 경제적 기반을 확보하였다. 마침내 이성계는 공양왕에게 양위를 받아 왕위에 올랐다(1392).

2 한양 천도

이성계는 1394년 한양으로 도읍을 옮겼다. 풍수지리상 명당에 해당하는 한양은 행정과 교통의 요지에 위치했으며 산으로 둘러싸여 방어에 유리하였다. 도성 안에는 종묘·사직·6조 등 관청을 설치했으며 흥인지문·돈의문·숭례문·숙정문 4대문을 배치하였다.

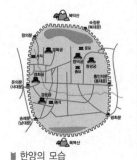

■ 한양의 모습

Theme
23

집권 체제의 확립

기/출/분/석

구분	2008~2016	2017	2018	2019	2020	2021	2022	2023
국가 9급	• 의정부 서사제 • 중앙 제도(2)			중앙 제도		세조	중앙 제도	
지방 9급	• 통치 제도(3) • 세종(2) • 『경국대전』	세종(하)		세종	• 세종 • 명종	사헌부	세종	
법원 9급	• 중앙 제도(5) • 지방 제도 • 관리 선발 제도 • 교육 제도	• 태종 • 통치 제도	지방 제도	조선 전기의 정치	중앙 제도		• 태종 • 세조	

해/법/요/람

15 세기 **훈구**

태조 ▶ 태종 ▶ 세종 ▶ 세조 ▶ 성종
정도전 　 왕권 강화 　 모범적 유교 정치 　 왕권 강화 　 『경국대전』 완성
　 　 6조 직계제 　 의정부 서사제 　 6조 직계제 　 언론 활동↑(사림 등용)

16 세기 **사화**

연산군 ▶ 중종 ▶ 명종 ▶ 선조
무오사화(조의제문) 　 조광조 　 을사사화 　 임진왜란
갑자사화(폐비 윤씨) 　 기묘사화

동인 ─ 북인
서인 ─ 남인

17 세기 **붕당(사림)**

광해군 ▶ 인조 ▶ 효종 ▶ 현종
중립 외교(북인) 　 친명배금(서인) 　 북벌론(서인) 　 기해예송(서인)
　 　 정묘·병자 호란 　 　 갑인예송(남인)

18 세기 **탕평**

숙종 ▶ 영조 ▶ 정조
편당적 → 환국 　 완론 탕평 　 준론 탕평
경신환국(서인) ─ 노론 　 탕평교서(즉위) 　 규장각 설치
기사환국(남인) ─ 소론 　 이인좌의 난 　 신해통공
갑술환국(서인) 　 탕평파 육성 　 수원 화성 축조
　 균역법 실시 　 만천명월주인옹

19 세기 **세도 정치**

순조 ▶ 헌종 ▶ 철종 ▶ 고종
안동 김씨 　 풍양 조씨 　 안동 김씨 　 흥선 대원군
홍경래의 난 　 　 임술민란

1 태조(1392~1398)

한양에 도성을 쌓고 궁궐을 지어 한성부를 건설하고 **도첩제**(승려 자격증)를 실시하여 승려의 수를 제한하였다.

정도전·조준 등 일부 개국 공신들이 정치를 주도하였다. 특히 **정도전**은 건국 초기에 각종 문물 제도를 정비하는데 크게 공헌하였다. 그는 **재상 중심의 정치**를 주장했으며, 『**불씨잡변**』·『**조선경국전**』·『경제문감』 등의 저술을 남겼다.

정도전과 이방원 사이에 갈등이 점차 커졌으며, 결국 **1차 왕자의 난**이 일어나 이방원이 이복형제인 방번·방석과 정도전 등을 제거하였다.

2 정종(1398~1400)

1차 왕자의 난으로 둘째 방과가 정종으로 즉위하였다. 정종은 다시 개경으로 수도를 옮겼다. 개경에서 2차 왕자의 난이 일어나 이방원이 동복형제인 이방 간을 제압하고, 왕세자로 책봉되었다. 이후 왕세자 이방원은 왕권 강화를 목적으로 사병 혁파 등 각종 정책들을 추진하였다.

3 태종(1400~1418) ✡

정도전 등의 개국 공신 세력을 제거했으며, 외척인 민무구·민무질 형제를 죽여 왕권을 강화하고자 하였다. 태종은 한양으로 재천도하고, **국왕 중심의 통치 체제를 정비**하였다. 6조에서 국왕에게 직접 보고하는 **6조 직계제**를 채택하였으며, **사간원을 독립**시켜 대신들을 비판·견제하게 하였다. 또한, 공신이나 왕족이 소유한 **사병을 혁파**하여 국왕이 군사 지휘권을 장악했으며, 대궐 밖에 **신문고**를 두어 백성들이 억울함을 호소할 수 있게 하였다.

호패법을 실시하여 16세 이상의 남성에게 호패를 착용하도록 했으며, 종로에 **시전**을 설치하여 상인들에게 대여하였다.

4 세종(1418~1450) ✡ ✡

집현전을 학문·정책 연구 기관으로 육성했으며, 황희·맹사성 등 유능한 재상을 등용하였다. **의정부 서사제**를 실시하여 의정부에서 정책을 심의하도록 하였다(인사와 군사에 관한 일만은 국왕이 직접 처리). 대외적으로는 **압록강 유역의 4군**(최윤덕)과 **두만강 유역의 6진**(김종서)을 개척하여 현재의 국경선을 확보했으며 **이종무**를 파견하여 **쓰시마 섬**을 정벌하였다.

민생 안정을 위해 **공법**을 시행하는 등 조세 제도를 개혁했으며, 의창제를 실시하여 빈민을 구제하였다. 아울러 사형 죄인들에게 삼심제를 적용하는 등 형벌 제도를 개선했으며, 관비의 출산 휴가를 늘려주었다.

새로운 문자의 필요성을 느껴 **훈민정음**을 창제했으며, 『**삼강행실도**』·『**향약집 성방**』·『**의방유취**』·『**농사직설**』 등 각종 편찬 사업을 추진하였다. 또한, 『**칠 정산**』이라는 새로운 역법을 만들었다.

6조 직계제

6조에서 의정부를 거치지 않고 곧바로 사안을 국왕에게 올려 재가를 받아 시행하는 제도

의정부 서사제

6조에서 올라오는 모든 일을 영의정, 좌의정, 우의정이 중심이 되는 의정부에서 논의한 다음, 합의된 사항을 국왕에게 올려 결재를 받는 제도

5 세조(1455~1468)

문종이 일찍 죽고 나이 어린 단종이 즉위하면서 김종서, 황보인 등에 의해 재상 중심 정치가 이루어졌다. 이에 세종의 둘째 아들인 **수양대군**이 정변을 일으켜 이들을 제거하고 이후 왕위에 올랐다(**계유정난**, 1453).

세조는 강력한 왕권을 행사하기 위해 **6조 직계제를 부활**시켰고, **집현전과 경연을 폐지**하였다. 또한, 중앙군을 **5위제**로 개편했으며, 지방군의 방어 체제를 **진관 체제**로 변경하였다. 그리고 현직 관료에게만 과전을 지급하는 **직전법**을 실시하였다.

6 성종(1469~1494)

『**경국대전**』을 완성 · 반포하여 조선의 기본 통치 방향과 이념을 제시하였다. 집현전을 계승하여 **홍문관**을 설치했으며, 훈구 세력을 견제하기 위해 김종직 등 **영남 사림들을 등용**하여 경연과 언론 활동을 강화하였다.

국가의 토지에 대한 지배권을 강화하기 위해 **관수관급제**를 실시했으며, 유향소를 부활시켰다. 또한, 문물 제도를 정비하여 『**국조오례의**』·『**동국통감**』·『**동문선**』·『**동국여지승람**』·『**악학궤범**』 등 각종 서적들을 편찬하였다.

대표 기출문제

다음과 같은 명을 내린 왕에 대한 설명으로 옳은 것은?　　　2017년 지방직 9급

> 삼강은 인도의 근본이니, 군신 · 부자 · 부부의 도리를 먼저 알아야 할 것이다. 이제 내가 유신에게 명하여 고금의 사적을 편집하고 아울러 그림을 붙여 만들어 이름을 '삼강행실'이라 하고, 인쇄하게 하여 서울과 외방에 널리 펴고자 한다.

① 압록강과 두만강 지역에 4군 6진을 설치하였다.
② 훈구 세력을 견제하기 위해 사림을 적극 중용하였다.
③ 『국조오례의』를 편찬하여 국가의 예법과 절차를 정하였다.
④ 토지 등급을 대부분 하등으로 정하여 전세를 경감해 주었다.

제시된 자료는 세종 때 왕명에 따라 편찬된 『삼강행실도』의 서문이다. ① 세종 때 김종서 · 최윤덕으로 하여금 압록강과 두만강 지역에 4군 6진을 설치하도록 하였다.

오답분석

② 성종은 훈구 세력을 견제하기 위해 사림을 적극 중용하였다. ③ 『국조오례의』는 국가의 여러 행사(오례)에 필요한 의례를 정비하여 성종 때 편찬한 의례서이다. ④ 인조 때 실시한 영정법에 대한 설명이다.

정답 ①

Theme 24 통치 체제의 정비

더 알아보기

조선의 중앙 정치 제도
조선의 중앙 정치 제도는 『경국대전』으로 법제화되었다. 품계는 정1품에서 종9품까지 18품으로 이루어졌으며, 6품 이상은 상하의 구분이 있어 총 30단계로 구분되었다.

더 알아보기

서경권
대간은 서경권을 가지고 있어서 왕이 5품 이하의 관리를 임명할 때 동의권을 행사하였다.

더 알아보기

상피제
권력의 집중을 방지하기 위해 가까운 친인척과 같은 관서에서 근무하지 않도록 하거나, 출신 지역의 지방관으로 임명하지 않았다.

■ 조선의 지방 제도

1 중앙 제도 ✦

관리는 **문반과 무반의 양반**으로 구성되었고, 다시 중앙 관직인 경관직과 지방 관직인 외관직으로 구별되었다. 경관직은 국정을 총괄하는 **의정부**와 그 아래에 왕의 명령을 집행하는 **6조**를 중심으로 편성되었다.

의정부의 3의정은 주요 관청의 최고 책임을 겸하였고, 국왕을 교육하는 경연과 세자를 교육하는 서연의 책임을 맡아 그 권한이 매우 컸다.

사헌부, 사간원, 홍문관의 3사는 관리의 비리를 감찰하고, 정사를 비판하며 문필 활동을 하면서 **언론 기능을 담당**하였다. 또한 **사헌부와 사간원**을 합쳐서 양사 또는 대간이라 했는데, **감찰**과 **간쟁**의 기능과 서경권을 가지고 있었다.

이 밖에도 조선은 다양한 기구를 두어 합리적인 정치를 추구하였다.

■ 조선의 통치 조직

승정원	왕명 출납(국왕의 비서 기관)
의금부	국가의 큰 죄인을 다스림(국왕의 직속 사법 기관)
춘추관	역사서 편찬과 보관 담당
한성부	서울의 행정과 치안 담당 + 사법 기관

2 지방 제도 일원화 + 완전한 중앙 집권

조선은 전국을 **8도**로 나누고, 전국에 약 330여 개의 군현을 두었다. 고려 시대의 특수 행정 구역인 향·부곡·소가 폐지되어 일반 군현이 되었다.

중앙 집권을 강화하여 **모든 군현에 수령을 파견**하였다. 수령은 백성으로부터 조세와 공물을 징수하였고 지방의 행정·사법·군사권을 가지고 있었다. 반면, 향리는 수령의 행정 실무를 보좌하는 세습적인 아전으로 격하시켰다. 또한 수령을 지휘·감독하기 위하여 **8도에 관찰사를 파견**하였다.

3 군역 제도와 군사 제도

(1) 군역 제도

16세 이상 60세까지의 양인 남자에게 군역의 의무가 부여되어, **현역 군인인
정군**이 되거나 정군의 **비용을 부담하는 보인**으로 편성되었다. 정군은 서울에
근무하거나 국경 요충지에 배속되었고, 일정 기간 교대로 복무하였다.

더 알아보기

현직 관료와 학생, 향리 등은
군역을 면제받았으나, 종친과
외척, 공신이나 고급 관료의
자제는 고급 특수군에 편성되
어 군역을 대신하였다.

(2) 군사 제도

군사 조직은 중앙군과 지방군으로 나뉘
었다. 중앙군인 **5위**는 궁궐과 서울을 수
비하였다.

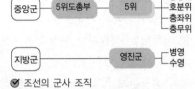

지방군은 군사 요지인 **영이나 진**에 소속
되어 복무하였다. 세조 때 **지역 단위 방
어 체제**인 **진관 체제**를 실시하였다. 그런

조선의 군사 조직

데 이는 적의 수가 많을 때는 효과가 없어서 16세기 이후에는 **제승방략 체제**가
시행되었다. 제승방략 체제는 각 지역의 군사를 한곳에 집결시켜 한 사람의
지휘를 받도록 한 체제였는데, 왜란 중에 별다른 효과를 거두지 못하여 진관
체제가 다시 복구되었다.

또한 조선 초기에는 정규군 외에 일종의 예비군인 **잡색군**이 있었다.

더 알아보기

잡색군
서리, 잡학인, 신량역천인, 노비
등이 소속되어 유사시에 대비
하게 한 예비군의 일종이다.

(3) 교통 · 통신 제도

군사적인 위급 사태를 알리기 위한 **봉수제**와 파발제(16세기 이후)를 운영하였다.
물자 수송과 통신을 위해 **역참**을 설치했으며, 교통의 요지에는 원이라는 공공
여관을 두어 공무 수행 중에 이용할 수 있게 하였다.

4 교육 제도

조선의 교육 제도와 과거 제도는 유기적으로 연관되어 있었다.

중앙 교육 기관	성균관	• 최고 교육 기관, 수학 후 대과에 응시 • 입학 자격 : 소과 합격자(생원 · 진사)
	4부 학당	중등 교육 기관, 수학 후 소과에 응시
지방 교육 기관	향교	• 목적 : 성현에 대한 제사, 유생 교육, 지방민 교화 • 부 · 목 · 군 · 현에 하나씩 설립, 수학 후 소과에 응시
	서당	사립 초등 교육 기관, 수학 후 향교나 4부 학당에 진학

한편, 기술 교육은 대개 중인을 대상으로 해당 관청에서 가르쳤다.

더 알아보기

과거 응시 자격
천인을 제외하고는 특별한 제한이 없었으나, 문과의 경우 탐관오리의 아들, 재가한 여자의 아들과 손자, 서얼에게는 응시를 제한하였다.

5 관리 등용 제도

(1) 과거 제도

과거에는 문관을 뽑는 문과와 무관을 뽑는 무과, 기술관을 뽑는 잡과가 있었다. 문과에는 3년마다 실시하는 정기 시험인 **식년시**와 부정기 시험인 **증광시, 알성시** 등이 있었다.

문과는 소과와 대과로 구분되는데, 소과는 문과의 예비 시험으로 유교 경전을 시험하는 **생원시**와 한문학을 시험

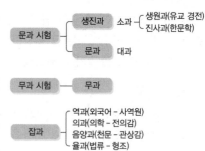
■ 과거 제도

하는 **진사시**가 있었다. 합격자에게는 백패를 지급하였고, 각각 생원과 진사가 되어 **성균관에 입학하거나 대과를 응시**할 수 있었다.

대과(문과)의 경우 **초시**에서 각 도의 **인구 비례**로 선발하고, 2차 시험인 **복시**에서 **33명**을 뽑은 다음, 왕 앞에서 실시하는 **전시**에서 **순위를 결정**하였다. 문과 복시에 합격하면 홍패를 지급받았다.

무과는 소과와 대과의 구분 없이 초시 ⇨ 복시 ⇨ 전시의 절차를 거쳐 치러졌으며, 기술관을 뽑는 잡과도 3년마다 치러졌다(전시 없음, 2단계).

(2) 천거와 음서

과거를 거치지 않더라도 고관의 추천을 받아 간단한 시험을 치른 후 관직에 등용되는 경우가 있었다(천거). 또한 음서의 혜택을 받는 대상도 고려 시대에 비하여 크게 줄었고, 음서 출신은 문과에 합격하지 않으면 고관으로 승진하기가 어려웠다.

---

② 이조정랑(5품)과 좌랑(6품)은 삼사(홍문관, 사간원, 사헌부)의 인사권을 지니고 있었는데, 이 둘을 합쳐 이조전랑이라고 불렀다.

오답분석
① 사간원이 아니라 승정원에 대한 설명이다. ③ 승정원이 아니라 사헌부와 사간원(양사)에 대한 설명이다. ④ 홍문관이 아니라 교서관에 대한 설명이다.

정답 ②

대표 기출문제

다음은 어떤 인물에 대한 연보이다. 밑줄 친 ㉠~㉣의 설명으로 옳은 것은?

2019년 국가직 9급

1566년(31세) ㉠ <u>사간원</u> 정언에 제수되다.
1568년(33세) ㉡ <u>이조좌랑</u>이 되었으나 외할머니 이씨의 병환 소식을 듣고 사퇴하다.
1569년(34세) 동호독서당에 머물면서 『동호문답』을 찬진하다.
1574년(39세) ㉢ <u>승정원</u> 우부승지에 제수되어 『만언봉사』를 올리다.
1575년(40세) ㉣ <u>홍문관</u> 부제학에서 사퇴하고 『성학집요』를 편찬하다.

① ㉠ - 왕명을 출납하면서 왕의 비서기관의 업무를 하였다.
② ㉡ - 삼사의 관리를 추천하는 권한이 있었다.
③ ㉢ - 왕의 정책을 간쟁하고 관원의 비행을 감찰하였다.
④ ㉣ - 서적 출판 및 간행의 업무를 전담하였다.

Theme 25 사림의 대두와 붕당의 형성

구분	2008~2016	2017	2018	2019	2020	2021	2022	2023
국가 9급	사림(3)	붕당 정치				조광조	기묘사화	
지방 9급	• 예송 논쟁(3) • 동·서 분당		효종					
법원 9급	• 사림(2) • 훈구와 사림 • 붕당 정치(5) • 광해군	예송 논쟁		붕당 정치		붕당 정치	• 붕당 정치 • 조광조	

해/법/요/람

사   vs   대 부

온건 개혁파	역성 혁명파
사림파(사학파)	훈구파(관학파)
의리·도덕	부국강병
향촌 자치	중앙 집권
성리학 + ×	성리학 + α
존화주의적	자주적
기자 중시	단군 중시
왕도 정치 추구	패도 정치 인정

더 알아보기

훈구 세력

훈구 세력은 15세기 이래의 늘어난 농업 생산력과 이로 인해 발달한 상공업의 이익을 독점하고자 하였다. 이들은 서해안의 간척 사업과 토지 매입을 통해 대토지를 소유하고, 대외 무역에도 관여했으며, 공물의 방납을 통해서도 경제적 이득을 취하였다.

■ 사림의 계보

더 알아보기

조의제문

김종직이 세조의 왕위 찬탈을 비판했던 「조의제문」을 그의 제자 김일손이 사초에 실었는데, 이를 알게 된 연산군이 이미 죽은 김종직은 부관참시하고 김일손 외 많은 사림을 처벌하였다.

1 훈구와 사림

(1) 훈구 세력   혁명파 사대부 계승

조선 초기의 문물제도 정비에 크게 기여하였다. 성리학을 신봉하면서도 **부국강병**과 민생 안정에 도움이 된다면 **다른 사상에 대해서도 비교적 관대**한 입장을 취했다.

(2) 사림 세력   온건파 사대부 계승

사림 세력은 조선 건국에 참여하지 않고 지방으로 내려가 후진을 양성하고 학문 연구에 몰두하였다. 이들은 **향촌 자치**를 내세우며 **도덕과 의리를 바탕으로 하는 왕도 정치를 강조**하였다.

성종 때 과거를 통하여 정계에 진출한 사림은 주로 전랑과 3사의 언관직을 차지하고 훈구 세력의 비리를 비판하였다.

2 사화의 발생 ✿

(1) 무오사화

성종에 이어 즉위한 연산군은 왕권 강화 과정에서 사림의 언론 활동을 탄압하였다. 특히 김종직이 쓴 「**조의제문**」을 빌미로 **무오사화**가 일어나 사림 세력이 숙청되었다.

> 사료 **무오사화**
>
> 임금이 교지를 내렸다. "김종직은 초야의 미천한 선비로 세조 조에 과거에 합격하였고, 성종 조에 이르러 경연관에 발탁하여 …… 지금 그 제자 김일손이 찬수한 사초 내에 부도한 말로 선왕조의 일을 터무니없이 기록하고, 또 그 스승 김종직의 「조의제문」을 실었다.   – 「연산군일기」

(2) 갑자사화

연산군은 자신의 **생모가 폐비가 된 후 사약을 받아 죽게 된 것**을 알게 된 뒤, 이에 연루된 훈구파와 사림파를 제거하였다(갑자사화). 이후 연산군은 언론을 극도로 탄압하고 국고를 낭비하는 등 폭정을 행하다가 결국 중종반정(1506)으로 폐위되었다.

(3) 기묘사화

중종반정으로 연산군이 폐위되자 훈구파였던 반정 공신들이 주도권을 장악하였다. 중종은 이들의 독주를 막기 위해 **조광조를 비롯한 사림을 중용**하였다. 이들은 경연 강화, 소격서 폐지, 방납의 폐단 시정 등 급진적인 개혁을 추진하였다. 그러나 이에 대한 공신들의 반발(위훈삭제)로 조광조를 비롯한 사림 세력은 대부분 제거되었다(**기묘사화**).

> **사료 현량과 실시**
>
> 지방에서는 감사와 수령이, 서울에서는 홍문관과 육경(六卿), 대간이 등용할 만한 사람을 천거하여, 대궐에 모아놓고 친히 대책으로 시험한다면 인물을 많이 얻을 수 있을 것입니다. 이는 이전에 우리나라에서 하지 않았던 일이요, 한(漢)나라 현량과의 뜻을 이은 것입니다.
>
> — 『중종실록』

(4) 을사사화

중종 사후 인종이 왕위에 올랐고 인종의 외척인 윤임 일파(대윤)가 권력을 잡았다. 그러나 인종이 금방 죽고 명종이 즉위하자 **명종의 외척인 윤원형 일파 (소윤)와 윤임 일파 간에 권력 다툼**이 일어나게 되었다. 결국 문정왕후(명종의 모후)가 윤원형을 앞장세워 윤임 일파를 몰아냈는데, 이 과정에서 윤임이 비호했던 사림들도 많은 피해를 입었다(**을사사화**).

③ 붕당의 출현과 붕당 정치의 전개

(1) 선조

선조 때 중앙 정계에 진출한 신진 사림은 명종 때부터 정권에 참여했었던 기성 사림들과 갈등을 빚었다. 심의겸 등 기성 세력들을 **서인**, 김효원 등 신진 세력들을 **동인**이라 칭하며 붕당이 발생하였다. 이후 정여립 모반 사건과 서인 정철의 건저의 사건(정철이 세자 책봉을 선조에게 건의)을 계기로 동인은 서인(정철)에 대한 처벌을 두고 강경한 입장을 지닌 **북인**과 온전한 입장인 **남인**으로 나누어졌다.

(2) 광해군 ✫

임진왜란 이후 집권한 광해군은 전후 복구 사업을 추진하는 한편, 방납의 문제를 해결하기 위해 **대동법을 실시**하였다 한편, 여진족이 후금을 건국(1616)하여 명에 전쟁을 선포하자, 명은 조선에 지원병을 요청하였다. 이에 광해군은 **명과 후금 사이에서 신중한 중립 외교 정책**을 펼쳐 강홍립을 도원수로 삼아 군대를 이끌고 명을 지원하되, 상황에 따라 대처하게끔 하였다.
그러나 광해군은 영창대군을 죽이고 계모인 인목대비를 유폐하는 등 반대 세력을 탄압하였다. 결국 서인은 광해군이 명을 배신하고 폐모살제했다는 명분을 내세워 인조반정을 일으켰다.

더 알아보기

조광조의 개혁 정치
• 승과와 소격서 폐지
• 경연 강화
• 수미법 건의
• 향약의 시행 주장

더 알아보기

동·서 분당
이조전랑의 임명을 둘러싸고 심의겸과 김효원의 갈등이 심해졌다. 심의겸을 중심으로 한 기성 관료를 서인, 김효원 등 신진 관료를 동인이라 칭하며 붕당이 발생하였다.

PART 04

⑶ 인조

인조반정 이후 서인은 남인과 연합하여 정국을 운영하였다. 서인과 남인은 서로를 인정하며 상호 비판적인 공존 체제를 이루었다.

외교적으로는 **친명배금 정책**을 추진하여 후금을 자극하였다. 결국 후금이 침공하였고(**정묘호란**), 청 건국 이후에는 군신 관계를 요구하며 다시 침입해왔다. 결국 항복하고 청과 군신 관계를 맺게 되었다(**병자호란**).

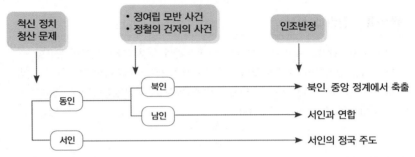

☑ 각 붕당들의 분화 과정

⑷ 효종

청에게 당한 수모를 갚기 위해 어영청을 확대하는 등 적극적인 북벌 운동을 추진하였다.

⑸ 현종 ✦

효종의 왕위 계승에 대한 정통성을 놓고 **서인과 남인 사이에 두 차례의 예송 논쟁이 발생**하였다. 1차 예송(기해예송)에서는 **서인**의 주장이, 2차 예송(갑인예송)에서는 **남인**의 주장이 채택되었다.

 **대표 기출문제**

밑줄 친 '사건'의 명칭은?   2022년 국가직 9급

제시된 자료에서 '조광조', '위훈삭제' 등의 내용을 통해 중종 때 일어난 기묘사화에 대해 설명하고 있음을 알 수 있다. 중종 때 반정 공신(훈구)들을 견제하기 위해 조광조를 비롯한 사림들을 중용하였다. 이들이 급진적인 개혁을 추진하자, 위기를 느낀 훈구 공신들은 위훈 삭제 사건에 반발하여 조광조를 비롯한 사림 세력을 제거하는 기묘사화를 일으켰다.

> 중종에 의해 등용된 조광조는 현량과를 통해 사림을 대거 등용하였다. 그는 3사의 언관직을 통해 개혁을 추진해 나갔고, 위훈삭제를 주장하기도 하였다. 이러한 움직임은 반발을 불러 일으켰으며, 중종도 급진적인 개혁 조치에 부담을 느껴 조광조 등을 제거하였다. 이 <u>사건</u>으로 사림은 큰 피해를 입었다.

① 갑자사화   ② 기묘사화
③ 무오사화   ④ 을사사화

정답 ②

Theme 26 대외 관계와 양난

기/출/분/석

구분	2008~2016	2017	2018	2019	2020	2021	2022	2023
국가 9급	임진왜란	병자호란(하)						대외 관계
지방 9급	• 대외 관계(2) • 중립 외교 • 양난 사이의 　시기 구분	임진왜란	임진왜란	임진왜란				
법원 9급	• 북벌론 • 대외 관계 • 정유재란						임진왜란	

해/법/요/람

사대 외교 ——— 명 　　　　　　　 여진 ─┬ 강경책 – 4군 6진 설치
• 자주적 실리 외교 　　　　　　　　　　 └ 회유책 – 무역소 설치
• 경제 · 문화 외교

사대교린

선진 문물 전파 — 류큐, 시암, 자와 　　　 일본 ─┬ 강경책 – 쓰시마섬 정벌
　　　　　　　　　　　　　　　　　　　　　 └ 회유책 – 3포 개항, 계해약조

왜 란

1. 배경
   • 조선의 국방력 약화
   • 도요토미 히데요시의 일본통일(정명가도)
2. 왜란의 시작
   • 왜군의 침략: 부산진(정발), 동래성(송상현)
   • 충주 탄금대 전투(신립) ⇒ 선조 파천
3. 전세의 변화
   • 옥포 해전(최초 승리), 사천 전투(거북선 최초)
   • 한산도 대첩(이순신)
   • 진주 대첩(김시민)
   • 평양성 탈환(조 · 명 연합군)
   • 행주 대첩(권율)
4. 휴전 – 훈련도감과 속오군 설치, 조총 제작
5. 정유재란 – 직산 전투, 명량 대첩, 노량 해전

왜란과 호란

호 란

1. 원인 – 친명배금, 이괄의 난
2. 정묘호란
   • 후금의 침략(광해군 보복)
   • 용골산성(정봉수), 의주(이립)
   • 화의(형제 관계)
3. 후금 ⇒ 청
4. 병자호란
   • 청의 군신 관계 요구
   • 주전파(김상헌) vs 주화파(최명길)
   • 청 태종의 침입 ⇒ 인조의 남한산성 피난
   • 삼전도의 굴욕, 화의(군신 관계)
5. 북벌론 대두
   • 효종: 1차 북벌론(서인)
   • 숙종: 2차 북벌론(남인)

사대교린(事大交隣)
큰 나라는 받들어 섬기고 이웃 나라와는 화평하게 지낸다는 뜻으로, 조선은 외교에 있어 사대교린 원칙을 유지하였다. 이러한 사대교린이란 조공 관계로 맺어진 중국 중심의 동아시아 국제 질서 속에서 나타난 외교 정책이다. 이는 서로의 독립성을 인정하였으므로, 예속 관계에 의한 것은 아니었다.

■ 조선 초기의 대외 관계

1 명과의 관계

조선은 명에 대해서 기본적으로 **사대 정책**을 유지하였다. 건국 초기에는 몇 가지 갈등이 있었지만, 이러한 관계는 태종 이후 회복되어 매년 정기적, 부정적으로 사절을 교환하면서 문화·경제적 교류가 활발하게 이루어졌다. 이러한 외교는 왕권의 안정을 꾀하고 국제적 지위를 확보하려는 **자주적 실리 외교**였으며, 선진 문물을 흡수하려는 문화 외교인 동시에 일종의 **공무역**이었다.

2 여진과의 관계

여진과 일본에 대하여는 강경책과 함께 회유책을 써 평화 관계를 유지하였다. 세종 때에는 **4군 6진을 설치**하여 압록강과 두만강을 경계로 하는 오늘날과 같은 국경선을 확정하였다.
또한 관직이나 토지를 주어 여진족의 귀순을 장려했으며, 국경 지방에 **무역소**를 두고 무역을 허락하였다.

3 일본과의 관계

조선은 일본과의 교류에는 **교린 정책**을 원칙으로 하였다. 고려 말부터 계속된 왜구의 침략으로 폐해가 심해지자 조선은 수군을 강화하였다. 세종은 **왜구의 소굴인 쓰시마를 정벌**하는 한편, 부산포·제포(진해)·염포(울산) 등 **3포를 개방**하여 제한된 범위 내에서 교역을 허락하였다.

쓰시마 정벌(1419)	이종무의 쓰시마 섬 정벌
삼포 개항(1426)	부산포, 제포, 염포 개항
계해약조(1443)	교역량 제한(세견선 50척, 세사미두 200석)
삼포 왜란(1510)	비변사 설치(임시)
을묘왜변(1555)	국교 단절, 비변사 상설 기구화
임진왜란(1592)	비변사의 최고 기구화
기유약조(1609)	국교 재개(세견선 20척, 세사미두 100석), 부산포만 개항

4 동남아시아와의 교류

조선은 류큐, 시암, 자와 등 동남아시아의 여러 나라와도 교류하였다. 이들은 조공의 형식으로 각종 토산품을 가져와 옷감, 문방구 등을 회사품으로 가져갔다.

5 임진왜란

일본의 기습으로 부산이 함락되고 일본군이 서울을 향해 북상하자 선조는 의주로 피난하였다. 하지만 전라도 지역에서 **이순신**이 이끈 수군이 연승을 거두며 **남해의 제해권을 장악**하였다. 한편, 육지에서는 의병이 왜군에 타격을 주었고, 명의 원군이 전쟁에 참여하였다. 조·명 연합군 및 의병의 활약으로 점차 밀리게 된 왜군은 명과 휴전 협상을 추진하였다. 3년에 걸친 명과 일본 사이의 휴전 회담이 결렬되자, 왜군이 다시 침입해 왔다(**정유재란**, 1597). 그러나 조·명 연합군과 이순신의 활약으로 점차 밀리던 왜군은 도요토미 히데요시가 죽자 본국으로 철수하였다.

■ 임진왜란의 주요 전투

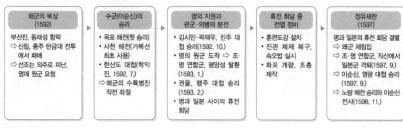

☑ 임진왜란의 과정

임진왜란의 결과·영향
인구가 크게 줄었으며, 토지대장과 호적, 많은 문화재들이 소실되었다. 일본은 조선의 인적·물적 자원을 약탈하여, 일본의 성리학과 도자기 문화가 발달할 수 있는 토대를 마련하였다. 한편, 임진왜란 동안 북방의 여진족이 급속히 성장하여 동아시아의 정세가 크게 변화하였다.

6 호란의 발발

인조가 즉위하고 친명배금 정책을 취하자 후금은 광해군의 보복을 명분으로 쳐들어왔다(**정묘호란**, 1627). 이에 평안북도 철산의 용골산성에서 정봉수가, 의주에서 이립이 의병을 일으켜 적과 싸웠고, 강화도로 피난간 조선 정부는 강화를 제의하였다. 이로써 조선과 후금은 **형제 관계**를 맺었다.
이후 후금은 국호를 청이라 고치고 조선에 군신 관계를 요구하였다. 이에 대해 조정은 **주화파**와 **척화파**로 갈라졌는데, 척화파의 주장이 우세하여 청이 다시 침입해 왔다(**병자호란**, 1636). 인조는 **남한산성으로 피난**하여 청군에 대항했으나, 결국 청에 굴복하여 **군신 관계**를 맺었다(삼전도의 굴욕).

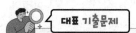 대표 기출문제

(나) 시기에 일어난 사실로 옳은 것은? 2023년 국가직 9급

(가) 삼포왜란이 발발하였다.
⇩
(나)
⇩
(다) 임진왜란이 발발하였다.

① 을사사화가 일어났다.
② 『경국대전』이 반포되었다.
③ 『향약집성방』이 편찬되었다.
④ 금속활자인 갑인자가 주조되었다.

(가) 삼포왜란이 발발한 것은 중종 때인 1510년의 일이고, (나) 임진왜란이 발발한 것은 선조 때인 1592년의 일이다.
① 명종 때인 1545년 을사사화가 일어났다.

오답분석
② 조선 성종 때인 1485년의 일이다. ③ 조선 세종 때인 1433년의 일이다. ④ 조선 세종 때의 일이다.

정답 ①

Theme 27 근세의 경제 · 사회

구분	2008~2016	2017	2018	2019	2020	2021	2022	2023
국가 9급	• 토지 제도(2) • 향약							
지방 9급	• 토지 제도(3) • 신분 제도(3)	수취 제도					서얼	
법원 9급	• 토지 제도(2) • 수취 제도(2) • 상업 • 신분 제도						유향소	

더 알아보기

과전법의 변천

과전법	경기 지방의 토지 한정, 수신전·휼양전
직전법	현직 관리에게 지급
관수관급제	관청에서 수조권 행사 대신함
현물녹봉제	직전법 폐지, 녹봉만 지급받음

1 토지 제도

(1) 과전법

신진 사대부들은 자신들의 경제적 기반을 확보할 뿐 아니라, 고려 말의 토지 제도 모순을 해결하기 위해 **과전법**을 시행하였다.

과전법은 **전지만을 지급**하였으며, **경기 지방의 토지에 한정**해서 수조권을 지급하였다. 지급 대상은 현직 관리뿐 아니라 **전직 관리까지 포함**하였으며, 과전을 받은 자가 **사망하거나 반역을 하면 반환**하도록 했다. 다만 사망한 관리의 가족들이 생계를 유지할 수 있도록 토지의 일부를 **수신전**이나 **휼양전** 등으로 다시 지급하여 사실상 세습이 가능하였다.

(2) 직전법

15세기 후반 세조 때에는 과전 부족 현상을 해결하기 위해 **직전법을 실시**하였다. 직전법은 **현직 관리에게만** 수조권을 지급하였으며, 수신전과 휼양전은 폐지하였다. 직전법의 실시로 퇴직 시 수조권을 반납해야 하자, 수조권을 가진 양반 관료들이 과다하게 수취하는 일이 잦아졌다.

(3) 관수관급제

수조권을 가진 관료들의 과다수취가 심해지자, 성종 때에는 관수관급제를 실시하여 **지방 관청에서 그 해의 생산량을 조사하여 거두고, 관리에게 나누어 주는 방식**으로 바꾸었다. 이에 양반 관료들이 수조권을 빌미로 토지와 농민을 지배하는 방식은 사라지고, 국가의 토지 지배권이 강화되었다. 이후 16세기 중반에는 **직전법을 폐지**하여, 관리들은 **녹봉**만을 받게 되었다(현물녹봉제).

2 수취 제도

(1) 조세

토지 소유자는 국가에 조세로 수확량의 **10분의 1**을
내는데, 매년 풍흉을 조사하여 그 수확량에 따라
납부액을 조정하였다.

세종 때에는 보다 공평한 조세 제도 운영을 위해
공법을 시행하였다. 공법은 **토지 비옥도에 따라
전분 6등법**으로, **풍흉의 정도에 따라 연분 9등법**
으로 조세 액수를 조정하여 1결당 **최고 20두에서
최하 4두**를 내도록 했던 제도이다.

■ 조운 제도

(2) 공납

공납의 경우 각 지역의 토산물을 조사하여 중앙
에서 군현에 물품과 액수를 할당하면, 각 군현은
다시 각 가호에 할당하여 거두었다. 농민에게 **공납
은 전세보다 큰 부담**이었다.

(3) 역

16세 이상의 정남에게는 **군역과 요역**의 의무가 있었다. 군역에는 일정 기간 군
사 복무를 하는 정군과, 정군의 비용을 부담하는 보인이 있었다.

요역은 가호를 기준으로 정남의 수를 고려하여 뽑아 각종 공사에 동원하였다.
성종 때 토지 8결을 기준으로 한 사람씩 동원하도록 규정하였다(1년에 6일 이내).

(4) 수취 제도의 문란

16세기에 이르러 수취 제도의 운영 과정에서 폐단이 점차 심해졌다. **공납**에서
는 중앙 관청의 서리가 공물을 대신 내고 그 대가를 챙기는 **방납**이라는 폐단
이 나타났다.

또한 요역 동원이 농사에 지장을 주자 농민들은 요역을 기피했으며, 이에 농
민 대신 군인을 각종 토목 공사에 동원하였다. 이는 곧 **군역의 기피**로 이어져
포를 받고 군역을 면제해 주는 **방군수포제**와 다른 사람이 군역을 대신하게 하는
대립제가 불법적으로 행해졌다. 중종 때 이 같은 불법적 군포 수취를 법제화
하여 군적수포제를 실시하고, 군역 대상자에게 1년에 2필의 군포를 징수하였다.
빈민 구제를 위한 환곡은 고리대로 변질되어 국가 재정을 보충하는 수단이 되
었다.

더 알아보기

조운 제도

군현에서 거둔 조세는 강가나
바닷가의 조창으로 운반하였
다가 전라도·충청도·황해도는
바닷길로, 강원도는 한강, 경
상도는 낙동강과 남한강을 통
하여 경창으로 운송하였다.
평안도와 함경도는 국경에 가
깝고 특히 평안도는 사신의
내왕이 잦은 곳이라, 걷은 조
세를 서울로 운반하지 않고
군사비와 사신 접대비로 사용
하였다. 제주도는 지리적 이
유로 조세를 자체적으로 사용
하였다(예: 잉류 지역).

더 알아보기

공납의 종류

상공	매년 정기적으로 징수
별공	부정기적으로 국가의 필요에 따라 징수
진상	지방관이 중앙에 상납

더 알아보기

당시 사대부들이 상업을 자유롭게 맡겨 두면 사치와 낭비가 조장되며, 농업이 피폐해져 빈부의 격차가 커지게 된다고 생각하였다.

3 농본주의 경제 정책과 농업 기술

(1) 농본주의 경제 정책

조선은 재정 확충과 민생 안정을 위한 방안으로 **농본주의 경제 정책**을 실시하였다. 그리하여 건국 초부터 토지 개간을 장려하고 양전 사업을 실시하였고, 그 결과 경지 면적이 15세기 중엽에는 크게 증가하였으며, 농업 생산력을 향상시키기 위하여 새로운 농업 기술과 농기구를 개발하여 민간에 보급하였다. 반면 **상공업은 통제**하였다.

(2) 농업 기술의 발달

정부는 농업 생산력을 높이기 위해 『**농사직설**』, 『**금양잡록**』 등 농서를 간행·보급하였다. 밭농사의 경우 조, 보리, 콩의 **2년 3작**이 널리 행해졌으며, 논농사도 남부 지방에 **모내기**가 보급되어 벼와 보리의 이모작이 가능해졌다. 그러나 모내기는 봄가뭄에 따른 물 부족 문제 때문에 **남부 일부 지역**으로 제한되었다. 또한 **시비법도 발달**하여 밑거름과 덧거름을 주게 되면서 **휴경지가 점차 소멸**하였다.

▌ 농사직설

4 수공업과 상업

(1) 수공업

조선은 전문 기술자를 **공장안**에 등록시켜 각 관청에 속하게 하고, 관청에서 필요한 물품을 제작·공급하였다. 하지만 16세기에 들어와 부역제가 해이해지고 상업이 발전하면서 관영 수공업은 쇠퇴하기 시작하였다.

그 외에 자급자족의 형태로 생활 필수품을 만드는 가내 수공업이 있었다. 특히 목화 재배가 확대 보급되면서 무명 생산이 점차 증가하였다.

(2) 상업

태종 때 종로 거리에 시전을 설치하였다. 시전 상인은 왕실이나 관청에 물품을 공급하는 대신에 특정 상품에 대한 **독점 판매권**을 부여받았다. 또, 이들의 불법적인 상행위를 통제하기 위하여 경시서를 두었다.

15세기 후반부터 등장하기 시작한 **장시**는 16세기 중엽에 이르러 **전국적으로 확대**되었다.

정부는 저화, 조선통보 등의 화폐를 유통시키려 했으나 부진하였다. 주로 **쌀과 무명** 등이 화폐로 사용되었다.

더 알아보기

조선의 대외 무역
1. 명
   • 공무역: 사신이 왕래할 때 함께
   • 사무역: 정부의 허용
2. 여진: 구경 지역에 설치한 무역소를 통해 교역
3. 일본: 동래에 설치한 왜관을 중심으로 무역

5 조선의 신분 제도

(1) 양천 제도와 반상 제도

조선은 **법제적으로 양인**과 **천민**으로 사회 신분을 구분하였다. 이러한 양천 제도는 법제적으로 조선 후기까지 유지되었다. 그러나 16세기 이후 **지배층인 양반과 피지배층인 상민** 간의 차별을 두는 반상 제도가 사회 통념상 일반화됨에 따라 양반, 중인, 상민, 천민의 신분 제도가 정착되었다.

(2) 양반과 중인

양반은 본래 문반과 무반을 아울러 부르는 명칭이었으나, 점차 그 가문까지도 양반이라 부르게 되었다. 양반은 경제적으로는 토지와 노비를 많이 소유한 지주이며, 정치적으로는 현직·예비 관리로서 활동하였다.

중인은 **넓은 의미**로는 양반과 상민의 **중간 신분 계층**을 뜻하고, **좁은 의미**로는 **기술관**만을 의미한다. 중인들은 직역을 세습하고, 같은 신분끼리 혼인하였다. 양반의 첩에게서 태어난 **서얼**은 중인과 같은 신분적 처우를 받았으므로 중서라고도 불렸다. 이들은 **문과에 응시하는 것이 금지**되었다.

(3) 상민과 천민

평민, 양인으로도 불리는 상민은 백성의 대다수인 농민, 수공업자, 상인 등을 말한다. 이들은 **법적으로 과거를 볼 수 있었지만** 시간과 비용 문제 등 현실적으로 과거에 응시하기가 매우 어려웠다. 한편, 양인이면서 천역을 담당하는 계층을 **신량역천**이라고 하였다.

천민의 대다수를 차지하는 계층은 노비였다. 노비는 재산으로 취급되어 매매, 상속, 증여의 대상이었다.

6 사회 정책

(1) 사회 제도

의창·상평창 등을 설치하고 다양한 의료 시설을 두어 백성의 생활을 안정시켰다.

혜민국	서민 환자의 구제와 약재 판매
제생원	지방민의 구호 및 진료
동서대비원	유랑자의 수용과 구휼(⇨ 동서 활인서)

(2) 법률 제도

조선 시대에는 관습법 대신 법전인 『**경국대전**』을 편찬하여 형벌과 민사에 관한 사항을 규정하였다. 가장 무거운 범죄는 반역죄와 강상죄였고, 이 같은 범죄에 대해서는 연좌제가 적용되었다. 형벌은 태, 장, 도, 유, 사의 5종이 기본으로 시행되었다. 지방의 경우, 재판권을 가지고 있는 관찰사와 수령 등이 처리하였다.

■ 양천제

■ 반상제

더 알아보기

신량역천
수군, 조례(관청의 잡역 담당), 나장(형사 업무), 일수(지방 고을 잡역), 봉수군(봉수 업무), 역졸(역에 근무), 조졸(조운 업무) 등 고된 일에 종사한 일곱 가지 부류를 의미한다. 칠반천역이라고도 한다.

더 알아보기

신문고
태종 때 처음 시행된 신문고 제도는 백성들이 억울한 일을 고발할 수 있도록 한 기구이다. 재판에 불만이 있을 때에는 신문고를 쳐서 임금에게 직접 호소할 수도 있었으나, 일반적으로 시행되지는 않았다.

7 향촌 사회의 조직과 운영

(1) 유향소와 경재소

유향소는 수령을 보좌하고 **향리를 감찰**하며 향촌 사회의 풍속을 바로잡는 기능을 하였다. **경재소**는 현직 관리로 하여금 연고지의 **유향소를 통제**하게 하는 제도로서, **중앙과 지방의 연락 업무**를 맡았다.

(2) 사족의 향촌 지배

사족(士族)은 농민을 지배하기 위해 향안을 작성하고 향규를 제정하였다. **향안**은 향촌 사회의 지배층인 지방 **사족의 명단**으로, 향안에 이름이 오른 사족은 그들의 **총회인 향회**(운영 규칙 - 향규)를 통하여 결속을 다지고 지방민을 통제하였다.

(3) 향약

향약은 전통적인 공동체 조직을 계승하면서, 유교 윤리를 가미하여 풍속 교화 및 질서 유지를 목적으로 만든 **자치 규약**이다. 중종 때 조광조가 처음 시행한 이후 전국적으로 확산되었는데, 향약의 보급으로 지방 사림의 지위가 강화되었으나, 지방 유력자가 주민을 수탈하는 배경을 제공하는 등 부작용도 존재하였다.

(4) 서원

서원은 선현을 제사하고 학문을 연구하는 교육 기관으로, 사림을 결집하는 역할을 하였다. 최초의 서원은 **중종 때 주세붕이 세운 백운동 서원**이었다. 백운동 서원은 이황이 건의하여 **소수 서원으로 사액**되었고, 이후 많은 서원이 지방에 설치되었다.

(5) 촌락의 농민 조직

두레는 공동 노동의 작업 공동체로 기능했으며, **향도**는 왜란 이후에 단순히 상여를 메는 사람인 상두꾼으로 잔존하게 되었다.

더 알아보기

오가작통제
서로 이웃하고 있는 다섯 집을 하나의 통으로 묶고, 여기에 통수를 두어 통을 관장하게 한 제도

 대표 기출문제

밑줄 친 '이들'에 해당하는 것은?   2022년 지방직 9급

> 이들의 과거 응시와 벼슬을 제한한 것은 우리나라의 옛 법이 아니다. 그런데 『경국대전』을 편찬한 뒤부터 이들을 금고(禁錮)하였으니, 아직 백 년이 채 되지 않았다. 또한 다른 나라에 이러한 법이 있다는 말은 듣지 못했다. 경대부(卿大夫)의 자식인데 오직 어머니가 첩이라는 이유만으로 대대로 이들의 벼슬길을 막아, 비록 훌륭한 재주와 쓸 만한 자질이 있어도 이를 발휘할 수 없게 하였으니, 참으로 안타깝다.

① 향리   ② 노비
③ 서얼   ④ 백정

③ 제시된 자료는 어숙권의 『패관잡기』의 내용이다. 서얼의 정치적 진출을 제한한 서얼금고법에 대해 비판하고 있다. 따라서 밑줄 친 '이들'은 서얼을 일컫는다. 양반의 첩에게서 태어난 서얼은 양반 정실의 자녀보다 차별을 받았다. 이들은 문과에 응시하는 것이 금지되었고, 관직 진출에도 제한이 있어 정3품까지만 승진할 수 있었다.

정답 ③

Theme
28

민족 문화의 융성

기출분석

구분	2008~2016	2017	2018	2019	2020	2021	2022	2023
국가 9급	• 전기 문화(2) • 회화 • 유네스코 문화	세종 때 문화(하)	• 혼일강리역 대국도지도 • 중종 때 문화 • 해외 견문록	서적 편찬(성종)	조선 전기 문화			
지방 9급	• 의궤 • 훈민정음 • 세종 때 문화 • 자기(2), 예술(2) • 유출 문화재	• 한양의 구조 • 의궤(하)		서적 편찬	• 덕수궁 • 유네스코 문화			
법원 9급	• 역사서(고려사) • 세종 때 문화 • 과학 기술	세종 때 문화					농서 편찬	

1 한글 창제

세종은 국가 통치 이념을 백성들에게 알리고 교화시키기 위해서 누구나 쉽게 배우고 쓸 수 있는 **훈민정음을 창제하여 반포**하였고, 이를 보급시키기 위하여 『용비어천가』, 『월인천강지곡』 등을 지어 한글로 간행하였다.

2 조선왕조실록

조선 시대에는 『태조실록』부터 『철종실록』까지 역대 왕의 실록이 편찬되었다. 한 국왕이 죽으면 다음 국왕 대 **춘추관을 중심으로 실록청을 설치**하고 **사초**와 각 관청의 문서를 모아 만든 **시정기** 등을 종합·정리하여 편년체로 편찬하였다. 실록은 **4대 사고**에 보관하였으나, 임진왜란 때에 전주 사고본을 제외하고 소실되어 광해군 때 전주사고를 바탕으로 **5대 사고**로 정비되었다.

3 역사서의 편찬

(1) 15세기

국가적 차원에서 왕조의 정통성에 대한 명분을 밝히고 성리학적 통치 규범을 정착시키기 위하여 역사서를 편찬하였다.

『고려국사』 (정도전)	고려 시대의 역사를 정리하고 조선 건국의 정당성을 밝힘

■ 훈민정음 언해본

더 알아보기

『용비어천가』	• 조선 창업 찬양 • 최초의 한글 노래
『월인천강지곡』	부처의 덕을 찬양
『석보상절』	부처(석가)의 일대기
『월인석보』	월인천강지곡+ 석보상절

『고려사』	• 기전체 사서로, 고려 시대의 문물을 정리함 • 고려 국왕들을 본기가 아닌 세가로 저술
『고려사절요』	편년체 사서로, 군주에게 교훈을 줄 목적으로 편찬됨
『삼국사절요』	편년체 사서로, 단군 조선으로부터 삼국의 멸망까지를 다룸
『동국통감』	편년체 통사로, 고조선~고려 말까지의 역사를 정리하여 단군을 민족의 시조로 인식함

기자 조선
단군 조선에 이어서 중국 은나라의 기자가 세웠다고 전해지는 나라. 현재에는 기자 조선을 부정하는 견해가 일반적이지만 조선 중기의 사림들은 기자가 고조선에 와서 교화를 베풀어 우리나라를 도덕 국가로 발전시켰다고 생각하여 기자 조선을 중시하였다.

(2) 16세기

사림의 존화주의적 역사의식을 반영하여 기자 조선을 중요하게 다루는 역사서들이 편찬되었다.

『기자실기』	기자를 공자와 같은 성인으로 추앙한 존화주의적 성격의 사서
『동국사략』	단군 조선~고려 말까지의 역사를 『동국통감』을 바탕으로 서술함

4 지도와 지리서의 편찬

조선 초기에는 중앙 집권과 국방의 강화를 위하여 지도와 지리지 편찬에 힘썼다.

혼일강리역대국도지도

현존하는 세계 지도 중 동양에서 가장 오래된 세계 지도이다.

혼일강리역대국도지도	태종 때 원나라 세계지도에 우리나라와 일본의 지도를 붙여 만듦
동국지도	세조 때 양성지·정척 등이 제작, 실측 지도
조선방역지도	16세기 명종 때 제작, 만주와 대마도를 우리 영토로 명기
신찬팔도지리지	전라도, 경상도 등 8도에 대해 기록
『세종실록지리지』	• 군현 단위로 연혁·인물·토지·호구 등 60여 항목을 기록 • 『신찬팔도지리지』를 압축
『동국여지승람』	군현의 연혁·인물·풍속·교통 등을 자세하게 수록
『신증동국여지승람』	중종 때 『동국여지승람』을 보충하여 편찬(현존)

5 법전과 윤리·의례서

법전으로는 『조선경국전』(정도전), 『경제육전』(조준) 등과 더불어 종합 성문 법전인 **『경국대전』**이 편찬되었다. 『경국대전』의 편찬은 조선 전기 문물제도의 완성을 의미한다.

유교적 질서를 확립하기 위하여 윤리와 의례 관련 서적이 편찬되었다.

15세기	『삼강행실도』 (세종)	모범이 될 만한 충신, 효자, 열녀 등의 행적을 그림으로 그리고 설명을 붙임
	『국조오례의』 (성종)	국가의 여러 행사에 필요한 의례를 정비
16세기	『이륜행실도』 (중종)	연장자·연소자, 친구 사이에 지켜야 할 윤리를 강조

6 천문 · 역법 · 의학 · 농서

(1) 천문

천체 관측 기구로 **혼의**와 **간의**를 제작하고, 시간 측정 기구인 **자격루**, **앙부일구** 등을 만들었다. 또한 세계 최초로 **측우기**를 만들었으며, 토지 측량 기구인 인지의와 규형을 제작하여 토지 측량과 지도 제작에 활용하였다. 태조 때에는 고구려의 천문도를 바탕으로 **천상열차분야지도**를 돌에 새겼다.

■ 혼의

■ 자격루

■ 앙부일구

■ 측우기

■ 천상열차분야지도

(2) 역법

세종 때 중국의 역법과 아라비아의 역법을 참고로 하여, 우리나라 **최초로 서울을 기준**으로 천체 운동을 정확하게 계산한 『**칠정산**』을 만들었다.

■ 칠정산

(3) 의학

『향약집성방』(세종)	우리 풍토에 맞는 약재와 치료 방법을 개발·정리
『의방유취』(세종)	동양 최대의 의학 백과사전

(4) 농서

『농사직설』(세종)	중국의 농서를 참고하여 우리 실정에 맞는 농업 기술을 정리
『금양잡록』(성종)	금양(지금의 시흥) 지방에서 직접 경험하고 들은 농사법을 정리

사료 『농사직설』

> 지금 우리 왕께서도 …… 여러 지방의 풍토가 같지 않아 심고 가꾸는 방법이 지방에 따라서 차이가 있기 때문에 옛 글의 내용과 모두 같을 수가 없었다. 이에 각도의 감사들에게 명령하시어, 주·현의 노농(老農)을 방문하여 그 땅에서 몸소 시험한 결과를 자세히 듣게 하시었다. …… 한 편의 책을 만들었다. ─『세종실록』

7 활자 인쇄술과 제지술

태종 때에는 **주자소**가 설치되었고 구리로 **계미자**를 주조하였다. 세종 때는 구리로 갑인자를 주조하였는데, 아름답고 인쇄에 편리하게 만들어졌다. 또한 밀랍 대신 **식자판**을 조립하는 방식이 창안되어 인쇄 능률이 높아졌다.

8 병서 편찬과 무기 제조

■ 화차 복원 모형

세종 때에는 화약 무기의 제작과 사용법을 정리한 『**총통등록**』이, 문종 때에는 전쟁사를 정리한 『**동국병감**』이 편찬되었다.

화약 무기의 제조에는 최해산(최무선의 아들)이 큰 활약을 하였다. 또한, 태종 때 거북선이 만들어졌다.

9 건축

(1) 15세기

조선 초기에는 궁궐, 관아, 성문, 학교 등이 건축의 중심이 되었다. 건국 초기에 도성을 건설하고, 경복궁, 창덕궁, 창경궁을 세웠다. 도성의 정문인 숭례문은 고려의 건축 기법과는 다른 조선 전기의 대표적인 건축물이다. 반면, 개성의 남대문과 평양의 보통문은 과도기적 형태를 보인다.

■ 원각사지 10층 석탑

■ 무위사 극락전

■ 해인사 장경판전

■ 숭례문

이밖에도 불교와 관련된 건축물로는 **무위사 극락전**, 팔만대장경이 보관되어 있는 **해인사 장경판전**, **원각사지 10층 석탑** 등이 있다.

(2) 16세기

사림의 확산과 함께 서원 건축이 활발해졌는데, 도산 서원과 옥산 서원이 대표적이다.

10 공예

■ 분청사기(15세기)

■ 순백자(16세기)

조선 전기 궁중이나 관청에서는 청자에 백토의 분을 칠한 **분청사기**를 사용하였다. **16세기부터는 백자**가 본격적으로 생산되면서 분청사기의 생산이 점차 줄어들었다.

11 그림과 글씨

(1) 그림

15세기에는 도화서에 소속된 화원의 그림과 선비의 그림이 많이 그려졌다. 화원 출신인 **안견**은 안평 대군이 꿈속에서 본 무릉도원을 묘사한 「**몽유도원도**」을 그려 현실 세계와 이상 세계를 조화롭게 구현하였다. 한편, 문인 화가인 **강희안**은 「**고사관수도**」에서는 과감한 필치로 인물의 내면세계를 표현하였다.

■ 고사관수도

■ 몽유도원도

이후 16세기에는 강한 필치의 산수화나 선비의 정신세계를 표현한 사군자, 노비 출신 화가인 **이상좌**의 「**송하보월도**」, 등이 대표적이다.

(2) 글씨

서예는 양반이라면 누구나 터득해야 할 필수 교양이었다. 안평 대군과 양사언, 한호 등이 뛰어난 명필로 널리 알려졌다.

■ 송화보월도 ■ 초충도

12 음악

세종은 **박연**에게 악기를 개량하거나 만들게 하였으며, 스스로 **여민락** 등 악곡을 짓고 **정간보**를 창안하여 아악을 궁중 음악으로 발전시켰다. 성종 때에는 성현이 음악의 원리와 역사까지 정리한 『**악학궤범**』을 편찬하였다.

악학궤범

정읍사, 동동, 처용가, 정과정 등의 노래가 한글로 수록되어 있다.

13 문학

(1) 15세기

왕조의 개창을 찬양하고, 질서와 격식을 중시하는 악장과 한문학을 편찬하였다.

악장	「용비어천가」(정인지 외)	조선 건국을 찬양하는 노래
시문선집	『동문선』(서거정)	역대 시문 가운데 뛰어난 것을 모음
시조	새 왕조를 찬양하거나 유교적 충절을 표현, 김종서·남이 등	
설화 문학	• 일정한 격식 없이 보고 들은 이야기를 기록 • 대표작 : 서거정의 『필원잡기』, 성현의 『용재총화』 등 • 이후 소설로 발전 ⇨ 김시습의 『금오신화』	

■ 한호의 글씨

사료 『동문선』 서문

> 우리 동방의 문(文)은 송(宋)과 원(元)의 문도 아니고 한(漢)과 당(唐)의 문도 아니며 바로 우리나라의 문입니다. …… 신 서거정 등에게 명해 제가(諸家)의 작품을 뽑아 한 질을 만들게 하셨습니다. 저희들은 전하의 위촉을 받아 삼국 시대로부터 지금에 이르기까지 시(詩), 부(賦), 사(辭), 문(文) 등 여러 문체를 수집하여 이 중 문장과 이치가 순정하여 교화에 도움이 되는 것을 취하고 분류하여 130권을 편찬해 올립니다.
>
> – 『동문선』

(2) 16세기

흥취를 중요하게 여기는 사림 문학이 주류가 되어 한시와 시조, 가사, 소설 등 다양한 형식의 문학 작품이 나타났다. 특히, 여류 문인도 등장하였다.

가사	정철의 「관동별곡」, 「사미인곡」, 「속미인곡」, 송순의 「면양정가」 등
시조	인간 본연의 감정 표현, 황진이의 시조, 윤선도의 「오우가」 등

대표 기출문제

밑줄 친 '왕'이 재위하던 시기에 편찬되지 않은 것은? 2017년 국가직 9급

> 지금 우리 왕께서도 밝은 가르침을 계승하시고 다스리는 도리를 도모하시어 더욱 백성들의 일에 뜻을 두셨다. 여러 지방의 풍토가 같지 않아 심고 가꾸는 방법이 지방에 따라서 차이가 있기 때문에 옛 글의 내용과 모두 같을 수가 없었다. 이에 각 도의 감사들에게 명령하시어, 주·현의 노농(老農)을 방문하여 그 땅에서 몸소 시험한 결과를 자세히 듣게 하시었다. 또 신 정초(鄭招)에게 명하시어 말의 순서를 보충케 하시고, 신 종부소윤 변효문(卞孝文) 등이 검토해 살피고 참고하게 하여, 그 중복된 것은 버리고 절실하고 중요한 것은 취해서 한 편의 책을 만들었다.

① 『의방유취』   ② 『향약채취월령』
③ 『향약집성방』   ④ 『향약제생집성방』

제시된 자료는 세종 때 편찬된 『농사직설』에 대한 내용이다. ④ 『향약제생집성방』은 조선 태조 때 향약의 의료 지식들을 모아서 편찬한 의서이다.

오답분석

①, ②, ③ 『의방유취』, 『향약채취월령』, 『향약집성방』은 세종 때 편찬된 의서들이다.

정답 ④

Theme 29 성리학의 발달과 불교 · 민간 신앙

기/출/분/석

구분	2008~2016	2017	2018	2019	2020	2021	2022	2023
국가 9급	• 이이 학파 • 이황		성리학					
지방 9급	• 학파와 학설 • 이황 • 이황 · 이이						이이	
법원 9급	• 이황 • 성학군주론				이황			

1 성리학의 융성

(1) 조선 성리학의 선구자

15세기 사상을 주도한 관학파는 성리학에만 국한하지 않고 다양한 사상을 포용하여 문물제도를 정비하고 부국강병을 추진하였다. 반면 **성종 때 이후 본격적으로 등장한 사학파**는 성리학적 이념과 제도의 실천으로 사회 모순을 극복하려 하였다.

서경덕은 이보다는 기를 중심으로 세계를 이해하였고, **조식**은 학문의 실천성을 특히 강조하였으며, 이 둘은 불교와 노장사상에 개방적이었다. **이언적**은 기보다는 이를 중심으로 자신의 이론을 전개하였다.

(2) 이황과 이이

이황은 도덕적 행위의 근거로서 인간의 심성을 중시하였으며, 근본적이고 이상주의적 성격이 강하였다. 이황의 사상은 임진왜란 이후 일본에 전해져 **일본 성리학 발전에 기여**하였으며, 이후 **영남학파를 형성**하였다. 주요 저서로는 『**성학십도**』, 『**주자서절요**』가 있다.

이이는 현실적이고 개혁적인 성격을 띠었으며, 16세기 조선 사회의 모순을 극복하기 위해 다양한 개혁 방안을 제시하였다. 이후 **기호학파를 형성**하였으며, 『**성학집요**』, 『**동호문답**』이 대표적인 저서이다.

더 알아보기

이(理)와 기(氣)

기는 만물을 구성하는 요소이며, 이는 만물의 존재와 관련된 법칙이자 이치이다. 이러한 이와 기를 통해 우주의 모든 현상이 나타나는데, 이와 기의 관계를 어떻게 이해하느냐에 따라 여러 논쟁이 벌어졌다.

■ 이황

■ 이이

2 학파의 형성

선조 때 사림들이 중앙 정계의 주도 세력으로 등장함에 따라 이러한 **학파를 기반으로 정파가 형성**되었다. 그리하여 **이황 학파와 서경덕 학파, 조식 학파가 동인을 형성**하였고, **이이 학파와 성혼 학파가 서인을 형성**하게 되었다.

3 불교

성리학이 정치의 주도 이념으로 자리 잡으며 **불교는 크게 위축**되었다. 세조 때에는 **간경도감**을 설치하여 불교 경전을 한글로 번역·간행했으며, 원각사·원각사지 10층 석탑을 건립하는 불교 진흥책을 펼쳤다. 그러나 성종 이후 사림의 비판으로 불교는 점차 위축되어 산중 불교로 바뀌었다.

4 도교와 민간신앙

(1) 도교

제천 행사가 국가의 권위를 높이는 점이 인정되어 **소격서**를 설치하고, 참성단에서 일월성신에 제사를 지내는 **초제**가 시행되었다. 하지만 16세기 중종 때에는 **조광조의 건의**로 소격서가 폐지되고 제천 행사도 중단되었다.

(2) 민간 신앙

조선 초기 이래, 풍수지리설과 도참사상이 중요시되어 한양 천도에 반영되었으며, 양반 사대부의 묘지 선정에도 작용하였다.

대표 기출문제

밑줄 친 '그'에 대한 설명으로 가장 옳은 것은? 2020년 법원직 9급

> 그의 사상은 사림이 구체제를 비판하고 훈척과 투쟁하던 시기를 바탕으로 하고 있다. 또한 왕 스스로가 인격과 학식을 수양하기 위해 부단히 노력해야 한다는 점을 강조하였다. 그의 사상이 일본에 전파되면서 일본에서는 그를 '동방의 주자'라고 부르기도 하였다.

① 기호학파를 형성하였다.
② 강화학파를 형성하였다.
③ 『성학집요』를 저술하였다.
④ 『성학십도』를 저술하였다.

제시된 자료의 밑줄 친 '그'는 조선의 성리학자인 이황을 일컫는다. ④ 이황은 『성학십도』를 저술하여 군주 스스로가 성학을 따를 것을 제시하였다.

오답분석
① 이이의 학통은 조헌, 김장생 등으로 이어져서 기호학파를 형성하였다. ② 정제두에 대한 설명이다. ③ 이이는 『성학집요』를 통해 현명한 신하가 성학을 군주에게 가르쳐 그 기질을 변화시켜야 한다고 주장하였다.

정답 ④

MEMO

시작!
노범석
한국사

30 통치 체제의 변화

31 붕당 정치의 변질과 탕평 정치(+세도정치)

32 조선 후기의 경제

33 조선 후기의 사회

34 성리학의 변화와 실학의 발달

35 과학 기술의 발달과 문화의 새경향

PART

05

근대 사회의 태동

Theme 30 통치 체제의 변화

구분	2008~2016	2017	2018	2019	2020	2021	2022	2023
국가 9급	정치 구조의 변화							
지방 9급	군사 제도							
법원 9급	비변사		훈련도감					

1 조선 후기, 중앙 정치 제도의 변화 ✿

비변사는 여진족과 왜구의 침략에 대비하고 국방 문제를 논의하기 위한 **임시 회의 기구**로, 16세기 **중종 때 삼포왜란**을 계기로 처음 설치되었다. 이후 명종 때 을묘왜변을 계기로 **상설 기구**가 되었다. 비변사는 주로 국방 문제를 논의하는 기구였으나, **임진왜란**을 거치면서 군사 문제뿐 아니라 외교·재정·사회·인사 문제 등 **거의 모든 정무를 총괄했으며, 구성원도 3정승을 비롯한 문무 고위 관원으로 확대**되었다. 이와 같이 비변사의 기능이 강화되자, **의정부와 6조 중심의 행정 체계는 유명무실**해졌으며 왕권 또한 약해졌다. 또한, 공론을 이끌던 3사의 언론 기능도 변질되어 자신이 속한 **붕당의 이해 관계를 대변**하였다.

2 조선 후기, 군사 제도의 개편

(1) 중앙군(5군영)

임진왜란(선조) 때 왜군의 조총에 대항하기 위하여 **포수, 사수, 살수**의 삼수병으로 편제된 훈련도감을 창설하였다. 이들은 장기간 근무를 하고 일정한 급료를 받는 **상비군**으로서, 직업 군인의 성격을 가졌다.

인조 때 북한산성을 중심으로 **총융청**을 설치하여 수도 외곽을 경비했으며, 남한산성 일대의 방어를 위해 **수어청**을 두었다. 효종 때 **어영청**(인조 때 어영군)을 확대·강화하여 이를 중심으로 북벌을 추진하였다. 숙종 때 국왕을 호위하고 수도를 방위하는 **금위영**이 설치되어 17세기 말 **5군영 체제**가 갖추어졌다.

(2) 지방군

임진왜란 때 제승방략 체제가 효과를 거두지 못하자, 선조는 유성룡의 건의에 따라 다시 **진관 체제로 복구**하였고, 속오법에 따라 군대를 편제하여 **속오군 체제를 정비**하였다. 속오군은 위로는 양반에서부터 아래로는 노비에 이르기까지 편제되었다. 그러나 노비와 함께 속오군에 편제되는 것을 기피하는 양반들 때문에 점차 상민과 노비들만 남게 되었다.

5군영

훈련도감	포수, 사수, 살수의 삼수병 수도의 수비·방어
어영청	북벌의 본영
총융청 수어청	수도 외곽의 수비·방어
금위영	국왕 호위·수도 방어

조선 후기의 군제 개편
- 중앙군: 5위 ⇨ 5군영 체제
- 지방군: 진관 체제 + 속오군 체제

붕당 정치의 변질과 탕평 정치(+세도정치)

기/출/분/석

구분	2008~2016	2017	2018	2019	2020	2021	2022	2023
국가 9급	• 영조(4) • 정조(2) • 세도정치(3) • 통신사		정조	영조				붕당 정치
지방 9급	• 숙종 • 탕평 정치(8) • 세도정치 • 대외 관계				숙종	정조	영조	
법원 9급	• 숙종(3) • 영조(3) • 정조(2) • 북벌 운동			정조	영조	환국·탕평 정치	영·정조	

해/법/요/람

붕당 정치의 변질

1 붕당 정치의 변질과 환국

숙종 때에 이르러 정국을 주도하는 붕당과 견제하는 붕당이 서로 교체됨에 따라 **정국이 급격하게 전환되는 환국**이 나타나기 시작하였다. 이로 인해 특정 붕당이 정권을 독점하는 **일당 전제화의 추세가 대두**되었다.

2 숙종 때의 정치 상황(+환국) ✨

(1) 경신환국 *남인의 영수 허적이 왕실 물품을 멋대로 씀*

유악 사건과 남인 역모 사건(허적의 서자인 허견이 왕족들과 역모 도모)을 계기로 서인은 남인을 역모로 몰아 다수의 남인을 숙청하고, **서인 정권을 수립**하였다. 이 사건을 계기로 서인은 강경파 **노론(송시열)**과 온건파 **소론(윤증)**으로 분열되었다.

(2) 기사환국

숙종이 희빈 장씨가 낳은 아들인 윤(이후 경종)을 세자로 책봉하는 과정에서 송시열을 비롯한 서인(노론)이 반대하였다. 이에 서인(노론)의 핵심 인물들이 처형되고 **남인이 재집권**하였다. 또한 이후 인현 왕후 민씨(서인 집안)가 폐위되고, 희빈 장씨(남인과 연결)가 왕비로 책봉되었다.

(3) 갑술환국

노론(서인)이 **폐비 민씨 복위 운동**을 일으키자, 남인이 이를 탄압하려다가 오히려 화를 입었다. 남인은 몰락했으며 **서인(노론과 소론)이 재집권**하였다.

(4) 주요 대내 정책

대동법을 전국으로 확대·실시했으며 삼남 지방에 대한 양전 사업을 완료하였다. 또한 **상평통보**를 법화로 제정하고 전국적으로 유통시켰다.

(5) 주요 대외 정책

안용복 사건을 계기로 일본과 울릉도 귀속 문제를 확정했으며, 백두산 아래에 정계비를 세워 청나라와의 국경선으로 삼았다.

더 알아보기

무고의 옥
갑술환국 이후 희빈 장씨가 궁인들과 무당을 시켜 인현 왕후를 저주한 사실이 드러나 희빈 장씨와 무녀들이 처형되었다. 이후 숙종은 장씨 및 남인에게 우호적이었던 소론을 축출하고 노론을 중용하였다.

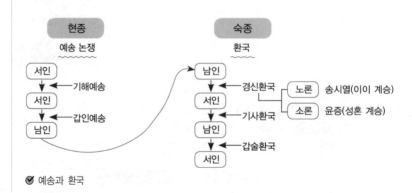

✔ 예송과 환국

3 탕평 정치의 배경

환국 등 붕당 정치가 변질되면서 정치 집단 간의 세력 균형이 무너졌으며 왕권도 불안해졌다. 이에 강력한 왕권을 토대로 국왕이 정치의 중심에 서서 **세력의 균형을 유지**하려는 **탕평론**이 숙종 때 처음 제기되었으며, 영·정조 때 본격적으로 구현되었다.

4 영조(1724~1776)의 주요 정책 ✦ ✦

(1) 영조의 탕평책(완론탕평)

영조는 당파의 시비를 가리지 않고 **어느 당파든 온건하고 타협적인 인물을** 등용하여 왕권에 안정시키는 데 힘썼는데, 이를 **완론탕평**이라 한다. 또한 붕당의 뿌리를 제거하기 위하여 **산림의 존재를 인정하지 않았고**, 그들의 본거지인 **서원을 대폭 정리**하였다. 이와 더불어 3사와 이조전랑의 역할을 바로 잡기 위해, **이조전랑의 통청권과 자천권(정조 때 완전히 폐지됨)**을 없앴다.

> **사료** 영조의 탕평교서
>
> 붕당의 폐해가 요즈음보다 심각한 적이 없었다. 처음에는 예절 문제로 분쟁이 일어나더니, 이제는 한쪽이 다른 쪽을 역적으로 몰아붙이고 있다. … 근래에 들어 인재를 등용할 때 같은 붕당의 인사들만 등용하고자 하며, … 관리의 임용을 담당하는 관리들은 탕평의 정신을 잘 받들어 직무를 수행하도록 하라.
> － 『영조실록』

(2) 주요 정책

군역의 부담을 완화하기 위해 **군포를 1필로 줄였다**(⇨ **균역법**). 가혹한 형벌을 완화하고 사형수에 대한 **삼심제**를 엄격하게 시행하였으며, **신문고를 부활**시켜 일반 백성의 여론을 정치에 반영하고자 하였다. 서울 시민의 자발적인 협조를 얻어 **청계천 준설** 사업을 실시했으며, 수도 방위 체제를 정비하여 훈련도감·금위영·어영청이 도성을 나누어 방위하도록 하였다(수성윤음). 한편, 양인의 수를 늘리기 위해 **노비종모법**을 실시하여 새로 태어나는 노비의 신분은 어머니의 신분을 따르도록 하였다.

(3) 주요 편찬 사업

『속대전』	『경국대전』 이후의 법전을 모아 재정리, 변화된 사회상 반영
『속오례의』	성종 때 편찬한 『국조오례의』를 보완, 조선 후기 왕실의 각종 의례를 정리
『동국문헌비고』	최초의 관찬 한국학 백과사전, 조선의 문물 제도를 분류·정리

탕평비의 내용
"두루 하면서 무리 짓지 않은 것이 곧 군자의 공심이고, 무리 짓고 두루 하지 않는 것은 바로 소인의 사심이다."

통천권과 자천권
통천권은 삼사가 행사한 당하관 이하 관직에 대한 인사 추천권이고, 자천권은 이조전랑이 자신의 후임자를 추천할 수 있도록 한 권리이다.

임오화변
영조가 왕세자인 사도 세자를 뒤주에 가두어 죽인 사건이다. 이를 계기로 정국이 벽파(강경파)와 시파(사도세자 동정)로 분열되었다.

PART 05

■ 정조

5 정조(1776~1800)의 주요 정책 ✦✦

(1) 정조의 탕평책(준론탕평)

정조는 당파의 옳고 그름을 명백히 가리는 적극적인 **준론탕평**을 추진하였다. 정조는 영조 때에 세력을 키워온 척신과 환관 등을 제거하였으며, 그동안 권력에서 배제되었던 **소론과 남인 계열을 중용**하였다.

(2) 왕권 강화

정조는 창덕궁 안에 **규장각**을 세우고 수만 권의 서적을 수집했으며, 젊은 학자들을 학사로 발탁(**박제가와 유득공** 등 서얼 출신들을 **규장각 검서관으로 임용**)하여 문한, 국왕의 비서실, 과거 시험 주관 등 여러 임무를 부여하였다. 신진 인물이나 중·하급 관리 중 유능한 인사를 재교육하는 **초계문신 제도를 실시**했으며, **친위 부대인 장용영**을 설치하여 왕권을 뒷받침하는 군사적 기반으로 삼았다. 또한, **수령이 군현 단위의 향약을 직접 주관**하게 하여 지방 사림의 영향력을 줄이고 수령의 권한을 강화하였다.

(3) 경제·사회 정책

육의전을 제외한 **시전 상인의 금난전권을 폐지**(⇨ **신해통공**)했으며, 공장안을 폐지하여 수공업자들이 자유롭게 제품을 생산할 수 있게 하였다.

(4) 화성 축조

정조는 수원으로 아버지인 사도 세자의 묘를 옮겨 '현륭원'이라 칭하고, 이 근방에 새로운 성곽 도시로 **화성**을 건설하였다. 정조는 화성을 종합 도시로 계획하고 정치적·경제적·군사적 기능을 부여했는데, 이는 정조의 정치적 이상을 반영한 것이었다.

(5) 주요 편찬 사업

『대전통편』	『속대전』 이후 통치 체제 정비
『무예도보통지』	무예 훈련 교범서
『일성록』	국왕의 동정과 국정 기록

■ 일성록

영조	정조
완론탕평	준론탕평
• 탕평파 육성 • 서원 철폐 • 이조전랑 약화 • 균역법 시행	• 규장각 설치 • 장용영 설치 • 수원 화성 축조 • 신해통공 제정

✔ 영조와 정조의 탕평책

6 세도 정치의 전개

영·정조의 탕평 정치는 강력한 왕권을 통해 붕당 사이의 다툼을 일시적으로 억누른 것에 불과했다. 결국 정조의 뒤를 이어 어린 나이의 순조가 즉위하자, 국왕이 아닌 왕실 외척에게 권력이 집중되어 **세도 정치**라는 파행적 정치 형태가 등장했으며, 3대 60여 년 동안 안동 김씨나 풍양 조씨와 같은 **왕의 외척 세력이 권력을 행사**했다.

(1) 순조(1800~1834)

순조가 11세의 나이로 즉위하자 대왕대비였던 정순왕후가 수렴청정을 했으며, 정순왕후 세력인 **노론 벽파**가 정국을 주도하였다. 이들은 **신유박해**를 일으켜 정조가 중용했던 **남인들을 제거**했으며, 장용영을 혁파하고 훈련도감을 강화하였다. 이후 순종이 친정을 하면서 순조의 장인 김조순을 비롯한 **안동 김씨**에게 권력이 넘어가 **세도 정치가 시작**되었다.

(2) 헌종(1834~1849)

순조의 아들인 효명 세자의 아들로, 8살의 어린 나이로 왕위에 올랐다. 이에 그 외척인 **풍양 조씨 가문**이 득세하였다.

(3) 철종(1849~1863)

헌종이 후사 없이 죽자 몰락 왕족인 **철종(강화도령)**이 왕이 되었다. 안동 김씨 김문근의 딸이 철종의 왕비가 되면서 다시 **안동 김씨**의 손에 정권이 넘어갔다. 이러한 세도 정치는 흥선 대원군이 정국을 주도하기 전까지 계속되었다.

7 청과의 관계

(1) 북벌론의 대두

병자호란 이후 조선은 청에 대하여 표면상 사대 관계를 맺고 교역을 했으나 여전히 청에 대한 적개심이 남아있었다. 이에 **효종**은 북벌 운동을 추진하여 **송시열**·이완 등을 중용하고, **어영청**을 강화하였다. **숙종** 재위 초반에는 윤휴 등 남인을 중심으로 다시 **북벌 운동이 제기**되었으나, 점차 퇴조하였다.

(2) 북학론의 대두

조선 후기에 들어와 청나라는 국력을 크게 키웠으며, 문화 국가로서의 면모까지 갖추었다. 이러한 사정은 청에 다녀온 조선 사신들을 통해 소개되었고, 청을 무조건 배척하지 말고 이로운 것은 적극적으로 배우자는 **북학론이 대두**되었다.

더 알아보기

신유박해
순조 즉위 직후인 1801년에 일어난 천주교 박해로, 남인 및 시파 계열을 탄압하기 위함이었다. 이에 따라 이승훈·이가환 등 남인들이 사형되고, 정약용·정약전 등이 유배형을 당하였다.

■ 백두산정계비의 위치

(3) 청과의 국경 문제

청은 그들의 본거지였던 만주 지방을 성역화하였는데, 우리나라 사람들의 일부가 두만강을 건너 인삼을 캐거나 사냥을 하는 경우가 있었기 때문에 **청과 국경 분쟁**이 일어났다. 이에 조선과 청의 두 나라 대표가 백두산 일대를 답사하고 국경을 확정하여 정계비를 세웠다. **백두산정계비**(1712)에서 양국 간의 국경은 **서쪽으로는 압록강, 동쪽으로는 토문강**을 경계로 한다고 하였다. 19세기 말에 이르러 토문강의 위치에 대한 해석상의 차이로 인해 두 나라 사이에 간도 귀속 문제가 발생하였다.

8 일본과의 관계

(1) 국교 재개

임진왜란 이후 조선은 일본과의 외교 관계를 끊었으나, 에도 막부가 조선에 국교 재개를 요청하였다. 이에 따라 조선은 일본과 **기유약조**(1609, 광해군 1년)를 맺어 부산포에 다시 왜관을 설치하고, 제한된 범위의 교역을 허용하였다.

(2) 통신사 파견

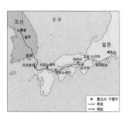

■ 통신사의 행로

일본은 조선의 선진 문화를 받아들이고, 에도 막부의 권위를 국제적으로 인정받기 위하여 **조선에 사절의 파견을 요청**해 왔다. 이에 조선은 1607년부터 1811년까지 12회에 걸쳐 일본에 **통신사**를 파견하였다. 통신사는 외교 사절로서 뿐만 아니라 **조선의 선진 문화를 일본에 전파**하는 역할을 하였다. 그러나 1811년 순조 때의 통신사 파견을 마지막으로 일본과의 교류는 중단되었다.

■ 통신사 행렬도

(3) 울릉도와 독도

울릉도와 독도는 삼국 시대 이래 우리의 영토였으나, 일본 어민들이 자주 이곳을 침범하여 충돌이 빚어졌다. **숙종 때 안용복**은 울릉도에 출몰하는 일본 어민들을 쫓아내고, 일본에 건너가 **울릉도와 독도가 조선의 영토임을 확인**받고 돌아왔다. 이후 19세기 말, 조선 정부는 적극적으로 울릉도 경영에 나서 울릉도에 군을 설치하고 관리를 파견했으며, 주민의 이주를 장려하였다.

🔍 **대표 기출문제**

제시된 정책들은 영조 때 실시되었다. ③ 영조는 붕당을 약화시키기 위해서 공론의 주재자로 인식되던 산림의 존재를 인정하지 않았으며, 그들의 본거지인 서원을 대폭 정리하였다.

오답분석
① 정조가 실시한 정책이다.
② 삼정이정청은 철종 때 설치되었다. ④ 흥선 대원군이 실시한 사회 정책이다.

정답 ③

다음 정책을 시행한 왕에 대한 설명으로 옳은 것은?　　　2016년 지방직 9급

- 『속대전』을 편찬하여 법령을 정비하였다.
- 사형수에 대한 삼복법(三覆法)을 엄격하게 시행하였다.
- 신문고 제도를 부활시켜 백성들의 억울함을 풀어주고자 하였다.

① 신해통공을 단행해 상업 활동의 자유를 확대하였다.
② 삼정이정청을 설치해 농민의 불만을 해결하려 하였다.
③ 붕당의 폐단을 제거하기 위해 서원을 대폭 정리하였다.
④ 환곡제를 면민이 공동출자하여 운영하는 사창제로 전환하였다.

조선 후기의 경제

구분	2008~2016	2017	2018	2019	2020	2021	2022	2023
국가 9급	• 대동법(2) • 양난 이후 경제	도결(하)				대외 무역		대동법
지방 9급	• 대동법(3) • 경제 정책(3) • 무역 • 화폐	균역법						
법원 9급	• 영정법 • 대동법(3) • 균역법 • 수취 제도(3) • 경제 상황(5)	경제 상황	• 대동법 • 이앙법	• 대동법 • 19세기 경제		경제 상황		

🔎 조선 후기의 수취 제도

전세	영정법	풍흉에 관계없이 토지 1결당 4두
역	균역법	1년에 1필 + 결작, 선무군관포, 선박세, 어장세, 염세 등
공납	대동법	토지 1결당 12두, 쌀·삼베·목면·동전 등으로 납부

1 영정법(인조, 1635)

15세기 말부터 연분 9등법이 유명무실화되어 대체로 4~6두를 징수하였다. 이에 정부는 풍흉에 관계없이 전세를 **토지 1결당 미곡 4두**로 고정시켰다(**영정법**). 전세의 비율이 이전보다 다소 낮아졌으나, 농민의 대다수는 소작농이라서 별 도움이 되지 못했다. 오히려 전세를 납부할 때 여러 명목의 부가세가 부과되어 농민의 경제적 부담이 증가하였다.

2 대동법(광해군, 1608) ✦

(1) 대동법의 시행

방납의 폐단을 시정하기 위해 정부는 **선혜청**을 설치하고 **대동법**을 실시하였다. 집집마다 토산물을 징수하던 공물을 **토지의 결수**에 따라 쌀, 삼베나 무명 등으로 납부하게한 제도로, **토지 1결당 미곡 12두**를 거두었다. 광해군 때 이원익의 건의로 **경기도에서 시범적으로 시행**된 이후 점차 확대하여 숙종 때 함경도와 평안도를 제외한 전국에 적용되었다.

영정법 실시와 농민 부담
영정법 실시 후 전세를 납부할 때에 수수료와 운송비, 자연 소모에 대한 보충비 등이 함께 부과되었는데, 그 액수가 전세액보다 훨씬 많을 때도 있었다.

■ 대동세의 징수와 운송

더 알아보기

군역의 폐단

인징	이웃에게 대신 부과
족징	친척에게 대신 부과
백골 징포	죽은 사람에게 군포를 부과
황구 첨정	어린아이에게 군포를 부과
강년채	노인에게 군포를 부과
마감채	면제 예정자에게 미리 몰아서 징수

(2) 대동법의 결과

공물을 토지 결수에 따라 토지 소유자에게 부과하여 가호 단위의 **공납이 전세화**되는 결과를 가져왔다. 또한 현물 대신에 쌀, 삼베, 무명, 동전 등으로 납부하게 함으로써 화폐 유통을 촉진시켰다.

대동법이 실시되면서 **공인이라는 어용상인**이 등장하여 관청에서 공가를 미리 받아 물품을 사서 납부하였다. 농민은 대동세를 내기 위하여 토산물을 시장에 내다 팔아 쌀, 베, 돈을 마련하였다. 그리하여 **상품 화폐 경제가 한층 발전**하였다.

3 균역법(영조, 1750)

영조 때 **균역법**이 제정되어 양인 장정이 1년에 내는 **군포를 2필에서 1필로 줄였다.** 이에 따라 감소된 재정은 지주에게 **결작**이라고 하여 토지 1결당 미곡 2두를 부담시켰으며, 선무군관세라는 명목으로 군포 1필을 징수하였다. 또한 어장세, 선박세, 염세 등의 **잡세**를 거두어 보충하게 하였다. 그러나 지주가 결작의 부담을 농민에게 돌리고, 군적 문란이 심해지면서 농민의 부담은 다시 커졌다.

4 농민 경제의 변화

(1) 농업 기술 발달✿

조선 후기에는 수리 시설이 확충되어 **모내기법**이 전국적으로 확대되었다. **벼와 보리의 이모작**이 가능해졌고, 단위 면적당 생산량이 증가하였다. 또한, 모내기법으로 잡초를 제거하는 일손을 덜게 되자, 적은 노동력으로 **넓은 토지를 경영하는 광작**으로 경영형 부농이 대두되었다.

(2) 상품 작물과 구황 작물 재배

인삼, 담배, 채소 등을 재배하는 **상업적 농업이 발달**하였다. 특히 **쌀의 상품화**가 활발하여 장시에서 많이 거래되자 밭을 논으로 바꾸는 경우가 많아졌다. 또한 **고구마와 감자** 같은 새로운 작물이 재배되기 시작하였다.

(3) 지주 전호제의 확산

토지를 소작 농민에게 빌려주고 소작료를 받는 지주 전호제가 18세기 말에 들어와 일반화되었다.

(4) 지대의 변화

소작 농민은 좀 더 유리한 경작 조건을 얻기 위해 지주에게 대항하였다. 그 결과 일부 지역에서 수확량의 반을 내던 타조법 대신 해마다 일정한 소작료를 납부하는 도조법이 실시되었다.

더 알아보기

지대의 형태
• 타조법 : 일정 비율로 소작료를 내는 방식이다.
• 도조법 : 일정 액수를 소작료로 내는 방식이다(정액 지대).

5 민영 수공업의 발달

상품 화폐 경제가 진전되면서 시장 판매를 위한 수공업 제품의 생산이 활발해졌다. 이 시기에는 상인이 **원료와 자금을 수공업자에게 미리 지급**하고 생산된 물품을 사들이는 **선대제** 수공업이 유행하였다. 또 기술이 뛰어난 수공업자들 중 일부는 독자적으로 제품을 생산·판매하기도 하였다.

6 민영 광산의 증가

광산은 본래 정부가 독점하여 필요한 광물을 채굴하였으나, 17세기 중엽부터는 민간인에게 광산 경영을 맡기고 대신 세금을 거두었다(설점수세제). 조선 후기의 광산 경영은 **경영 전문가인 덕대**가 **상인 물주**에게 자본을 조달받아 채굴업자와 채굴 노동자, 제련 노동자 등을 고용하여 광물을 채굴하고 제련하는 것이 일반적이었다. 한편, 광산의 개발은 이득이 많았기 때문에 **몰래 채굴하는 잠채**가 성행하였다.

광업의 발전

15세기	국가가 직접 경영
16세기	부역제 해이
17세기	설점 수세제
18세기 후반	잠채의 성행

■ 대장간(김홍도)

7 사상의 대두

조선 후기의 상업은 처음에는 **공인**이 주도하였다. 대동법이 실시되면서 나타난 어용 상인인 공인은 **관청에 납부**하는 특정 물품을 대량으로 취급하여, **독점적인 도매 상인인 도고로 성장**할 수 있었다.

한편 **난전**이라 불리는 사상이 성장하자 시전 상인들이 난전을 금지하는 금난전권으로 이들을 억압하였다. 이에 정조는 **신해통공**을 내려 육의전을 제외한 나머지 시전 상인의 금난전권을 철폐하고 사상들의 자유로운 상업 활동을 보장하였다. 18세기 이후에는 **사상**이 서울을 비롯한 각지에서 활발한 활동을 하였다.

사상의 활동
각 지방의 장시를 연결하면서 물품을 거래하고, 각지에 지점을 두어 상권을 확장하였다.

구분	중앙	지방
관허 상인	시전 상인, 공인	보부상
사상	종루·이현·칠패 등 난전의 상인	개성의 송상(인삼 판매), 의주의 만상(대중국 무역), 동래의 내상(대일본 무역), 경강상인(운송업), 객주 무역·여각 등

장시의 발달
조선 후기에 전국으로 확산되어 지방민의 교역 장소가 되었다. 장시는 대개 상설 시장이 되거나 인근 장시와 연계되어 하나의 지역 시장권을 형성하였다.

8 포구의 발달

조선 후기, 새로운 상업 중심지가 된 **포구**의 거래 규모는 장시보다 훨씬 컸다. 18세기에 이르러 포구를 거점으로 **선상, 객주, 여각** 등이 활발한 상행위를 하였다. 객주나 여각은 상품의 매매를 중개하고, **운송·보관·숙박·금융** 등의 영업도 하였다.

www.pmg.co.kr

전황

동전의 발행량이 상당히 늘어 났음에도 시중에 제대로 유통 되지 않아 생긴 동전 부족 현상 이다. 이는 지주나 대상인들이 화폐를 재산 축적에 이용했기 때문이다. 이에 따라 화폐 가치 가 상승하고 물가는 하락하여 서민 경제는 더욱 어려워졌다.

■ 상평통보

■ 조선 후기의 상업과 무역 활동

9 화폐의 보급

인조 때 **상평통보**를 주조하고, 숙종 때 이를 법화로 제정하고 널리 유통시켰다. 이에 18세기 후반부터는 **세금**과 **소작료**도 동전으로 납부할 수 있었다. 지주나 대상인들은 화폐를 **고리대나 재산 축적에 이용**하였다. 이 때문에 시중에서는 **동전 부족 현상**이 나타났다(전황). 한편, 상품 화폐 경제가 발달하면서 **환, 어음 등의 신용 화폐**가 점차 보급되었다.

10 대외 무역의 발달

17세기 중엽부터 국경 지대를 중심으로 **청과의 무역**이 활발해졌다. 한편, 17세기 이후로 일본과의 관계가 점차 정상화되면서 **왜관 개시를 통한 대일 무역**이 활발하게 이루어졌다.

대표 기출문제

제시된 자료는 대동법 실시와 관련된 내용이다. ② 균역법과 관련된 내용이다.

[오답분석]

① 대동법의 실시에 따라 농민 은 대동세를 내기 위하여 토 산물을 시장에 내다 팔아 쌀, 베, 동전을 마련하였다. 이에 따라 유통 경제가 활성화되어 장시의 확대에도 기여하였다. ③, ④ 대동법에 대한 설명이다.

[정답] ②

(가)에 대한 설명으로 옳지 않은 것은?   2023년 국가직 9급

임진왜란 이후에 우의정 유성룡도 역시 미곡을 거두는 것이 편리하다고 주장하였으나, 일이 성취되지 못하였다. 1608년에 이르러 좌의정 이원익의 건의로 (가)을/를 비로소 시행하여, 민결(民結)에서 미곡을 거두어 서울로 옮기게 하였다.   ─『만기요람』─

① 장시의 확대에 기여하였다.
② 지주에게 결작을 부과하였다.
③ 공납의 폐단을 막기 위해 실시하였다.
④ 공인에게 비용을 지급하고 필요 물품을 조달하였다.

Theme 33 조선 후기의 사회

구분	2008~2016	2017	2018	2019	2020	2021	2022	2023
국가 9급	• 신분 제도(2) • 가족 제도 • 향촌 사회(2)	가족 제도(하)			• 신분 제도 • 향촌 사회 변화			
지방 9급	• 신분 제도(2) • 조선 후기 사회(4)							
법원 9급	• 신분 제도(2) • 조선후기사회(4) • 천주교(2) • 민란(3)		조선 후기 사회		조선 후기 사회(2)			

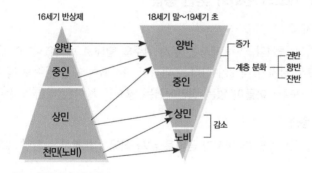

☑ 조선 후기의 신분제 동요

1 신분제의 동요

(1) 양반 계층의 분화

경신환국 이후 한 붕당이 권력을 독점하는 **일당 전제화**가 전개되었다. 이 과정에서 권력을 잡은 일부 양반(권반)을 제외한 다수의 양반은 **향반, 잔반 등으로 몰락**하였다.

양반층의 분화
• **권반**: 권력을 잡은 일부 양반
• **향반**: 정권에서 밀려나 향촌 사회에서 겨우 위세를 유지
• **잔반**: 농민과 비슷한 삶

더 알아보기
공명첩

받는 사람의 이름란이 비어 있는 관직 임명장으로, 곡식을 바친 사람에게 실제 관직이 아닌 명예직을 주었다.

더 알아보기
납속책

곡물을 나라에 바치면 그 대가로 벼슬을 주거나 면역 또는 면천하게 해준 정책이다.

더 알아보기
매향

부농층이 수령과 결탁하여 향안에 이름을 올리고 좌수, 별감 등의 향임직을 매입하는 것이다.

더 알아보기
천주교의 전파

17세기에 중국으로 갔던 사신들에 의해 '서학'으로 소개되었다. 이후 18세기 후반에 일부 남인들에 의해 '신앙'으로 받아들여졌다.

---

(2) 중간 계층의 신분 상승 운동 ✯

전란 이후 정부는 납속책 실시, 공명첩 발급을 통해 재정을 보충하였다. 서얼과 중인은 이를 이용하여 관직에 진출하였다. **서얼**은 여러 차례의 집단 상소를 올려 청요직 진출을 요구했으며, 마침내 **철종** 때의 **신해허통**(1851)에 따라 완전한 청요직 허통이 이루어졌다. 중인들도 소청 운동을 벌였으나, 실패하였다.

(3) 농민층의 분화

조선 후기에 일부 농민은 **부농으로 성장**하였으나, 대부분의 농민은 오히려 소작지를 잃고 **임노동자로 전락**하였다.

(4) 노비의 신분 변화

조선 후기에 노비는 군공이나 납속 등을 통하여 신분을 상승시킬 수 있었다. 18세기 후반 **순조** 때에는 중앙 관서의 **공노비 6만 6,000여 명을 해방**시켰다. 이후 **갑오개혁 때 신분제의 폐지**로 노비제는 완전히 사라졌다.

2 가족 제도의 변화와 혼인 풍습

(1) 가족 제도

조선 후기에 들어와 가족 제도는 **부계 위주의 형태**로 변하였다. 이에 따라 제사는 반드시 장자가 지내야 한다는 의식이 확산되어 재산 상속도 장자 위주로 바뀌었다. 또한, **아들이 없는 집안에서는 양자**를 들이는 것이 일반화되었다.

(2) 혼인 풍습

조선 후기에는 **결혼 후 여자가 곧바로 남자 집에서 생활**하는 친영 제도가 정착되었다.

3 향전

납속 등의 방법으로 새로 양반이 된 **부농층**을 **신향**이라 하는데, 이들은 기존에 향회를 장악하고 있던 **구향**(기존 양반)의 기득권에 도전했다. 신향은 관권(수령)과 결탁하여 향안에 이름을 올리고 향임직에 진출하는 등 향회를 장악하려 했다.

4 천주교 박해

(1) 신해박해(정조, 1791)

천주교 신자인 **윤지충**이 모친상을 당했을 때 신주를 태우고 천주교식으로 장례를 치른 것이 문제가 되어 사형에 처해졌다. 하지만 정조 때에는 천주교를 크게 탄압하지 않았다.

(2) 신유박해(순조, 1801)

순조가 즉위한 후 권력을 잡은 노론 벽파는 남인 및 시파 세력을 탄압하기 위해 천주교를 대대적으로 박해하였다. 이때 **이승훈, 정약종, 청나라 신부 주문모** 등이 사형당하고 **정약전, 정약용** 등이 유배를 당하였다. 이후 헌종 때 기해박해, 고종 때 병인박해가 일어났다.

5 동학의 발생

1860년 **경주 출신인 최제우**가 창제하였는데, 모든 사람이 평등하다는 사상을 전제로 **시천주와 인내천**을 주장하였다. 이에 지배층은 세상을 어지럽히고 백성을 현혹한다는 죄로 최제우를 처형하였다. 뒤를 이은 2대 교주 **최시형**은 『**동경대전**』과 『**용담유사**』를 펴내어 교리를 정리하고, 교단을 정비하였다.

6 농민의 항거

(1) 홍경래의 난(순조, 1811)

몰락 양반인 홍경래의 지휘 하에 영세 농민, 중소 상인, 광산 노동자 등이 합세하여 일으킨 봉기이다. 이들은 **평안도 지역에 대한 차별과 세도정권의 수탈** 등에 대항하여 봉기하였다. 가산에서 처음 난을 일으켜 한때는 청천강 이북 지역을 거의 장악하였으나 5개월 만에 평정되었다.

(2) 임술 농민 봉기(철종, 1862)

진주 민란으로 시작된 임술 농민 봉기는 **삼정의 문란과 탐관오리의 수탈에 저항**하여 한때 진주성을 점령하기도 하였다. 이후 농민의 항거는 북쪽의 함흥으로부터 남쪽의 제주에 이르기까지 전국적으로 퍼졌다. 정부는 민심 수습을 위해 **삼정이정청을 설치**(박규수 건의)하여 삼정의 문란을 시정하고자 하였다.

■ 19세기의 농민 봉기

🔍 대표 기출문제

조선 후기 서학과 관련한 설명으로 옳지 않은 것은? 2019년 지방직 9급
① 이승훈이 북경에서 영세를 받았다.
② 윤지충 사건을 계기로 하여 기해박해가 일어났다.
③ 안정복이 천주교를 비판하는 『천학문답』을 저술하였다.
④ 최초의 한국인 신부 김대건이 귀국하여 포교 중 순교하였다.

더 알아보기

황사영 백서 사건
신유박해 때 천주교 신자 황사영은 베이징 주재 프랑스 주교에게 군대를 동원하여 조선 정부의 위협으로부터 신앙의 자유를 얻게 해달라는 서한을 보내려다 발각되어 처형당하였다.

더 알아보기

예언 사상의 대두
조선 후기에는 비기·도참 등을 이용한 예언 사상(ex.『정감록』)이 크게 유행함에 따라 말세의 도래, 왕조의 교체 등 근거 없는 낭설이 널리 퍼졌다.

---

② 윤지충이 어머니 제사에 신주를 없앤 것을 계기로 하여 발생한 사건은 정조 때의 신해박해(1791)이다. 기해박해(1839)는 헌종 때 발생한 천주교 탄압이다.

오답분석
① 이승훈, ② 안정복, ③ 김대건에 대한 설명이다.

정답 ②

Theme 34 성리학의 변화와 실학의 발달

기/출/분/석

구분	2008~2016	2017	2018	2019	2020	2021	2022	2023
국가 9급	• 호락논쟁(3) • 학문·사상 • 홍대용 • 역사서	홍대용						
지방 9급	• 학문·사상 • 홍대용 • 박제가 • 발해고 • 동사강목	• 사상 • 홍대용	• 서유구 • 동사강목		박지원	박제가와 한치윤		
법원 9급	• 호락논쟁(2) • 홍대용 • 실학(3) • 역사서		유형원	이익	• 정약용 • 박제가			

1 성리학

(1) 성리학의 절대화

인조반정 이후 정국을 주도한 서인은 의리 명분론을 강조하며 주자 중심의 성리학을 절대화하였다.

(2) 성리학에 대한 비판

17세기 후반 **윤휴**와 **박세당** 등은 **주자 중심의 성리학에서 벗어나 유교 경전을 재해석**하고, 6경과 제자백가 등에서 사회 모순의 해결책을 찾고자 하였다. 그러나 이들은 노론에 의해 사문난적이라고 공격받았다.

■ 송시열

(3) 호락논쟁

18세기, **노론 내부**에서 호락논쟁이 벌어졌다. 호론(충청도 노론)은 인간과 사물의 본성은 다르다는 **인물성이론**을 주장하였다. 이는 **화이론**과 연결되어 청을 오랑캐로 여겼으며, 이후 **위정척사 사상**으로 이어졌다. 반면, 낙론(서울 노론)은 인간과 사물의 본성이 같다는 **인물성동론**을 주장하였다. 이는 청의 문물을 수용하자는 **북학 운동(북학론)**에 영향을 미쳤으며, 이후 **개화 사상**으로 이어졌다.

> 🔍 **호락논쟁**
> • 호론의 인물성이론 : 인간과 사물의 본성은 다르다! ⇨ 중화와 오랑캐(청)의 본성은 다르다! ⇨ 북벌론 ⇨ 19세기 위정척사 사상
> • 낙론의 인물성동론 : 인간과 사물의 본성은 같다! ⇨ 중화와 오랑캐의 본성도 결국은 같다! ⇨ 북학론 ⇨ 19세기 개화 사상

2 양명학

(1) 전래와 수용

16세기 중종 때 명에서 전래되었는데, **이황이 양명학을 비판**하며『**전습록변**』을 저술한 이후 양명학은 이단시되었다. 조선 후기 경기 지방의 소론 계열과 왕의 불우한 종친들, 서얼들에게 확산되면서 **정제두**를 중심으로 강화학파가 형성되었다.

(2) 강화학파 형성

조선 후기, **정제두**가 양명학을 체계적으로 연구하여 **강화학파**를 형성하였다. 그는 지행합일을 긍정했으며, 누구나 깨달음의 주체가 될 수 있다고 주장하였다.

3 실학

(1) 실학의 등장

17~18세기 사회·경제적 변동에 따른 사회 모순의 해결책을 구상하는 과정에서 **사회 개혁론**인 실학이 대두하였다. 실학자들은 민생 안전과 부국강병을 위해 각종 개혁안을 제시하였다.

(2) 실학의 선구자(17세기)

이수광은 실학을 최초로 이론화시킨 인물로,『**지봉유설**』을 통해 문화 인식의 폭을 넓혔으며 천주교 교리서인『천주실의』를 최초로 소개하였다.『**동국지리지**』를 저술한 **한백겸**은 문헌 고증에 입각한 연구를 지향하였다.

4 농업 중심의 개혁론

18세기 전반, 남인이 중심이 되었으며 **중농주의** 학파라고 불렸다. 이들은 **농촌 사회의 안정**을 위하여 **토지 제도**를 비롯한 각종 제도의 개혁을 추구하였다.

(1) 유형원

『**반계수록**』을 저술한 유형원은 사농공상 신분에 따라 토지를 차등 분배하여 자영농을 육성하자는 균전론을 주장하였다. 또한, 양반 문벌제도, 과거 제도, 노비 제도의 모순을 비판하였다.

(2) 이익 ✤

안정복·이가환 등 많은 제자를 길러 내 학파를 형성하였다. 자영농 육성을 위해 매호마다 최소한의 땅인 영업전을 갖게 하는 **한전론**을 주장하였으며, 나라를 좀먹는 여섯 가지 폐단을 지적하였다.

사료 한전론

> 국가에서는 마땅히 한 집의 생활에 맞추어 재산을 계산해서 한전(限田)의 영토 몇 부(負)를 한 집의 영업전(永業田)으로 만들어 주어 농토가 많은 사람도 빼앗지 않고, 모자라는 사람도 더 주지 아니하며, 돈이 있어 사려고 하는 사람은 비록 100결, 1,000결이라도 모두 허락하고, 농토가 많아서 팔려고 하는 사람은 영업전 몇 부를 제외하고는 역시 허락하며 …… 부유한 가정은 비록 파산하는 지경에 이르더라도 영업전만은 남아 있을 것이다.
> － 『성호집』

✅ 양명학의 계보

한말과 일제 강점기에 박은식, 정인보 등이 양명학을 계승하여 국학 운동을 벌였다.

✅ 실학의 특징
실증적
민족적
근대 지향적

한전론

한 가정의 생활을 유지하는 데 필요한 규모의 토지를 영업전으로 정한 다음, 영업전은 법으로 매매를 금지하고, 나머지 토지만 매매를 허용하자는 주장이다.

더 알아보기

여전론과 정전제
• 여전론: 토지를 마을 단위로 공동 소유·경작하고 수확한 곡식은 노동량에 따라 분배하자는 주장
• 정전제: 토지를 '정(井)'자로 나누어 9등분하고, 가운데 토지를 제외하여 8가구에 분배하자는 주장. 가운데 토지는 공동 경작하여 수확물을 세금으로 납부하고, 분배받은 토지에서의 수확물은 농민이 모두 가지는 제도이다.

(3) 정약용✦✦

실학을 집대성한 학자로, 『**목민심서**』·『**경세유표**』 등 500여 권의 저서를 남겼다. 토지 제도의 개혁을 위해 마을 단위로 토지를 공동소유·공동경작하는 **여전론**을 제시했으나 이후 **정전제**를 현실에 맞게 실시할 것을 주장하였다. 뿐만 아니라 과학 기술과 상공업 발달에도 많은 관심을 보였다.

> **사료 여전론**
>
> 1여마다 여장을 두며 무릇 1여의 인민이 공동으로 경작하게 한다. …… 여민들이 농경하는 경우 여장은 매일 개개인의 노동량을 장부에 기록하여 두었다가 가을이 오면 오곡의 수확물을 모두 여장의 집에 가져온 다음 분배한다. … 노동 일수에 따라 여민에게 분배한다.
> ─ 『여유당전서』

5 상공업 중심의 개혁론

18세기 후반, 서울의 노론을 중심으로 상공업의 진흥과 기술의 혁신을 주장하는 실학자들(**중상학파**)이 나타났다. 이들은 **청나라의 문물**을 적극적으로 수용하여 **부국강병과 이용후생**에 힘쓰자고 주장하였다.

(1) 유수원

상공업 중심 개혁론의 선구자이다. 『**우서**』를 저술하여 상공업의 진흥과 기술의 혁신을 강조하였으며, 사농공상의 직업 평등과 전문화를 주장하였다.

(2) 홍대용✦

청에 왕래하면서 얻은 경험을 토대로 하여 기술의 혁신과 문벌제도의 철폐를 주장하였다. 대표적인 저서로는 『**의산문답**』이 있는데, **성리학의 극복이 부국강병의 근본**이라고 강조했으며, **중국이 세계의 중심이라는 생각을 비판**하였다.

(3) 박지원✦✦

청나라에 다녀와 『**열하일기**』를 저술하였다. **상공업의 진흥**과 수레와 선박의 이용·화폐 유통의 필요성 등을 주장했으며, 영농 방법의 혁신·상업적 농업의 장려 등을 통하여 농업 생산력을 높이는데 관심을 가졌다. 또한, **양반 문벌 제도의 비생산성을 비판**하였다(「양반전」).

(4) 박제가✦✦

상공업의 발달, 청과의 통상 강화, **수레와 선박의 사용** 등을 주장하였다. 또한 북학의에서 소비를 우물물에 비유하여 생산을 자극하기 위해서는 **절약보다는 소비를 권장**해야 한다고 하였다.

6 국학 연구의 확대

(1) 역사 ✿

실학의 발달과 함께 민족의 전통과 현실에 대한 관심이 깊어지면서 우리의 역사, 지리, 국어 등을 연구하는 국학이 발달하였다.

인물	저서	내용	
안정복	『동사강목』	• 고조선에서 고려 말까지의 역사를 서술 • 우리 역사의 독자적 정통론(삼한정통론) 주장	
유득공	『발해고』	남북국 시대를 처음으로 제시	고대사 연구를 만주 지방
이종휘	『동사』	고구려, 발해사 강조	으로 확대
이긍익	『연려실기술』	조선의 정치와 문화를 실증적·객관적으로 서술	
한치윤	『해동역사』	중국·일본 등 각종 외국 자료를 참고하여 서술	

(2) 지리서와 지도

국토에 대한 연구가 활발하여 우수한 지리서가 편찬되었으며, 중국에서 서양식 지도가 전해짐에 따라 정밀하고 과학적인 지도가 많이 제작되었다.

인물	저서	내용
한백겸	『동국지리지』	고대의 지명을 새롭게 고증한 역사 지리서
이중환	『택리지』	각 지방의 자연환경, 인물, 풍속 등을 서술한 인문지리서
정상기	동국지도	백리척이라는 축척을 최초로 사용
김정호	대동여지도	• 거리를 알 수 있도록 10리마다 눈금을 표시 • 목판본, 22개의 첩으로 구성(휴대 가능)

더 알아보기

백과사전

조선 후기에는 백과사전류의 저서가 많이 편찬되었다. 이수광의 『지봉유설』(백과사전의 효시), 이익의 『성호사설』, 『동국문헌비고』(영조 때 편찬된 한국학 백과사전), 이덕무의 『청장관전서』, 서유구의 『임원경제지』 등이 대표적이다.

더 알아보기

김정희

『금석과안록』을 저술하여 북한산비가 진흥왕순수비임을 밝혔다.

■ 대동여지도

PART 05

🔍 **대표 기출문제**

다음과 같이 주장한 조선 후기 실학자에 대한 설명으로 옳은 것은? 2017년 국가직 9급

> 천체가 운행하는 것이나 지구가 자전하는 것은 그 세가 동일하니, 분리해서 설명할 필요가 없다. 생각건대 9만 리의 둘레를 한 바퀴 도는데 이처럼 빠르며, 저 별들과 지구와의 거리는 겨우 반경(半徑)밖에 되지 않는데도 오히려 몇 천만 억의 별들이 있는지 알 수가 없다. 하물며 은하계 밖에도 또 다른 별들이 있지 않겠는가!

① 『우서』에서 상업적 경영을 통해 농업 생산성을 높여야 한다고 주장하였다.
② 『반계수록』에서 신분에 따라 토지를 차등 있게 재분배하자고 주장하였다.
③ 『임하경륜』에서 성인 남자에게 2결의 토지를 나누어 주자고 주장하였다.
④ 『북학의』에서 소비를 권장하여 생산을 촉진하자고 주장하였다.

제시문은 중상학파인 홍대용의 지전설에 대한 내용이다. ③ 홍대용은 『임하경륜』에서 성인 남자들에게 2결의 토지를 나누어 주자고 제안하였다.

오답분석

① 유수원, ② 유형원, ④ 박제가에 대한 설명이다.

정답 ③

Theme
35
과학 기술의 발달과 문화의 새경향

기출/분석

구분	2008~2016	2017	2018	2019	2020	2021	2022	2023
국가 9급	• 의서 • 서민 문화 • 과학 기술							지도·지리서
지방 9급	• 대동여지도 • 문학과 예술							
법원 9급	과학 기술			조선 후기 문화				

더 알아보기

벨테브레
인조 때 제주도에 표류하여 귀화하였다. 조선 여성과 혼인하여 1남 1녀를 두었다고 하며, 박연이라는 이름을 사용하였다.

더 알아보기

이익
지구가 둥글다면 중국뿐만 아니라 어느 나라든지 세계의 중앙이 될 수 있다고 보았다.

1 서양 문물의 수용

17세기경 중국을 왕래하던 사신을 통해 서양 문물이 들어왔으며, 벨테브레와 하멜 등 서양인 일행이 우리나라에 표류해왔다. 특히, **벨테브레**는 훈련도감에 소속되어 서양식 대포의 제조법과 조종법을 가르쳐 주었다.

2 천문학과 지도 제작 기술의 발달

(I) 천문학

이익은 서양 천문학에 큰 관심을 가지고 연구했으며, **김석문**은 **지전설**을 우리나라에서 처음으로 주장하여 우주관을 크게 전환시켰다. **홍대용**도 지전설을 주장하였는데, 이는 성리학적 세계관을 비판하는 근거가 되기도 하였다. 또, 당시로서는 대담한 주장이었던 **무한 우주론**을 내놓았다.

> **사료** 홍대용의 지전설
>
> 천체가 운행하는 것이나 지구가 자전하는 것은 그 세가 동일하니 분리해서 설명할 필요가 없다. 다만 9만 리의 둘레를 한 바퀴 도는데 이처럼 빠르며, 저 별들과 지구와의 거리는 겨우 반경밖에 되지 않는데도 몇 천만 억의 별들이 있는지 알 수 없는데, 하물며 천체들이 서로 의존하고 상호 작용하면서 이루고 있는 우주 공간의 세계 밖에도 또 다른 별들이 있다. ─『담헌집』

(2) 역법

17세기 효종 때 **김육** 등의 노력으로 **시헌력**(아담 샬)이 도입되었다.

(3) 세계 지도

중국을 통하여 서양 선교사가 만든 **곤여만국전도** 같은 **세계 지도**가 전해졌다. 이로써 지리학에서도 보다 과학적이고 정밀한 지식을 가지게 되었다.

■ 곤여만국전도

3 의학·농학과 기술 개발

(1) 의학

17세기 초 **허준**은『**동의보감**』을 저술하였다. 이 책은 우리의 전통 한의학을 체계적으로 정리한 것으로, 우리나라뿐만 아니라 중국과 일본에서도 간행되어 뛰어난 의학서로 평가받는다. **정약용**은 박제가와 함께 종두법을 연구하여『**마과회통**』을 편찬하였다. 19세기에는 이제마가『**동의수세보원**』을 저술하여 **사상 의학**을 확립하였다.

(2) 농서의 편찬

17세기 **신속**은『**농가집성**』을 통하여 벼농사 중심의 농법을 소개하고, **이앙법의 보급에 공헌**하였다. 이 외에도 박세당의『색경』·홍만선의『산림경제』·박지원의『과농소초』등 농서들이 편찬되었다.

(3) 정약용의 업적

정약용은 과학과 기술의 중요성을 확신하고 기술의 개발에 앞장서 스스로 많은 기계를 제작하거나 설계하였다.『기기도설』을 참고하여 **거중기**를 만들어 **수원 화성을 쌓을 때에 사용**하였다. 또한, 그는 한강을 안전하게 건너도록 **배다리**도 설계하였다.

▌ 거중기

4 서민 문화의 발달

조선 후기에는 서민의 경제적·신분적 지위가 향상됨에 따라 **서민 문화가 대두**하였다. 감정을 적나라하게 표현하는 경향이 강하였다.

5 판소리와 탈놀이

(1) 판소리(유네스코 세계 무형 문화유산)

판소리는 구체적인 이야기를 창과 사설로 엮어 가기 때문에 감정 표현이 직접적이고 솔직하였다. 19세기 신재효는 판소리 6마당을 정리하였다.

(2) 탈놀이

탈놀이는 향촌에서 마을굿의 일부로 공연되었으며, 산대놀이는 산대라는 무대에서 공연되던 가면극이 민중 오락으로 정착된 것이다.

판소리
판소리 작품으로는 열두 마당이 있었으나, 지금은 춘향가, 심청가, 흥보가, 적벽가, 수궁가 등 다섯 마당만 전하고 있다.

시사
중인층의 시인들이 서울 주변 지역에서 시사를 조직하여 문학 활동을 전개하면서 자신들의 사회적 지위를 높였고, 역대 시인의 시를 모아 시집을 간행하기도 하였다.

6 한글 소설과 사설시조

(1) 한글 소설

허균의 『홍길동전』은 서얼에 대한 차별의 철폐와 탐관오리의 응징 등 당대 현실을 비판하였다. 『춘향전』, 『토끼전』, 『심청전』, 『장화홍련전』 등의 이야기들은 당시 서민들의 모습을 반영한 것이었다.

(2) 사설시조

격식의 구애됨이 없이 서민의 감정을 솔직하게 나타내었다.

(3) 한문학

정약용은 삼정의 문란을 폭로하는 한시(「애절양」)를 남겼고, 박지원은 『양반전』, 『허생전』, 『호질』 등의 한문 소설을 써서 양반 사회의 허구성을 지적하였다.

7 진경산수화와 풍속화

(1) 진경산수화

정선은 진경산수화를 통해 우리의 자연을 사실적으로 그려 냈다. 그는 「인왕제색도」와 「금강전도」에서 바위산은 선으로, 흙산은 묵으로 묘사하는 기법을 사용하였다.

■ 인왕제색도

■ 무동(김홍도)

■ 단오풍정 (신윤복)

■ 영통골 입구도

(2) 풍속화

김홍도는 정조의 화성 행차와 관련된 병풍, 행렬도, 의궤 등 궁중 풍속뿐만 아니라 서민들의 생활 모습을 소탈하고 익살스러운 필치로 묘사하였다. 신윤복은 주로 양반과 부녀자의 생활과 유흥, 남녀 사이의 애정 등을 감각적이고 해학적으로 묘사하였다. 이밖에도 강세황 등이 서양화 기법을 반영하여 사물을 실감나게 표현하였다.

(3) 민화

소박한 우리 민중의 정서가 잘 나타난 민화도 유행하였다. 해, 달, 나무, 꽃, 동물, 물고기 등을 소재로 삼아 소원을 기원하고 생활공간을 장식하였다.

■ 까치와 호랑이

■ 문자도

(4) 서예

이광사는 단아한 글씨인 동국진체를 완성하였다. 김정희는 고금의 필법을 두루 연구하여 굳센 기운과 다양한 조형성을 가진 추사체를 창안하였다.

■ 김정희의 추사체

8 건축의 변화

(1) 17세기

17세기에는 규모가 큰 다층 건물이며, 내부는 하나로 통하는 구조의 양식이 유행했다. 금산사 미륵전, 화엄사 각황전, 법주사 팔상전 같은 사원이 많이 건축되었는데, 이는 불교의 사회적 지위 향상과 양반 지주층의 경제적 성장을 반영한다.

■ 금산사 미륵전

■ 화엄사 각황전

■ 법주사 팔상전

(2) 18세기

부농과 상인의 지원을 받아 그들의 근거지에 장식성이 강한 사원이 많이 세워졌다. 이 시기를 대표하는 **수원 화성**은 방어뿐만 아니라 공격을 겸한 성곽 시설이다.

■ 수원 화성

(3) 19세기

대표적인 건축물로는 흥선 대원군이 국왕의 권위를 높일 목적으로 재건한 **경복궁의 근정전과 경회루**가 유명하다.

■ 경복궁 경회루

9 공예

백자가 유행하였는데 후기에 **청화백자**가 새로이 발달하였다.

더 알아보기

청화백자
청화 안료를 사용하여 흰 바탕에 푸른 색깔로 그림을 그려 넣은 백자

■ 청화백자

대표 기출문제

밑줄 친 '이 시기'에 관한 다음 설명 중 가장 옳지 않은 것은?   2019년 법원직 9급

> <u>이 시기</u>에는 형태가 단순하고 꾸밈이 거의 없는 것이 특색인 백자가 유행하였고, 흰 바탕에 푸른 색깔로 그림을 그린 청화 백자도 많이 만들어졌다. 특히, 청화 백자는 문방구, 생활용품 등의 용도로 많이 제작되었다.

■ 청화 백자
까치호랑이문 항아리

① 판소리, 잡가, 가면극이 유행하였다.
② 위선적인 양반의 생활을 풍자하는 '양반전', '허생전' 등의 한문 소설이 유행하였다.
③ 서얼이나 노비 출신의 문인들이 등장하였고, 황진이와 같은 여류 작가들도 활동하였다.
④ 김제 금산사 미륵전, 보은 법주사 팔상전, 논산 쌍계사 등이 이 시기를 대표하는 불교 건축물이다.

밑줄 친 '이 시기'는 청화 백자가 유행한 조선 후기이다. ③ 황진이는 16세기에 활동하였다.

정답 ③

시작!
노범석
한국사

36 흥선 대원군의 개혁 정책

37 개항과 불평등 조약

38 임오군란과 갑신정변

39 동학 농민 운동과 갑오개혁

40 독립 협회와 대한 제국

41 국권의 피탈과 항일 투쟁

42 근대의 경제·사회·문화

PART

06

근대 사회의 전개

Theme 36 흥선 대원군의 개혁 정책

기/출/분/석

구분	2008~2016	2017	2018	2019	2020	2021	2022	2023
국가 9급	정치 구조의 변화				고종	흥선 대원군	흥선 대원군	흥선 대원군
지방 9급	의궤(병인양요)	신미양요(하)		고종(흥선 대원군)		• 흥선 대원군 • 통상 수교 거부 정책		
법원 9급	흥선 대원군	의궤	통상 수교 거부 정책			흥선 대원군	통상 수교 거부 정책	

해/법/요/람

1860년대 정치 상황

세도 정치기	대원군 집권기	민씨 정권

```
1800              1863                    1873
                  고종 즉위                대원군 하야
                                          고종 친정
```

	문제점	내 용
대 내	1. 왕권 약화	1. 전제 왕권 강화 ① 세도 가문 척결 ② 비변사 축소·폐지 ③ 『대전회통』 편찬 ④ 경복궁 중건(당백전 남발)
	2. 민생 파탄 (삼정의 문란)	2. 민생 안정(국가 재정 확보) ① 삼정의 문란 시정 ┌ 전정: 양전 실시, 토지 겸병 금지 ├ 군정: 호포법(양반에게도 군포 징수) └ 환곡: 민간 주도의 사창제로 개혁 ② 서원 철폐 - 양반의 반발 가장 큼.
대 외	열강의 침략적 접근	3. 통상 수교 거부 정책

1860년대 정치 상황

	사 건	내 용
1866	병인박해	프랑스 신부 9명과 8천여 명의 천주교 신자 처형
	제너럴셔먼호 사건	미국 상선 제너럴셔먼호가 평양에 와서 통상을 요구하다 충돌
	병인양요	• 병인박해 구실로 프랑스 함대 침입 ⇒ 프랑스군(로즈 제독) 강화읍 점령 • 문수산성(한성근), 정족산성(양헌수)에서 격퇴(외규장각 문화재 약탈)
1868	오페르트 도굴 사건	독일 상인 오페르트가 충남 덕산에 있는 남연군 묘 도굴 기도
1871	신미양요	• 제너럴셔먼호 사건을 빌미로 미국 함대가 강화도 침략 • 광성보에서 어재연 부대의 강력한 저항에 부딪힘(초지진, 갑곶) ⇒ 철군
	척화비 건립	통상 수교 거부 정책 강화, 전국 각지에 척화비 건립

1 통치 체제의 정비(왕권 강화) ✦ ✦

철종이 후사 없이 죽자, 흥선군 이하응의 둘째 아들이 어린 나이에 왕(고종)이
되어 흥선 대원군이 권력을 장악하였다. 그는 안동 김씨 세력을 몰아내고 당
파와 신분의 구별 없이 능력 있는 **인재들을 등용**하였다. 또한, 세도 정치의 핵
심 기관이었던 **비변사를 축소·폐지**하고 **의정부와 삼군부 기능을 회복**하였다.
통치 체제의 정비를 위하여『**대전회통**』,『**육전조례**』등의 법전을 편찬하였다.
흥선 대원군은 실추된 왕권을 회복하기 위해 임진왜란 때 소실된 **경복궁을 중건**
하였다. 그러나 공사 과정에서 원납전 강제 징수·**당백전** 남발 등 경제적 혼
란을 초래했으며, 백성들을 공사에 강제로 동원하여 원성을 사게 되었다.

2 민생 안정책 ✦

흥선 대원군은 민생의 안정을 위해 **삼정의 문란을 시정**하고자 하였다. 양전을
실시했으며, **호포제**를 실시하여 양반에게도 군포를 징수하였다. 고리대로 변
질되어 가장 폐해가 컸던 환곡도 개선하여 지역민이 자치적으로 운영하는 **사
창제**를 실시하였다. 또한 47개의 사액 서원만 남기고, 나머지 **서원들은 철폐**
하였다. 많은 서원들이 면세·면역의 특권을 누리며 주변 농민들을 수탈하는
등 폐단이 컸기 때문이다.

3 통상 수교 거부 정책 ✦

(1) 병인박해와 병인양요(1866)

1866년 **병인박해**로 9명의 프랑스 신부와 수천명의 천주교 신도들이 처형되었
다. 이를 구실로 삼은 **프랑스**는 조선의 문호 개방을 요구하며 강화도를 점령
하였다(**병인양요**, 1866). 이때 **한성근 부대**가 **문수산성**에서, **양헌수 부대**가 정
족산성에서 프랑스군에게 타격을 주었다. 결국 프랑스군은 퇴각했으나, 이들
은 **외규장각에서 많은 서적과 의궤 등을 약탈**해갔다.

(2) 오페르트 도굴 사건(1868)

미국의 사주를 받은 독일 상인 **오페르트**는 흥선 대원군의 아버지인 남연군의
무덤을 도굴하려고 했으나, 주민들의 저항으로 실패하였다.

▌열강의 조선 침투

더 알아보기

척화비

대원군은 '서양 오랑캐가 침범함에 싸우지 않음은 곧 화의하는 것이요, 화의를 주장함은 나라를 파는 것이다(洋夷侵犯 非戰則和 主和賣國).'라는 내용의 척화비를 전국 각지에 세웠다.

▌척화비

(3) 신미양요(1871)

미국 제너럴셔먼호가 대동강 유역에 출몰하여 약탈을 자행하자 배를 불태우고 선원들을 공격한 사건(**제너럴셔먼호 사건, 1866**)이 일어났다. 이 사건을 빌미로 미국은 통상을 요구하며 강화도를 공격(**신미양요, 1871**)하였다. 이때 **어재연**의 군대가 **광성보**에서 결사항전했으나 함락되었다. 조선 정부가 계속 저항하자, 미국은 통상이 어렵다고 판단하고 철수하였다. 신미양요 이후 대원군은 전국 각지에 **척화비를 건립**하여 통상 수교 거부 의지를 밝혔다.

대표 기출문제

밑줄 친 '그'는 흥선 대원군이다. ② 이조 전랑의 권한은 영조 때부터 약화되기 시작하였고, 정조 때 이조 전랑의 후임자 천거권이 완전 폐지되었다.

오답분석

①, ③, ④ 흥선 대원군의 업적이다.

정답 ②

밑줄 친 '그'에 대한 설명으로 옳지 않은 것은?
2018년 경찰 1차

그가 집권한 후 어느 회의 석상에서 음성 높여 여러 대신들에게 말하기를 "나는 천리(千里)를 끌어다 지척(咫尺)을 삼겠으며, 태산을 깎아 내려 평지를 만들고, 또한 남대문을 3층으로 높이려 하는데, 여러분들은 어떻게 생각하오?"라고 하였다.
— 『매천야록』

① 만동묘를 철폐하였다.
② 이조 전랑의 후임자 천거권을 축소하였다.
③ 『대전회통』, 『육전조례』를 편찬하였다.
④ 신미양요 이후 전국에 척화비를 건립하였다.

Theme 37 개항과 불평등 조약

기/출/분/석

구분	2008~2016	2017	2018	2019	2020	2021	2022	2023
국가 9급	근대의 조약(2)			근대의 조약		근대의 조약	근대의 정치	근대 개항기의 조약
지방 9급	강화도 조약(4)			근대의 조약				
법원 9급	• 근대의 조약 • 강화도 조약					근대의 조약		

해/법/요/람

대원군		민씨 정권	
1863 고종 즉위	**1873** 대원군 하야 고종 친정	**1875** 운요호 사건	**1876** 개항 조·일 수호 조규

강화도 조약(조.일 수호 조규, 병자 수호 조규, 개항, 1876.2.)

배 경	운요호 사건	일본 군함 운요호가 강화 해역을 침범하여 조선군의 포격을 유도하자 초지진 포대가 경고 사격 시행 ⇒ 조선에 개항을 요구하여 강화도 조약 체결(1876)

성 격	최초의 근대적 조약, 주권을 침해한 불평등 조약, 침략 거점을 확보하려는 정치적, 군사적 목적이 내포된 조약

내 용	① 청과의 종속 관계 부인 ⇒ 청의 간섭 배제(1관) ② 경제적 목적과 더불어 정치, 군사적 침략 의도(4관, 7관) ③ 영사 재판권(치외 법권) ⇒ 일본인의 침략적 활동 보호(10관)

조.일 수호 조규(강화도 조약, 병자 수호 조규, 개항, 1876.2.)

제1관 조선국은 자주의 나라이며, 일본과는 평등한 권리를 가진다.

제2관 일본국 정부는 지금부터 15개월 후 수시로 사신을 조선국 서울에 파견한다.

제4관 조선국은 부산 외에 두 곳(인천, 원산)을 개항하고, 일본인이 왕래 통상함을 허가한다.

제7관 일본국의 항해자가 자유로이 해안을 측량하도록 허가한다.

제10관 일본국 인민이 조선국 지정의 각 항구에 머무르는 동안에 죄를 범한 것이 조선국 인민에게 관계되는 사건일 때에는 모두 일본 관원이 심판할 것이다.

운요호 사건

일본 군함 운요호가 허락 없이 강화도로 다가오자 초지진의 조선 수비대가 포격을 가하였다. 그러나 운요호는 물러가지 않고 오히려 초지진과 영종진에 포탄을 퍼부었고 영종도에 군대를 상륙시켜 살인과 방화를 저질렀다.

1 강화도 조약의 체결 배경

1873년 흥선 대원군은 하야하고, 고종의 친정이 시작되었으나 민씨 척족 세력이 정권을 장악하였다. 이런 상황 속에서 일본은 **운요호 사건**(1875)을 일으켜, 무력으로 조선에 개항을 요구해 왔다. 결국, 조선 정부는 **1876년 일본과 강화도 조약을 체결**하여 문호를 개방하였다.

2 강화도 조약(조·일 수호 조규, 1876. 2.)의 주요 내용 ✦

우리나라 최초의 근대적 조약이자, 주권을 침해한 **불평등 조약**이다.

제1관	조선은 자주국이며 일본과 평등한 권리를 갖는다. ⇨ **조선에 대한 청의 종주권 부정**
제4관, 제5관	조선 정부는 부산과 다른 두 항구를 개방한다.(부산은 1876년, 원산은 1880년, 인천은 1883년에 개항). ⇨ **경제적(부산), 군사적(원산), 정치적(인천) 침략 의도**
제7관	일본의 항해자가 자유롭게 조선의 해안을 측량하도록 허가한다. ⇨ **조선 연해의 자유로운 측량을 규정(조선의 주권 침해)**
제10관	개항장에서 일본인이 범죄를 저질렀을 경우, 일본 영사가 이를 재판한다. ⇨ **치외법권 인정(일본인의 불법 행위를 조선 법률로 처벌 ×)**

3 강화도 조약의 부속 조약(1876.8.) ✦

조·일 무역 규칙 (조·일 통상 장정)	• 일본 수출입 상품에 대한 **무관세** • **양곡의 무제한 유출** 허용 ⇨ 1883년 통상 장정 개정을 통해 관세 일부와 방곡령 선포권 회복(대신 일본에 최혜국 대우 규정)
조·일 수호 조규 부록	• 개항장에서 **일본 화폐의 유통**을 허용 • 개항장에서 일본인 거류지(조계) 설정 • 일본인의 활동 범위를 거류지로부터 사방 10리 이내로 설정 ⇨ 1882년 조·일 수호 조규 속약을 통해 일본인 활동 범위 확대(50리)

4 조 · 미 수호 통상 조약(1882)

(1) 체결 배경

2차 수신사로 일본에 갔던 **김홍집**이 『**조선책략**』을 가져와 고종에게 바쳤다. 이에 따라 조정에서는 미국과 외교 관계를 맺어야 한다는 주장이 힘을 얻었다. 결국 러시아와 일본을 견제하려는 청나라의 적극적인 알선을 통해 **1882년** 미국과 **조 · 미 수호 통상 조약**을 체결하였다.

> **사료** 황쭌셴의 『**조선책략**』
>
> 오늘날 조선의 급선무는 러시아를 막는 일보다 더 급한 것이 없다. 러시아를 막는 책략은 어떠한가. 중국과 친하고 일본과 맺고 미국과 이어짐으로써 자강을 도모할 따름이다.

(2) 내용

조 · 미 수호 통상 조약(1882)은 **서양 국가와 최초로 맺은 근대적 조약**이었으나 **치외법권**과 **최혜국 대우(최초) 등**이 포함되어 있는 **불평등 조약**이었다. 또한, 미국 수출입 상품에 대해 **최초로 관세를 부과**했으며, 양국 중 한 나라가 제3국의 압박을 받을 경우 도와줄 것(**거중조정**)을 규정하였다.

이후 조선은 **1883년** 민영익 등을 **보빙사**로 삼아 미국에 보내 근대 시설을 둘러보고 오게 하였다.

5 조 · 청 상민 수륙 무역 장정(1882)

임오군란 진압 직후 청과 조 · 청 상민 수륙 무역 장정을 체결하여 속방국임을 명시하고, 내지통상권 등을 규정하였다. 이에 따라 **청나라 상인들이 본격적으로 조선에 진출**할 수 있게 되었다.

더 알아보기

『조선책략』

청의 외교관인 황쭌셴이 쓴 책이다. 조선이 러시아를 막기 위해서 청, 일본, 미국과 연대해야 한다고 하였다.

더 알아보기

최혜국 대우

조약 등에서 한 나라가 제3국에 부여한 가장 유리한 조건을 조약 상대국에게도 부여

더 알아보기

근대의 조약

강화도 조약	최초의 근대적 조약 주권침해	
조 · 일 통상 장정	• 무관세 • 미곡 무제한 유출	1876
조 · 일 수호 조규 부록	개항장에서 일본 화폐의 유통 허용	
조 · 미 수호 통상 조약	• 최혜국대우 (최초) • 관세 설정 (최초)	
조 · 일 수호 조규 속약	일본인의 내륙 통상 허용	1882
조 · 청 상민 수륙 무역 장정	• 임오군란 이후 체결 • 내지통상권	
개정 조 · 일 통상 장정	• 관세 규정 • 방곡령 선포권 • 최혜국 대우	1883

대표 기출문제

(가), (나)가 설명하는 조약을 옳게 짝지은 것은?　　　　2019년 국가직 9급

(가) 강화도 조약에 이어 몇 달 뒤 체결되었다. 양곡의 무제한 유출을 가능하게 한 규정과 일본 정부에 소속된 선박은 항세를 납부하지 않는다는 규정이 들어 있었다.

(나) 김홍집이 일본에서 황준헌의 『조선책략』을 가져 오면서 그 내용의 영향으로 체결되었으며, 청의 적극적인 알선이 있었다. 거중 조정 조항과 최혜국 대우의 규정이 포함되어 있었다.

	(가)	(나)
①	조 · 일 무역 규칙	조 · 미 수호 통상 조약
②	조 · 일 무역 규칙	조 · 러 수호 통상 조약
③	조 · 일 수호 조규 부록	조 · 미 수호 통상 조약
④	조 · 일 수호 조규 부록	조 · 러 수호 통상 조약

(가) 조 · 일 무역 규칙(1876. 8.)에서 일본의 수출입 상품에 대한 무관세와 양곡의 무제한 유출이 허용되었다.

(나) 조 · 미 수호 통상 조약(1882. 4.)에 거중 조정(양국 중 한 나라가 제3국의 압력을 받을 경우에 서로 도와줄 것)과 최혜국 대우 규정이 포함되었다.

정답 ①

Theme 38 임오군란과 갑신정변

기/출/분/석

구분	2008~2016	2017	2018	2019	2020	2021	2022	2023
국가 9급	• 3차 수신사 • 위정척사 • 갑신정변(2)	갑신정변 이후 정세			동도서기론			
지방 9급	• 영선사 • 임오군란 • 1880년대 정치	위정척사와 개화			1870~1880년대 정치			
법원 9급	• 위정척사(2) • 동도서기론 • 급진 개화파 • 임오군란(3) • 갑신정변(3) • 갑신정변 이후 정세						근대 정치	

해/법/요/람

임오군란의 전개 과정

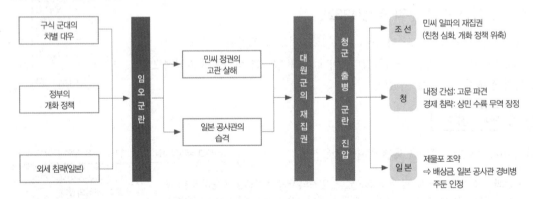

갑신정변의 흐름

배 경	민씨 정권의 개화 세력 탄압, 청·프 전쟁으로 청군의 일부 철수
전 개	우정국 개국 축하연 계기로 정변 단행 ⇨ 개화당 정부 수립(14개조 정강) ⇨ 청 개입으로 실패
결 과	청의 내정 간섭 강화, 개화 운동의 흐름 약화, 한성 조약과 톈진 조약 체결
의 의	최초로 입헌 군주제와 봉건적 신분제 타파 추구 ⇨ 근대화 운동의 선구
한 계	위로부터의 개혁, 민중의 지지 ×, 외세 의존적(일본)

1 온건 개화파와 급진 개화파

박규수, 오경석, 유홍기 등 초기 개화파들이 영향을 받은 **김옥균, 박영효, 유길준, 홍영식** 등은 개화파를 형성하였다. 개화파는 1880년대에 들어와 개화 방법과 방향에 따라 **온건 개화파**와 **급진 개화파**로 나뉘게 되었다.

온건 개화파 (사대당)	• 김홍집 · 김윤식 · 어윤중 등, 민씨 정권에 적극 참여 • 청의 양무운동을 모방한 동도서기론을 주장, 갑오개혁 주도
급진 개화파 (개화당, 독립당)	• 김옥균, 박영효, 서광범, 홍영식, 서재필 등 • 일본의 메이지유신을 모델로 입헌군주제 추진, 급진적 개혁 주장(문명개화론), 갑신정변의 주체가 됨

2 정부의 개화 정책 추진

개항 이후 정부는 정세의 변화를 파악하기 위해 1876년 **1차 수신사를 일본에 파견**하였고, 1880년에는 2차 수신사로 김홍집 등을 파견하였는데 이때 황쭌센의 『조선책략』을 가지고 귀국하였다. 이후 1881년 **일본에는 조사 시찰단(신사 유람단)**을, **청에는 영선사**를 보냈다. 또한, 1883년에는 **미국에 보빙사**를 파견하였다. 이들은 각국에서 근대 문물을 보고 와 정부의 개화 정책 추진을 뒷받침하였다.

한편 정부는 개화 정책의 중심 기구로 **통리기무아문**을 설치하고 그 아래 **12사**를 두어 외교 · 군사 · 산업 등 업무를 담당하게 하였다. 군사제도 역시 개편하여 5군영을 2영(장어영, 무위영)으로 통합하고 **신식 군대인 별기군**을 창설하였다.

3 위정척사 운동

위정척사는 성리학적 질서를 지키고 서양과 일본 문화을 배격하자는 논리이다. 1860년대에는 서양과의 통상 반대 운동으로 나타났으며, 이항로 · 기정진 등이 **척화 주전론**을 주장하였다. 1870년대에는 개항 반대 운동으로 전개되었으며, 최익현 등 유생들이 개항 불가론, **왜양일체론**을 주장하였다. 1880년대에는 개화 반대 운동으로 전개되어 이만손은 '**영남 만인소**'를 올려 『조선책략』의 유포에 반대했으며, 홍재학은 '만언 척사소'를 올려 개화 정책을 비판하였다. 위정척사 운동은 1890년대 이후 **항일 의병 투쟁으로 계승**되었다.

더 알아보기

별기군

양반 자제들로 구성된 신식 군대로, 일본인 교관에게 근대적인 군사 훈련을 받았으며 구식 군인보다 대우가 좋았다. 이는 임오군란 발발의 원인이 되었다.

■ 보빙사

더 알아보기

왜양일체론
일본과 서양은 마찬가지이므로 일본에게도 문호를 개방하지 말아야 한다는 주장

더 알아보기

1860년대 위정척사
서양 오랑캐의 화(禍)가 오늘날에 이르러서는 홍수나 맹수의 해(害)보다 더 심합니다. … 바다를 건너오는 적을 정벌케 하소서.

1870년대 위정척사
서양 오랑캐의 화(禍)가 오늘날에 이르러서는 홍수나 맹수의 해(害)보다 더 심합니다. … 안으로는 관리들로 하여금 사학(邪學)의 무리를 잡아 베게 하시고, 밖으로는 장병으로 하여금 바다를 건너오는 적을 정벌케 하소서.

4 임오군란 ☆

(1) 임오군란의 발발

정부의 군제 개편 이후 **구식 군대에 대한 차별**이 심각해지는 가운데 봉급이 제대로 지급되지 않자, 결국 구식 군인들은 폭동을 일으켰으며 여기에 도시 빈민들도 합세하여 그 규모가 더욱 커졌다. 이들은 고위 관리들과 일본 공사관을 습격했으며, 놀란 고종은 대원군에게 사태 수습을 맡겨 **대원군이 재집권**하였다. 대원군은 **통리기무아문과 별기군을 폐지하고 5군영과 삼군부를 복구**하였다. 결국 민씨 정권의 요청으로 청나라 군대가 파병되어 임오군란을 진압했으며, 대원군은 청나라로 압송되었다.

(2) 결과

① 청과의 관계 : 임오군란을 진압한 청은 적극적으로 조선의 내정에 간섭하였다. 고문으로 마젠창과 **묄렌도르프**를 파견했으며, 청나라 군대를 서울에 두었다. 또한 **조·청 상민 수륙 무역 장정(1882)**을 체결하여 **청 상인이 조선에서 자유롭게 상업 활동**을 할 수 있도록 허용하였다.

② 일본과의 관계 : 임오군란 이후 일본과 **제물포 조약(1882)**을 체결하여 **배상금을 지불**했으며, **조·일 수호 조규 부록 속약(1882)**을 체결하여 개항장에서 **일본인의 활동 영역을 확대**하였다(일본인의 내륙 진출 가능).

더 알아보기

조·청 상민 수륙 무역 장정
• 조선을 청의 속방으로 명시
• 치외법권과 내지통상권 등 인정

더 알아보기

제물포 조약
일본 공사관이 공격받은 것에 대해 배상금을 지불했으며, 공사관에 호위병을 주둔할 수 있게 허락하였다.

더 알아보기

조·일 수호 조규 부록 속약
개항장에서의 일본인의 활동 영역을 50리로 확대(2년 후 100리)하였다.

5 갑신정변

(1) 갑신정변의 배경

임오군란 이후 개화파는 친청 성향의 **온건 개화파**와 청의 내정 간섭에 반발하면서 급진적 개혁을 주장하는 **급진 개화파**로 나누어졌다. 그러나 일본으로부터의 차관 도입 실패 등으로 급진개화파의 입지는 점점 좁아졌다. 이런 상황에서 청나라가 프랑스와의 전쟁으로 조선에 주둔하던 군대를 철수시키자 이를 기회로 급진개화파는 일본 공사의 지원을 약속받고 정변을 계획하였다.

(2) 정변의 과정

김옥균, 박영효, 서광범, 홍영식 등은 1884년 우정총국 개국 축하연에서 정변을 단행하였다. 이들은 개화당 정부를 수립하고 **14개조 정강**을 발표하였다. 하지만, 민씨 정권의 요청으로 청군이 개입하여 정변을 진압하였다(3일 천하).

사료　갑신정변의 14개조 개혁안

1. 청에 잡혀간 흥선 대원군을 곧 돌아오도록 하게 하며 종래 청에 대해 행하던 조공의 허례를 폐지한다.
2. 문벌을 폐지하여 인민 평등의 권리를 세워 능력에 따라 관리를 임명한다.
3. 지조법을 개혁하여 관리의 부정을 막고 … 국가의 재정을 넉넉하게 한다.
12. 모든 재정은 호조에서 통할한다.
13. 대신과 참찬은 의정부에 모여 정령을 의결하고 반포한다.
14. 의정부, 6조 외의 모든 불필요한 기관을 없앤다.

(3) 결과✿

청의 내정 간섭이 더욱 강화되었고 개화 운동은 약화되었다. 한편 일본과 조선은 일본에 배상금을 지불하고 일본 공사관의 신축비를 조선이 부담한다는 내용의 **한성 조약(1884)**을 체결하였다. 1885년 청과 일본은 톈진 조약을 체결하여 **조선에서의 양국군 철수 및 이후 파병 시 상대국에 알릴 것**을 합의하였다.

(4) 의의와 한계

갑신정변은 **근대 국민 국가 건설을 추구**한 근대화 운동의 선구였다. 하지만 **외세에 의존**하였고, 백성의 지지를 확보하지 못한 **위로부터의 개혁**이었다.

6 한반도 중립화론의 대두

갑신정변 이후 민씨 정권은 청을 견제하기 위해 러시아에게 접근하였다. 당시 러시아의 남하를 견제하던 **영국은 거문도를 불법 점령**(거문도 사건, 1885~ 1887)하였다. 이와 같이 한반도를 둘러싼 열강의 대립이 점차 커지자 독일 영사인 부들러와 **유길준** 등은 여러 국가의 합의를 통한 **한반도 중립화론**을 주장하였다.

 대표 기출문제

다음 사건의 결과로 옳은 것은?　　2018년 교육행정직 9급

　대원군에게 군국사무를 처리하라는 명이 내려지자 대원군은 궐내에서 거처하며 기무아문과 무위·장어 2영을 폐지하고 5영의 군제를 복구하라는 명령을 내려 군량을 지급하도록 하였다. 그리고 난병(亂兵)은 물러가라는 명을 내렸다. …… 이때 별안간 마건충 등은 호통을 치면서 대원군을 포박하여 교자(轎子) 안으로 밀어 넣어 그 교자를 들고 후문으로 나가 마산포로 가서 배를 타고 훌쩍 떠나버렸다. ─『매천야록』

① 청에 영선사가 파견되었다.
② 외규장각의 도서가 약탈당하였다.
③ 스티븐스가 외교 고문에 임명되었다.
④ 조·청 상민 수륙 무역 장정이 체결되었다.

제시문은 임오군란(1882)에 대한 내용이다. ④ 임오군란의 결과에 대한 설명이다.

오답분석
① 영선사 파견은 임오군란 발발 이전인 1881년의 일이다.
② 병인양요(1866)의 결과이다.
③ 제1차 한·일 협약(1904. 8.)의 결과이다.

정답 ④

동학 농민 운동과 갑오개혁

구분	2008~2016	2017	2018	2019	2020	2021	2022	2023
국가 9급	• 동학(2) • 갑오개혁 • 근대 개혁안(2)		동학	동학				갑오개혁 (홍범 14조)
지방 9급	• 동학 • 갑오개혁(2) • 근대 개혁안(2)							
법원 9급	• 동학(4) • 근대 개혁안(5) • 근대 정치		갑오개혁	2차 갑오개혁	근대 개혁안		동학	

동학 농민 운동의 전개

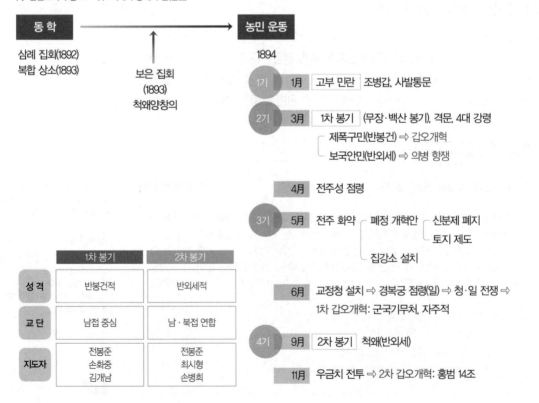

內: 탐관오리의 횡포   外: 외세의 경제 수탈(일본)

동학
삼례 집회(1892)
복합 상소(1893)

보은 집회
(1893)
척왜양창의

농민 운동
1894

1기 1月 고부 민란 조병갑, 사발통문

2기 3月 1차 봉기 (무장·백산 봉기), 격문, 4대 강령
제폭구민(반봉건) ⇨ 갑오개혁
보국안민(반외세) ⇨ 의병 항쟁

4月 전주성 점령

3기 5月 전주 화약 ┌ 폐정 개혁안 ┌ 신분제 폐지
                              └ 토지 제도
              └ 집강소 설치

6月 교정청 설치 ⇨ 경복궁 점령(일) ⇨ 청·일 전쟁 ⇨
1차 갑오개혁: 군국기무처, 자주적

4기 9月 2차 봉기 척왜(반외세)

11月 우금치 전투 ⇨ 2차 갑오개혁: 홍범 14조

	1차 봉기	2차 봉기
성격	반봉건적	반외세적
교단	남접 중심	남·북접 연합
지도자	전봉준 손화중 김개남	전봉준 최시형 손병희

1 동학 농민 운동의 배경

집권 세력의 부정부패로 **농민 수탈**이 심각해졌다. 또한 집권 세력은 외세의 침략에 제대로 대응하지 못하였으며, 특히 **일본의 경제적 침투로 곡물이 대량 유출**되는 등 농촌 경제가 피폐해졌다. 이런 상황에서 사회 변화를 갈망하는 농민의 요구에 부합한 동학이 삼남 지방을 중심으로 교세를 확대하였고, 교조 신원 운동을 전개하였다.

더 알아보기

교조 신원 운동
억울하게 처형된 교조 최제우의 원을 풀고자 하는 운동으로, 이는 포교의 자유를 얻으려는 목적이 있었다.

2 동학 농민 운동의 전개 과정 ✿

(1) 고부 민란 시기

전라도 고부 군수 **조병갑의 횡포**에 반발하여 전봉준 등 농민 지도자들이 격문이 담긴 **사발통문**을 돌리고 1894년 1월에 봉기하였다.

전봉준은 1천여 명의 농민을 이끌고 관아를 습격하여 군수를 내쫓고 아전들을 징벌한 뒤, 곡식을 농민들에게 나누어 주었다. 정부는 사태 수습을 위해 고부 군수를 박원명으로 교체하고 안핵사 이용태를 파견하였다.

■ 사발통문

(2) 1차 동학 농민 운동

안핵사 이용태가 동학 농민군을 탄압하자 전봉준, 손화중, 김개남 등이 '**보국안민**', '**제폭구민**'을 내세워 1894년 3월에 봉기하였다.

이들은 백산에서 호남창의소를 조직하고 지휘부를 구성했으며, 격문과 **4대 행동 강령**을 발표하였다. 이후 동학농민군은 1894년 4월 **황토현**에서 전라도 지방군을 물리치고 **장성 황룡촌**에서 홍계훈이 이끄는 경군(관군)을 물리치면서 북상하였다. 결국 **전주(성)를 점령**하였다.

■ 동학 농민 운동의 전개

(3) 전주 화약 체결과 청·일 전쟁 발발

정부는 동학농민군 진압을 위해 **청에 파병을 요청**하였다. 그러나 톈진 조약에 따라 **일본군도 조선에 상륙**하였다. 이에 놀란 정부는 농민군과 타협하여 **1894년 5월 전주화약**을 체결하고 농민군은 자진 해산하였다. 정부는 농민군이 요구한 **폐정 개혁안과 집강소 설치**를 받아들였으며, 이에 따라 전라도에 집강소가 설치되어 행정과 치안을 담당하였다. 정부는 **교정청**을 설치(1894.6.11)하고 개혁에 착수하는 한편, 청·일 군대의 철수를 요구하였다. 그러나 이를 거부한 일본은 **경복궁 점령(1894.6.21)과 청·일 전쟁(1894.6.23.)**을 연달아 일으켰다.

(4) 2차 동학 농민 운동

1894년 9월 동학 농민군은 일본군을 몰아내기 위해 재봉기하였다. **전봉준**이 이끄는 **전라도 농민군(남접)**과 손병희가 이끄는 **충청도 농민군(북접)**이 논산에서 합류(10월)하여 서울을 향해 북상하였다. 그러나 **공주 우금치 전투**에서 대패하였다(11월). 이후 전봉준을 비롯한 지도자들이 체포되면서 진압되었다.

사료 동학 농민군의 폐정 개혁안

2. 탐관오리는 그 죄상을 조사하여 엄징한다.
3. 횡포한 부호(富豪)를 엄징한다.
4. 불량한 유림과 양반의 무리를 징벌한다.
5. 노비 문서를 소각한다.
6. 7종의 천인 차별을 개선하고 백정이 쓰는 평량갓은 없앤다.
7. 청상과부의 개가를 허용한다.
8. 무명의 잡세는 일체 폐지한다.
9. 관리 채용에 지벌(地閥)을 타파하고 인재를 등용한다.
11. 공사채를 물론하고 기왕의 것을 무효로 한다.
12. 토지는 평균하여 분작한다.

갑오·을미개혁의 전개

1차 갑오개혁
김홍집 내각
자주적
군국기무처 중심

2차 갑오개혁
김홍집·박영효 연립 내각
온건 + 급진 개화파
홍범 14조

3차 갑오(을미)개혁
김홍집 내각
급진적 개혁
단발령
아관 파천으로 중단

3 제1차 갑오개혁 ⚔

동학 농민 운동의 진압을 명분으로 조선에 군대를 보낸 일본은 침략의 발판을 마련하기 위해 조선에 내정 개혁을 요구하였다. 이에 정부는 일본의 요구를 거부하고 **교정청을 설치**하여 독자적 개혁을 추진하고자 하였다.

이러한 가운데 일본군은 경복궁을 점령하고 민씨 정권을 붕괴시켰다. 이에 흥선 대원군을 섭정으로 하는 1차 김홍집 내각이 수립되었다. 초정부적 회의 기관인 **군국기무처**가 개혁의 중심이 되었는데, 김홍집·김윤식·박정양·유길준 등이 참여하였다. 이들은 **동학 농민 운동의 요구를 일부 수용**하여 각 분야에 걸쳐 개혁을 실시하였다. 청·일 전쟁으로 개혁은 비교적 자주적으로 추진될 수 있었다.

정치	• 중국 연호 폐지, 독자적 연호(개국) 사용 • 왕실 사무를 관장하는 궁내부 설치, 국정 사무는 의정부가 담당 • 6조를 8아문으로 개편 • 과거제 폐지, 경찰제 확립
경제	• 국가 재정에 관한 모든 사무를 탁지아문으로 일원화 • 은본위 화폐 제도, 조세의 금납제, 도량형 통일
사회	• 신분제 철폐, 공·사노비제 폐지 • 조혼 금지, 과부 재가 허용, 연좌법 폐지 등 봉건적 폐습 타파

4 제2차 갑오개혁 ⚔

청·일 전쟁에서 승기를 잡은 일본은 개혁에 적극적으로 개입하였다. 이때 일본은 갑신정변의 주동자로서 망명해 있던 박영효와 서광범을 귀국시켜 **친일적인 김홍집·박영효 연립 내각**을 구성하였으며 대원군을 실각시키고 **군국기무처도 폐지**하였다. 1894년 12월 고종은 왕세자와 신하들을 거느리고 종묘에 나가 독립서고문과 함께 **홍범 14조**를 발표하였다.

더 알아보기

청·일 전쟁(1894~1895)
동학 농민 운동의 진압을 계기로 청·일전쟁이 일어났다. 이 전쟁에서 승리한 일본은 청과 시모노세키 조약을 체결하여 청으로부터 요동반도와 타이완을 할양받고 배상금도 받았다.

정치	• 내각제 시행, 8아문제를 7부제로 개편 • 전국을 23부로 개편 • 사법권을 행정권에서 분리, 지방관 권한 축소(행정권만 담당)
경제	관세사와 징세사 설치(세금 징수 담당)
교육	교육입국 조서 반포

사료 홍범 14조

1. 청에 의존하려는 생각을 버리고 자주독립의 기초를 세운다.
4. 왕실 사무와 국정 사무를 나누어 서로 혼동하지 않는다.
5. 의정부(議政府) 및 각 아문(衙門)의 직무, 권한을 명백히 규정한다.
6. 납세는 법으로 정하고 함부로 세금을 징수하지 아니한다.
7. 조세의 징수와 경비 지출은 모두 탁지아문(度支衙門)의 관할에 속한다.
10. 지방 제도를 개정하여 지방 관리의 직권을 제한한다.
14. 문벌을 가리지 않고 인재 등용의 길을 넓힌다.

5 을미사변과 을미개혁

삼국 간섭으로 러시아의 우의가 드러나자, 고종과 명성왕후는 친러 정책을 추진하였다. 이에 불만을 품은 일본은 1895년 경복궁을 습격하여 **명성 황후를 살해**하는 **을미사변**을 일으켰다. 이후 친러 세력은 실각되고, 김홍집·유길준 중심의 친일 내각이 성립되어 **을미개혁을 추진**하였다.

정치	• '건양' 연호 사용 • 중앙군인 친위대 설치, 지방군인 진위대 설치
사회	• 단발령의 강압적 시행. 태양력 사용, 종두법 실시 • 소학교령(소학교 설립), 우체사 설치(근대적 우편제도 실시)

더 알아보기

삼국 간섭
청·일 전쟁 이후 시모노세키 조약으로 일본이 요동반도를 차지하자, 러시아는 일본 세력을 견제하기 위해 독일, 프랑스와 함께 요동반도를 청에 반환할 것을 요구하였다. 이에 일본은 요동반도를 반환하였고, 국내에서는 친러파가 득세하게 되었다.

대표 기출문제

(가)의 체결 이후에 일어난 사실로 옳은 것은?　　2019년 국가직 9급

청군과 일본군의 개입으로 사태가 악화되자 농민군은 폐정 개혁을 제시하며 정부와 (가)을/를 맺었다. 이에 따라 농민군은 해산하였다.

① 농민군이 황토현에서 감영군을 격파하였다.
② 고부군수 조병갑이 만석보를 쌓아 수세를 강제로 거두었다.
③ 안핵사 이용태가 농민을 동학도로 몰아 처벌하였다.
④ 남접군과 북접군이 논산에서 합류하여 연합군을 형성하였다.

(가)는 1894년 5월에 체결한 전주 화약이다. ④ 동학 농민군은 1894년 9월에 재봉기하여 10월에 논산에서 남·북접 연합군을 형성하였다.

오답분석
① 1894년 4월, ② 1894년 1월의 일이다. ③ 안핵사 이용태는 고부 농민 봉기의 진상 조사를 위해 파견되었는데, 이후 농민을 동학도로 몰아 탄압하였다(3월).

정답 ④

Theme 40 독립 협회와 대한 제국

구분	2008~2016	2017	2018	2019	2020	2021	2022	2023
국가 9급	• 대한 제국(2) • 대한국 국제	독립 협회와 대한 제국					독립 협회	
지방 9급			대한 제국	대한 제국	독립 협회		근대의 정치	
법원 9급	• 독립 협회(6) • 광무개혁 • 대한국 국제			헌의 6조				

해/법/요/람

1890년대

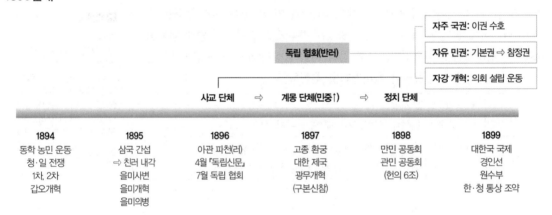

광무개혁

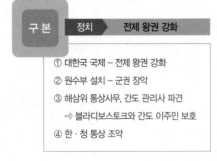

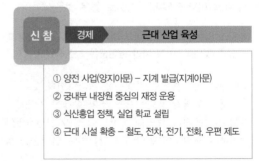

1 아관파천

을미사변 이후 고종은 친러파 대신들과 러시아 공사 베베르의 협조를 얻어 **러시아 공사관으로 피신**하였다(**아관파천**, 1896. 2.). 아관파천 이후 고종은 친일 김홍집 내각을 해산하고, 친러 성향의 인물들로 새로운 내각을 구성하였다. 새 내각은 단발령을 철회하고 의병을 회유(고종의 의병 해산 권고)하는 등 민심을 수습하였다.

2 독립 협회

(1) 조직

서재필이 귀국하자, 정부는 서양 문물에 밝은 그를 지원하였다. 서재필은 1896년 4월 **독립신문**을 창간하고, 7월 **독립 협회**를 조직하였다.

(2) 활동

독립 협회는 국민의 성금을 모아 청에 대한 사대의 상징인 영은문과 모화관 자리에 **독립문과 독립관을 건립**하였다. 또한 독립신문을 발행하고 각종 강연회 등을 개최하며 민중을 계몽하였다. 점차 시민의 호응과 참여도가 높아짐에 따라 독립 협회는 민중에 기반을 둔 사회 단체로 성장하였다.

또한 독립 협회는 열강의 이권 요구에 대항하여 이권 수호 운동을 전개하였다. 특히 **러시아의 절영도 조차 요구를 저지**하고, 러시아의 군사·재정 고문 철수와 한·러 은행 폐쇄 등을 성사시켰다.

1898년 종로에서 우리나라 최초의 군중 대회인 **만민 공동회를 개최**하여 외국의 내정 간섭과 일부 관리의 부정부패를 비판하였다. 그해 10월에는 정부 관리들까지 참여한 **관민 공동회**를 열어 **헌의 6조를 결의**하였다. 고종도 이를 수용하여 중추원을 의회로 개편하기로 하였다(중추원 신관제 발표).

(3) 독립 협회의 해산

보수 세력은 고종에게 독립 협회가 왕정을 폐지하고 공화정을 실시하려 한다고 모함하였다. 이에 고종은 독립 협회의 해산을 명령하였다. 이에 독립 협회가 만민공동회를 열어 대항하자, 정부는 **황국협회 회원들과 군대를 동원하여 강제로 해산**시켰다. 이후 독립 협회는 더 이상 활동을 이어나갈 수 없게 되었다.

▪ 독립신문

> **익명서 사건**
> 독립 협회가 황제를 폐위하고 공화정을 건설하려 한다는 익명의 문서가 고종에게 전달된 사건이다. 분노한 고종은 독립 협회의 해산을 명령하고, 이상재 등을 비롯한 독립 협회 간부들을 체포하였다.

사료 헌의 6조

1. 외국인에게 의지하지 말고 관민이 한마음으로 힘을 합하여 전제 황권을 견고하게 할 것
2. 외국과의 이권에 관한 계약과 조약은 각 대신과 중추원 의장이 합동 날인하여 시행할 것
3. 국가 재정은 탁지부에서 전관하고 예산과 결산을 국민에게 공포할 것

황국 협회
참정대신 조병식 등의 수구파가 독립 협회에 대항하기 위해 1898년 조직한 보부상 단체이다. 1898년 11월에는 만민 공동회를 습격하였다. 이용 가치가 다하자 정부는 독립 협회와 함께 해산시켰다.

3 대한 제국

독립 협회를 비롯하여 국민들 사이에서 고종의 환궁을 요구하는 여론이 점차 높아졌다. 이에 따라 고종은 아관파천 1년 만인 1897년 경운궁(덕수궁)으로 환궁하였다. 고종은 연호를 광무로 고치고 1897년 10월 **환구단에서 황제 즉위식을 거행**하였다. 이어 국호를 대한제국으로 선포하고, 1899년 대한국국제를 반포함에 따라 자주적이고 근대적인 국가의 모습을 갖추었음을 널리 알렸다.

사료 대한국 국제

제2조 대한국의 정치는 만세불변의 전제 정치이다.
제3조 대한국 대황제는 무한한 군권을 누린다.
제6조 대한국 대황제는 법률을 제정하여 그 반포와 집행을 명하고 대사, 특사, 감형, 복권 등을 명한다.
제9조 대한국 대황제는 각 조약 체결 국가에 사신을 파견하고 선전, 강화 및 제반 조약을 체결한다.

4 광무개혁 ✯✯

교정소를 설치하고, **구본신참(舊本新參)**을 개혁의 방향으로 삼아 점진적이고 복고적인 개혁을 추진하였다.

▌ 지계

정치	• 1899년 대한국 국제 제정 ▷ 일종의 헌법, 황제권이 무한함을 강조하였고, 군사권·입법권·인사권 등을 모두 황제의 권한으로 규정 • 1899년 원수부 설치 ▷ 황제가 직접 군대의 지휘권을 장악 • 1899년 한·청 통상 조약 체결 ▷ 청나라와 국제적으로 동등한 관계가 됨 • 시위대를 개편하여 황제의 호위 부대로 삼음, 지방 진위대 병력을 증강
경제	• 양전 지계 사업 추진 : 양지아문 설치하여 양전 사업 추진, 지계아문 설치하여 지계(토지 소유권 증명 문서) 발급 ▷ 일본의 압력으로 중단 • 황제 직속 궁내부 산하의 내장원 기능 확대 : 광산, 홍삼, 철도 등 각종 사업에서 발생하는 수입을 관리 • 근대적 기술학교 설립, 상무사 조직(보부상 지원), 서북 철도국 설치 등
개항	황제의 칙령을 통해 목포, 마산, 군산 등을 자발적으로 개항

🔍 대표 기출문제

대한 제국 정부가 시행한 정책으로 옳은 것은? 2018년 지방직 9급
① 별기군을 폐지하고 5군영을 복구하였다.
② 양전 사업을 시행하고자 양지아문을 설치하였다.
③ 통리기무아문을 설치하여 개화 정책을 추진하였다.
④ 화폐 제도를 은본위제로 개혁하고자 신식 화폐 발행 장정을 공포하였다.

② 대한 제국은 양전 사업을 위해 1898년 양지아문을 설치했다.

[오답분석]
① 1882년 임오군란 때 실시한 정책이다. ③ 1880년의 일이다. ④ 1차 갑오개혁의 정책이다.

정답 ②

Theme 41 국권의 피탈과 항일 투쟁

기/출/분/석

구분	2008~2016	2017	2018	2019	2020	2021	2022	2023
국가 9급	• 구한말 정치 • 의병(2) • 간도	• 국권 피탈 • 의병(2) • 울릉도 · 독도			독도			
지방 9급	• 국권 피탈(2) • 정미의병 • 애국계몽(3)	국권 피탈	한 · 일 신협약			을사조약	안중근	
법원 9급	• 국권 피탈(2) • 의병(3) • 애국계몽(2) • 헐버트 • 간도				• 국권 피탈 • 신민회	• 러 · 일 전쟁 • 정미의병		

해/법/요/람

국권 피탈의 과정

(1904. 2.) 러·일 전쟁   대한 제국 대외 중립 선언(1904. 1.), 일본 뤼순항 공격

▼

(1904. 2.) 한·일 의정서   군사 요지(전략상 필요한 지점) 점령권, 대한제국에 대한 충고권, 황실과 영토 보전 약속

▼

(1904. 8.) 제1차 한·일 협약   고문 정치 ⇨ 재정(메가타), 외교(스티븐스) 등

▼

열강의 묵인   7月 가쓰라 – 태프트 밀약(미), 8月 제2차 영·일 동맹(영), 9月 포츠머스 강화 조약(러)

▼

(1905. 11.) 을사조약   통감 정치, 일본이 대한제국의 외교권 대행
⇨ 보호국화

▼

(1907. 7.) 한·일 신협약   차관 정치(일본인 차관), 통감의 권한 강화
부속 협약 – 군대 해산

▼

(1907) 신문지법과 보안법   언론·집회 탄압 강화

▼

(1909) 기유각서   사법권·감옥 사무 박탈

▼

(1910) 한·일 병합 조약   국권 피탈 ⇨ 총독부 설치

러·일 전쟁

■ 19세기 말과 20세기 초의 국제 정세

1 러·일 전쟁과 열강의 묵인

1904년 2월 일본은 뤼순항을 기습공격하고 러시아에 선전포고함으로써 러·일 전쟁을 일으켰다. 러·일 전쟁 직전인 1904년 1월 대한제국은 전쟁 발발을 우려하여 국외 중립 선언을 선포했으나 러·일 전쟁을 일으킨 일본은 이를 무시하고 대한제국에 한·일 의정서 체결을 강요하였다.

2 일제의 국권 피탈 과정

(1) 한·일 의정서(1904. 2.)

러·일 전쟁 직후, 일제는 서울에 군사를 보내 **한·일 의정서** 체결을 강요하였다. 이 조약은 시정 개선을 위해 일제의 충고를 받아들일 것, 군사 요지와 시설 사용 권한 등을 규정하였다.

> **사료** 한·일 의정서
>
> 제1조 한국 정부는 일본을 신임하고 일본의 시정 개선에 관한 충고를 받아들여야 한다.
> 제4조 제3국이나 내란에 의하여 한국 황제와 영토에 안녕이 위험해질 경우 일본 정부는 이에 필요한 조치를 취하고, 이 목적을 위하여 군사 전략상 필요한 요충지를 사용할 수 있다.

(2) 제1차 한·일 협약(1904. 8.)

러·일 전쟁에서 승기를 잡은 일본은 **제1차 한·일 협약**을 강요하였다. 이 조약에 따라 일본 정부가 추천하는 일본인과 외국인을 고문으로 채용하는 **고문 정치**가 시작되었다. 재정 고문으로는 메가타가, 외교 고문으로는 스티븐슨이 부임하였다.

> **사료** 제1차 한·일 협약
>
> 제1조 대한 정부는 대일본 정부가 추천하는 일본인 1명을 재정 고문으로 하여 대한 정부에 용빙하고, 재무에 관한 사항은 일체 그의 의견을 물어 실시할 것
> 제2조 대한 정부는 대일본 정부가 추천하는 외국인 한명을 외무 고문으로 하여 외부에 용빙하고, 외교에 관한 요무는 일체 그 의견을 물어 실시할 것

🌀 열강의 묵인

조약	대상국	내용
가쓰라·태프트 밀약(1905. 7.)	일본·미국	필리핀에 대한 미국의 권익와 조선에 대한 일본의 권익을 서로 인정
2차 영·일 동맹 (1905 8.)	일본·영국	영국의 인도 지배와 일본의 한국 지배를 서로 인정
포츠머스 강화 조약(1905. 9.)	일본·러시아	러시아는 조선에 대한 일본의 독점적 지배권을 인정

(3) 을사조약(을사늑약, 제2차 한·일 협약, 1905. 11.)✿✰

열강으로부터 한국의 독점적 지배권을 인정받은 일본은 한국을 보호국화 하기 위해 **을사조약**을 강압적으로 체결하였다. 이 조약에 따라 **대한제국의 외교권이 박탈**되었고, **통감부를 설치(1906)**하여 내정을 간섭하였다.

🪨 사료 │ 을사조약

제2조   일본 정부는 한국과 타국 간에 맺어진 조약의 실행을 완수할 것이며, 한국 정부는 앞으로 일본 정부의 중개 없이 어떤 조약·약속도 체결할 수 없다.
제3조   일본 정부는 그 대표자로서 황제 밑에 1명의 통감을 두고, 통감은 외교에 관한 사무를 관리하기 위해서 서울에 주재한다.

(4) 한·일 협약(정미 7조약, 1907. 7.)✿✰

일본은 헤이그 특사 사건을 빌미로 **고종을 강제 퇴위**시켰다. 바로 순종을 즉위시킨 후 **한·일 신협약을 체결**하였다. 이 조약에 따라 통감부 권한이 더욱 강화되어 법령 제정·고위 관리 임명 등의 업무까지 관장하였다(차관 정치 실시). 또한, 부속조약을 체결하여 대한제국의 군대를 해산시켰다.

🪨 사료 │ 한·일 신협약

제1조   한국 정부는 시정 개선에 있어서 통감의 지휘를 받는다.
제2조   한국 정부의 법령 제정과 중요한 행정상의 처분은 미리 통감의 승인을 받는다.
제4조   한국 고등 관리의 임명은 통감의 동의에 의한다.
제5조   한국 정부는 통감이 추천하는 일인(日人)을 한국 관리로 채용한다.

PART 06

✅ 국권 침탈 과정

한·일 의정서(1904. 2.)
• 대한 제국의 국외 중립 파기
• 군사 요지 점령

▼

제1차 한·일 협약(1904. 8.)
고문 정치 시작

▼

제2차 한·일 협약(을사조약) (1905. 11.)
외교권 박탈, 통감부 설치

▼

한·일 신협약(정미 7조약) (1907. 7.)
차관 정치 시작

▼

군대 해산(1907. 8.)
군사권 박탈

▼

기유각서(1909. 7.)
사법권 박탈

▼

경찰권 이양(1910. 6.)
경찰권 박탈

▼

한·일 병합 조약(1910. 8. 29.)
국권 박탈, 총독부 설치

(5) 군대 해산과 사법권 · 경찰권 박탈

기유각서(1909. 7.)가 체결되어 사법권과 감옥 사무권이 박탈되었고, 1910년
에는 경찰권도 박탈당했다.

(6) 한 · 일 병합 조약(1910. 8. 29.)

총리대신 이완용과 통감 데라우치가 한 · 일 병합 조약을 체결 · 공포되었다.
이로써 **대한 제국의 국가 주권은 공식적으로 소멸**되었다. 이후 일본은 대한제
국을 조선(지역명)이라 칭하고, 총독부를 설치하여 식민 통치를 실시하였다.

> 🔔 **사료** **한 · 일 병합 조약**
>
> 제1조 한국 황제 폐하는 한국 전부에 관한 모든 통치권을 완전 또는 영구히 일
>   본 황제 폐하에게 양여한다.
> 제2조 일본국 황제 폐하는 전조에 기재한 양여를 수락하고 완전히 한국을 일본
>   제국에 병합함을 승낙한다.

▮ 의병의 궐기

▮ 정미의병의 참여 계층

더 알아보기

러 · 일 전쟁(1904)
한반도와 만주에 대한 지배를
둘러싸고 일본과 러시아가 일
으킨 전쟁으로, 일본이 승리하
여 포츠머스 강화 조약을 체결
하였다. 일본은 이 전쟁으로
한반도에 대한 지배권을 묵인
받고, 요동반도를 차지하였다.

더 알아보기

헤이그 특사 파견
1907년에 고종은 이상설, 이
준, 이위종을 네덜란드 헤이
그에서 개최되는 만국 평화
회의에 특사로 파견하여 을사
조약의 불법성과 일제의 무력
침략을 호소하려 하였으나 실
패하였다.

3 항일 의병 운동의 전개

(1) 을미의병(1895)

1895년 **을미사변과 단발령을 계기**로 일어났으며, 유인석 · 이소응 등 **위정척사
사상을 가진 유생들이 주도**하였다. 아관파천 이후 단발령이 철회되고 국왕의
해산 권고 조칙(효유조칙)이 내려지자 을미의병은 대부분 종식되었다.

(2) 을사의병(1905)

을사조약을 계기로 전국에서 의병이 일어났다. 유생, 전직 관료, **평민 출신** 등
다양한 세력이 의병에 합세했으며 평민 출신 의병장이 등장하였다. 이 시기
대표적인 의병장으로는 **민종식(홍주성 점령), 최익현(대마도 순국), 신돌석(평
민 의병장)** 등이 있다.

(3) 정미의병(1907) ✿

1907년 **고종의 강제 퇴위와 군대 해산을 계기**로 의병 투쟁이 일어났다. 정미의
병은 **해산 군인들까지 합류**하여 조직과 화력이 강화되어, **의병 전쟁**으로 확산
되었다. 이들은 각국 영사관에 의병을 국제법상 합법적 단체로 승인해 줄 것
을 요청하는 서한을 보냈으며, **13도 창의군**을 결성하여 **서울 진공 작전**을 전개
하였다. 그러나 진공 작전은 실패하였다. 이후 호남 지역을 중심으로 의병들
이 저항하자, 일본은 **남한 대토벌 작전**을 통해 의병의 근거지인 촌락까지 초토
화시켰다.
국내에서 활동이 여의치 않자, 다수의 의병 세력들은 만주와 연해주로 넘어가
항전을 계속하였다.

(4) 을사조약에 대한 저항✿

을사조약에 따라 대한제국의 외교권을 박탈되었고 일본의 보호국으로 전락하였다. 이에 따라 각계각층에서 저항이 계속되었다.

고종	이위종·이준·이상설을 헤이그에 특사로 파견
장지연	시일야방성대곡 발표
나철·오기호	오적 암살단 조직
장인환, 전명운 (1908)	외교 고문 스티븐슨 사살
안중근(1909)	만주 하얼빈 역에서 이토 히로부미 사살
이재명(1909)	친일 매국노 이완용 저격

4 애국 계몽 운동의 전개

독립 협회의 활동을 계승한 계몽 운동가들은 을사조약을 전후하여 대중에 대한 계몽 활동에 나섰다. 이들은 **교육과 산업을 통해 실력을 길러 국권을 회복해야 한다**고 생각하였다.

(1) 보안회(1904)

보안회는 일제의 **황무지 개간권 요구**를 저지하기 위해 민중 집회를 열어 반대 운동을 전개하였다. 이에 일본의 황무지 개간권 요구를 철회시켰다.

(2) 헌정 연구회(1905)

이준·윤효정 등은 독립 협회를 계승한 단체로, 헌정 연구회를 조직하였다. 입헌정치 체제의 수립을 목표로 활동했으며, 친일 단체인 일진회의 반민족 행위를 규탄하다가 1906년 통감부에 의해 해산되었다.

(3) 대한 자강회(1906)

윤치호, 장지연 등이 조직한 단체로, 국권 회복을 목표로 교육과 산업의 진흥을 강조하였다. 전국에 지회를 설치하고, 월보를 간행하는 등 대중적 기반을 넓히고자 하였다. 이후 **고종의 강제 퇴위**와 한·일 신협약 체결에 **반대**하는 운동을 주도하여 통감부의 탄압을 받았으며 결국 **1907년 보안법에 의해 강제해산**되었다.

> **사료** **대한 자강회 취지문**
>
> 우리 대한이 종전에 자강의 방도를 강구치 아니하여 인민이 스스로 우매함에 굳어지고 국력이 쇠퇴하게 되어 드디어 오늘의 험난한 지경에 이르러 … 자강의 방도를 강구하려 할 것 같으면, 다른 곳에 있지 않고 교육을 진작하고 산업을 일으키는 데 있으니, … 교육과 산업의 발달이 곧 자강의 방도임을 알 수 있는 것이다.
>
> -『대한 자강회 월보』

더 알아보기

애국 계몽 운동
서양의 사회 진화론에 영향을 받았다. 약육강식과 적자생존의 논리가 지배하는 국제 사회에서 생존하기 위해서 근대화와 실력 양성이 필요하다고 보았다.

▣ 대한자강회월보

105인 사건(1911)
안중근의 사촌 동생 안명근이 황해도 일원에서 독립 자금을 모금하다가 적발되었다. 일제는 이를 빌미로 항일 기독교 세력과 신민회를 탄압하기 위해 총독 암살 미수 사건을 날조하여 수백 명의 애국지사를 검거하고 그중 105인을 구속하였다. 이 사건으로 신민회 간부 대다수가 체포되면서 신민회는 해체되었다.

(4) 신민회(1907)

일제의 탄압으로 합법적인 정치 운동이 어려워지자, **안창호와 양기탁을 중심으로 비밀 결사 단체인 신민회**가 조직되었다. 신민회는 서북 지방 인물을 중심으로 언론인, 종교인, 교사, 학생 등 광범위한 계층 인사를 망라하였다. 신민회는 국권 회복과 **공화정체의 근대 국민 국가 건설**을 목표로 활동하였다. 이들은 국내에서 교육·경제적 실력 양성 운동을 전개하였다. 이에 따라 평양에 **대성 학교**, 정주에 **오산 학교** 등을 세웠고, **자기 회사·태극 서관 등을 설립**하여 민족 산업 육성에 노력하였다. 또한 만주에 **국외 독립군 기지를 설립**하여 독립 전쟁의 터전을 마련하였다. 그러나 1911년 일제가 날조한 **105인 사건으로 해체**되었다.

> **사료** 신민회 취지서
>
> 신민회는 무엇을 위해 일어남이뇨? 민습의 완고 부패에 신사상이 시급하며, 민습의 우미에 신교육이 시급하며, … 도덕의 타락에 신윤리가 시급하며, 문화의 쇠퇴에 신학술이 시급하며,… 간단히 말하면 오직 신정신을 불러 깨우쳐서 신단체를 조직한 후에 신국을 건설할 뿐이다.

대표 기출문제

제시문은 1907년 순종의 군대 해산 조칙문이다(1907. 8.).
ⓒ 서울 진공 작전(1908. 1.),
ⓔ 남한 대토벌 작전(1909)

[오답분석]
ⓐ 을사의병(1905), ⓑ 을미의병(1895)

다음 조칙이 발표된 이후의 상황에 대한 설명으로 옳은 것만을 〈보기〉에서 모두 고른 것은?
2017년 국가직 9급

《관보》 호외
짐이 생각건대 쓸데없는 비용을 절약하여 이용후생에 응용함이 급무라. 현재 군대는 용병으로서 상하의 일치와 국가 안전을 지키는 방위에 부족한지라. 훗날 징병법을 발표하여 공고한 병력을 구비할 때까지 황실시위에 필요한 자를 빼고 모두 일시에 해산하노라.

[보기]
ⓐ 신돌석과 같은 평민 출신의 의병장이 처음으로 등장하였다.
ⓑ 단발령의 실시로 위정척사 사상에 바탕을 둔 의병 운동이 시작되었다.
ⓒ 연합 의병 부대인 13도 창의군이 결성되어 서울 진공 작전을 계획하였다.
ⓔ 일본군의 '남한 대토벌 작전'으로 의병 부대의 근거지가 초토화되었다.

① ⓐ, ⓑ
② ⓐ, ⓔ
③ ⓑ, ⓒ
④ ⓒ, ⓔ

[정답] ④

Theme 42 근대의 경제·사회·문화

기/출/분/석

구분	2008~2016	2017	2018	2019	2020	2021	2022	2023
국가 9급	• 화폐 정리 사업 • 대한매일신보 • 종교계 민족 운동	근대 문화		일제 경제 침탈		개항기 무역		
지방 9급	• 대일무역 • 근대 교육 기관 • 박은식		근대 건축물					
법원 9급	• 경제적 구국 운동(2) • 근대 사회 • 근대 건축물 • 원산학사		육영공원					

1 청·일 상인의 경제적 침투

개항 이후 일본 상인이 국내에 침투하기 시작하였다. 처음에는 **일본인의 거류지를 제한**하였으므로, **조선의 중간 상인**을 통해 내륙 시장에서 상품을 사고파는 거류지 무역을 행하였다. 일본 상인은 영국산 면직물을 조선에 판매하고 쌀을 반출해 가는 중계 무역으로 막대한 이익을 취하였다. 이에 조선에서는 **쌀값이 폭등**하고 면직물 공업이 몰락하게 되었다.

한편, 임오군란 이후 청 상인도 활발하게 조선에 진출하였으며, 1880년대 중반부터 모든 외국인에게 **내지 통상의 자유**를 허락함으로써 조선 중간 상인들이 급속히 몰락하였다. 청·일 전쟁 후에는 **일본이 조선 시장을 독점적으로 지배**하였다.

> **더 알아보기**
>
> **거류지**
> 개항장에서 외국인의 거주와 무역을 허가한 지역이다. 이곳은 치외법권 지역으로 열강의 경제적·정치적·문화적 침략의 거점이 되었다.

2 열강의 이권 침탈

아관파천(1896)을 계기로 제국주의 열강의 이권 침탈이 본격화되었다.

미국	• 경인선 철도 부설권(⇨ 일본에 양도) • 운산 금광 채굴권, 서울 전등·전화·전차·전기·수도 시설권
러시아	울릉도·압록강 유역 삼림 채벌권(1896)
일본	• 경부선 철도 부설권(1898) • 충청도 직산 금광 채굴권(1900) • 경원선·경의선 부설권 인수(1904)

■ 열강의 이권 침탈

더 알아보기

화폐 정리 사업(1905)
제1차 한·일 협약(1904)으로 부임한 재정 고문 메가다는 화폐 정리 사업을 추진하였다. 이는 조선 화폐인 백동화와 엽전을 일본 제일은행에서 발행한 새 화폐로 교환하는 것이었으나, 여러 부정이 자행되어 백동화를 가진 국내 상공업자가 몰락하는 등 피해가 컸다. 이후 일본 제일은행의 화폐가 국가의 기초 화폐가 되었고, 화폐에 대한 지배권이 자연히 일본에 넘어가게 되었다.

3 경제 자주권 수호 운동

개항 이후 일본으로 곡물이 과다하게 유출되자 함경도와 황해도 등지에서 **방곡령이 시행**(1889~1890)되었다. 그러나 일제는 방곡령 시행 1개월 전에 미리 통고해야 한다는 **개정 조·일 통상 장정(1883)의 규정을 구실**로 방곡령을 철회하게 하였고, 오히려 배상금을 요구하였다. 한편, 서울 상인들은 외국 상인들의 상권 침탈에 맞서 철시 파업을 벌이고 시위 투쟁을 하였다. 또한 열강의 이권 침탈에 대항하여 **독립 협회의 이권 수호 운동, 보안회의 황무지 개간권 저지 운동** 등이 전개되어 일부 성과를 거두었다.

4 국채 보상 운동 ✖

일제가 을사조약으로 통감부를 설치한 후 시설 개선 등의 이유로 **정부에 차관을 강요**, 제공하자 국민의 힘으로 국채를 갚고 자주권을 지키자는 **국채 보상 운동**이 전개되었다. 이는 1907년 **대구에서 김광제, 서상돈** 등의 발의로 시작되어 전국으로 확산되었고 언론 기관과 온 국민이 호응하였으나 일제의 탄압으로 실패하였다.

5 평등 사회로의 이행(신분제 폐지)

개항 이후인 1886년에는 **노비 세습제가 철폐**되었고, 이어서 1차 갑오개혁(1894) 때는 **신분제가 법제상 폐지**되었다. 이로써 사회적 평등을 위한 기틀이 마련되었다.

6 민권 사상의 보급과 사회 의식의 확산

독립 협회(1896)는 민중 계몽, 민권 신장을 위해 노력하였다. 특히 **관민 공동회**(1898)에 **백정이 연설**에 나섰다는 사실은 평등 사회의 출현을 의미하는 사건이었다. 이러한 민중 계몽 운동은 대한 제국 말기의 **애국 계몽 운동으로 계승**되었다.

7 근대 문물의 수용

개항 이후에는 **동도서기**에 입각하여 개화 정책들이 추진하였다.

교통	• 서대문–청량리 간 최초로 전차 운행(1898) • 최초의 철도인 경인선 완성(1899), 경부선(1905), 경의선(1906)
통신	• 일본–부산 간 전신 가설(1884, 일본) • 서울–인천과 서울–의주 간 전신 가설(1885, 청) • 경운궁에 전화 가설(1898, 미국인) • 우정총국 설립(1884)
의료	광혜원(1885, 최초 근대식 병원)
기타	• 기기창(1883, 무기 공장), 박문국(1883, 한성순보 발간) • 전환국(1883, 화폐 발행)

8 근대 교육의 실시

개항 이후 개항지인 원산에 **최초의 근대 사립 학교인 원산 학사**(1883)가 세워졌다. 비슷한 시기 동문학(1883), 육영 공원(1886) 등이 설립되었고, 2차 갑오개혁 시기에 **교육 입국 조서(1895)**를 반포한 이후 한성 사범학교, 한성 중학교 등 **각종 관립 학교**가 세워졌다.

한편, 서울에는 외국인 선교사들이 많은 학교를 세웠다. 대표적으로 배재학당, 이화학당 등이 있다. 을사조약 이후에는 국권 회복을 위해 민족 운동가들이 여러 학교를 건립하였다. 국내의 보성 학교, 대성 학교, 오산 학교, 국외의 서전서숙, 신흥 강습소 등이 대표적이다.

원산 학사(1883)	최초의 근대적 사립 학교(학문 + 무술)
동문학(1883)	최초의 근대적 영어 강습 기관(정부)
육영 공원(1886)	최초의 근대적 관립 학교(상류층 자제)

사료

교육 입국 조서(1895)

교육은 그 길이 있는 것이니, 헛된 이름과 실용을 먼저 분별하여야 할지로다. 독서나 습자로 고인의 찌꺼기나 줍기에 몰두하여 시세대국(時勢大國)에 어두운 자는 비록 그 문장이 고금을 능할지라도 쓸모없는 서생(書生)에 지나지 못하리라. 이제 짐은 정부에 명하여 널리 학교를 세우고 인재를 양성하여 너희들 신민(臣民)의 학식으로 국가 중흥의 큰 공을 세우고자 하노니, 너희들 신민은 충군(忠君)하고 위국(爲國)하는 마음으로 너희의 덕(德)과 몸과 지(知)를 기를지어다.

▌한성순보

9 민족 언론의 활동

언론 기관은 국민 계몽과 애국심 고취에 큰 역할을 하였다.

한성순보(1883)	박문국에서 발간한 우리나라 최초의 신문(순 한문)
독립신문(1896)	최초 근대적 민간지(서재필), 한글판과 영문판 발행
제국신문(1898)	이종일 등이 순 한글로 서민층과 부녀자 대상으로 발행
황성신문(1898)	• 양반 유생층 대상, 국한문 혼용체로 발간 • 장지연의 「시일야방성대곡」
대한매일신보(1904)	• 영국인 베델과 양기탁이 발행, 항일 논조 강함 • 국채 보상 운동 등을 적극 홍보, 의병에 대해 호의적
경향신문(1906)	천주교 계통의 기관지
만세보(1906)	천도교 계통의 일간지

10 역사와 국어 연구

신채호, 박은식 등은 위인전(『을지문덕전』, 『강감찬전』, 『이순신전』, 『최도통전』 등)과 외국의 흥망사 등을 통해 독립 의식과 역사의식을 높이기 위해 노력하였다. 신채호는 1908년 **「독사신론」**을 발표하여 민족주의 사학의 연구 방향을 제시하였다. 1907년에는 **지석영, 주시경 중심**으로 **국문 연구소**가 설립되었고, 주시경의 『국어문법』과 같은 책들도 간행되었다.

> **사료** **신문지법(1907. 7.)**
>
> 제1조　신문지를 발행하려는 자는 발행지를 관할하는 관찰사(경성에서는 관무사)를 경유하여 내부대신에게 청원하여 허가를 받아야 한다.
> 제21조　내부대신은 신문지가 안녕 질서를 방해하거나 풍속을 어지럽힌다고 인정될 때는 그 발매 반포를 금지하고 압수하여 발행을 정지하거나 금지할 수 있다.

🔍 **대표 기출문제**

② 조·청 수륙 무역 장정으로 청나라에서의 수입액이 꾸준히 증가한 것은 맞지만, 수입액이 일본을 앞지른 적은 없었다.

정답 ②

개항기 무역에 대한 설명으로 옳지 않은 것은?　　2021년 국가직 9급
① 개항장에서 조선인 객주가 중개 활동을 하였다.
② 조·청 무역장정으로 청국에서의 수입액이 일본을 앞질렀다.
③ 일본 상인은 면제품을 팔고, 쇠가죽·쌀·콩 등을 구입하였다.
④ 조·일 통상장정의 개정으로 곡물 수출이 금지되기도 하였다.

MEMO

시작!
노범석
한국사

43 식민 통치 체제의 구축과 경제 수탈

44 3·1 운동과 대한민국 임시 정부

45 국내의 항일 운동

46 무장 독립 전쟁의 전개

47 실력 양성 운동과 사회 운동

48 민족 문화 수호 운동

PART

07

민족의 독립 운동

Theme 43 식민 통치 체제의 구축과 경제 수탈

기·출·분·석

구분	2008~2016	2017	2018	2019	2020	2021	2022	2023
국가 9급	• 식민 통치(2) • 경제 수탈(2)	식민 통치(하)	식민 통치(2)		치안 유지법	• 토지 조사 사업 • 식민 통치	식민 통치	식민 통치(2)
지방 9급	• 식민 통치(3) • 경제 수탈 • 산미 증식 계획 • 국가 총동원령			식민 통치				

법원 9급	• 무단 통치
	• 토지 조사 사업
	  (2)
	• 산미 증식 계획
	• 1930년대 일제
	  정책(3)
	• 2차 교육령
				토지 조사 사업		1930년대 이후
						일제 정책		

해·법·요·람

시기별 일제의 통치 방식과 경제 수탈

	통치 방식	경제 수탈	
1기	무단 통치(헌병 경찰)	토지 조사 사업 + 안정적 지세 확보 + 토지 약탈	재정 확보: 전매 제도(소금, 인삼 등) 삼림령(1911), 어업령(1911) 광업령(1915), 임야조사령(1918)
	3·1운동		
2기	문화 통치(기만적) ⇒ 이간 분열	산미 증식 계획 + 식량 사정 악화 만주에서 잡곡 수입	일본의 산업화: 회사령 철폐(⇒ 신고제) 일본 상품의 관세 철폐(1923) 신은행령(1928)
	만주 사변		
3기	민족 말살 통치 (황국 신민화) ⇒ 전쟁 동원	만주 사변 (1931) 병참 기지화 정책	남면북양 정책 중화학 공업 강화(북부 지방)
		중·일 전쟁 (1937) 총동원령	물적 수탈: 산미 증식 계획 재개, 각종 공출제 인적 수탈: 징용, 지원병제
		태평양 전쟁 (1941) 전쟁 동원: 학도 지원병제, 징병제, 여자 정신대 근로령	

1 1910년대 무단 통치(헌병 경찰 통치) ✦

일제는 식민 통치의 중추 기관으로 **조선 총독부**를 설치하고 **헌병경찰제**를 실시하여 헌병에게 경찰 업무와 일반 행정 업무까지 부여하였다. 헌병 경찰에게는 즉결 처분권이 있었으며, 조선인을 처벌할 때 태형을 가할 수 있었다(**조선 태형령,** 1912). 또한 **경찰범 처벌 규칙(1912)**에 따라 조선인의 일상 생활까지 단속하였다. 일제는 헌병경찰을 앞세워 우리 민족을 감시·탄압했으며, 일반 관리나 교원도 제복을 입고 칼을 차고 다니게 하는 등 공포 분위기를 조성하였다. **1차 조선 교육령**을 제정하여 식민 통치에 순응하는 인간 육성을 목표로 낮은 수준의 실업교육을 실시하였다. 언론·집회·출판·결사의 자유를 극도로 제한했으며, 민족 운동을 억압하고 탄압하였다(⇨ **105인 사건** 등).

2 1910년대 일제의 경제 수탈

(1) 토지 조사 사업(1910~1918) ✦✦

일제는 **토지조사국(1910)**을 설치하고 **토지 조사령**(1912)을 발표하여 토지 조사 사업을 추진하였다. 이는 근대적인 토지 소유권 확립을 위한 것이라고 선전했지만, 실제로는 식민 통치에 필요한 재정 확보와 일본인의 토지 소유 확대를 목적으로 추진된 정책이었다.

정해진 기간 내에 절차에 따라 신고된 토지만 신고자의 소유로 인정하는 방식으로 추진되었다. 그 결과 기한 내에 미신고된 토지, 공공 기관 및 가문 소유의 토지 등이 조선 총독부의 소유가 되었으며, **지주의 소유권만 인정**되고 농민의 도지권·입회권은 인정되지 않았다. 그리하여 **많은 농민은 토지를 잃고 소작농으로 몰락**하였으며, **식민지 지주제가 확대**되었다.

> **사료 토지 조사령**
>
> 제4관 토지 소유자는 조선 총독이 정하는 기간 내에 주소·씨명, 명칭 및 소유지의 소재, 지목, 자번호(字番號), 사표(四標), 등급, 지적, 결수(結數)를 임시 토지 조사 국장에게 신고해야 한다. 단, 국유지는 보관 관청이 임시 토지 조사 국장에게 통지해야 한다. ─『조선 총독부 관보』(1912. 8. 13.)

(2) 산업 침탈

일제는 **1910년**에 **회사령**을 발표하여 **회사를 설립할 때 총독의 허가**를 받도록 하였다. 이에 따라 한국인의 기업 활동이 억압되었다.

또한 은행령 제정·조선 식산 은행 설립 등을 통해 금융을 장악했으며, 전매 제도를 실시하여 총독부의 수입을 늘렸다. 또한, 삼림령(1911)·어업령(1911)·조선광업령(1915) 등을 만들어 조선의 각종 자원들을 착취하였다.

조선 총독부

일제는 식민 통치의 최고 기구로 조선 총독부를 설치하고, 조선 총독에게 행정·입법·사법권과 군통수권을 포함하는 절대 권력을 부여하였다. 또한 조선인을 회유하기 위해 친일파 한국인을 참여시키는 형식으로 중추원을 총독부 자문 기관으로 이용하였는데, 3·1 운동 때까지 단 한 번도 소집된 적이 없었다.

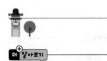

조선 총독부의 검열에 의해 절반가량이 백지로 발행된 신문

3 1920년대 문화 통치(민족 분열 통치)

3·1 운동을 계기로 무단통치의 한계를 깨달은 일제는 **우리 민족을 이간·분열시키려는 기만적인 문화 통치**로 식민지 정책을 전환하였다.

이에 따라 총독에 **문관도 임명될 수 있게** 했으나 실제로 문관 출신 총독은 **한 명도 임명되지 않았다.** 헌병 경찰제를 **보통 경찰제로 전환**하였으나 오히려 경찰 수와 장비가 증가했으며, **치안유지법(1925)**을 만들어 사회주의 사상과 독립 운동을 탄압하는데 이용하였다. **동아일보·조선일보 등 우리말 신문의 발행을 허용**했으나, **검열은 오히려 강화**되었다.

1922년에는 조선인에 대한 교육 기회의 확대를 표방한 **2차 조선 교육령**을 발표하였다. 이를 통해 보통학교의 수업 연한을 연장(6년)하고 학교 수를 증가하였다.

> **사료 문화 통치의 본질**
>
> • 핵심적 친일 인물을 골라 그 인물로 하여금 귀족, 양반, 부호, 교육가, 종교가에 침투하여 계급과 사정을 참작하여 각종 친일 단체를 조직하게 한다.
> • 조선 문제 해결의 성공 여부는 친일 인물을 많이 얻는 데 있으므로 친일 민간인에게 편의와 원조를 주어 수재 교육의 이름 아래 많은 친일 지식인을 긴 안목으로 키운다.
> — 사이토 마코토 총독, 「조선 민족 운동에 대한 대책」(1920)

4 1920년대 일제의 경제 수탈

(1) 산미 증식 계획(1920~1935, 1934년 중단)

1920년대 일본은 급격한 공업화로 도시 노동자가 증가하면서 식량이 부족해졌다. 일제는 이를 해결하기 위해 무리한 **산미 증식 계획**을 추진하여 **한국에서 쌀 수탈**을 자행하였다. 수리 시설 개선, 품종 개량, 시비법 확대 등을 통해 식량 생산을 늘리고자 하였다. 그러나 계획만큼 쌀 생산량이 늘어나지 않았음에도 수탈은 목표한 대로 수행하여 한국 내 식량 사정은 극도로 악화되었다. 또한 비료 대금, 수리 조합비 등 각종 비용까지 지주들이 농민에게 전가하여 다수의 농민들이 몰락하였다.

(2) 일본 자본의 조선 침투

1920년에는 **회사령을 폐지**하여 회사 설립을 **허가제에서 신고제로 완화**했으며, 1923년부터 조선에 들어오는 일본 상품들에 대한 관세를 철폐하였다. 이는 일본 자본의 침투와 일본 기업의 **한반도 진출을 용이**하게 하기 위한 조치였다.

5 1930년대 이후 민족 말살 정책

(1) 배경

1920년대 후반 세계 대공황이 일어나자 일본도 경제적으로 큰 타격을 입었다. 이를 극복하기 위해 일본은 만주를 점령(만주사변, 1931)하였고, 중ㆍ일 전쟁 (1937)과 태평양 전쟁(1941)을 잇따라 일으켰다. 이에 따라 한국인을 전쟁에 동원하기 위한 각종 정책을 추진하였다.

(2) 내용

일제는 **내선 일체, 일선동조론**을 내세우는 한편 **황국 신민 서사 암송, 신사 참배, 궁성 요배, 창씨 개명** 등 황국신민화 정책을 추진하였다.
1938년 3차 조선교육령을 통해 학체상 차별을 철폐했으며, 조선어를 선택 과목으로 지정하였다. 이후 **1941년 국민학교령**을 통해 심상소학교의 명칭을 국민학교로 고쳤으며, **1943년 4차 조선교육령**을 제정하여 조선어 사용을 금지하였다. 또한, 1940년에는 한글로 발행되는 **동아일보ㆍ조선일보도** 강제 폐간하였다.

6 1930년대 이후 일제의 경제 수탈 정책

1930년대 이후 일제는 대륙 침략을 본격화하여 한반도를 침략 전쟁에 필요한 물자를 공급하는 **병참 기지**로 만들고자 하였다. 만주사변 이후 공업 원료를 수탈하기 위해 **남면북양 정책**을 추진하였다. 그리고 중일 전쟁 이후에는 **1938년 국가 총동원법**을 제정하여 한반도의 인적ㆍ물적 자원 수탈에 주력하였다. 또한 군량미 확보를 위해 산미 증식계획의 재개ㆍ미곡 공출제 등을 실시했으며, 주요 군수 물자들을 공출하였다.
일제는 **1939년 국민 징용령**을 통해 조선인들을 전쟁을 위한 노동자로 끌고 갔다. **1943년**에는 **학도 지원병제**를, **1944년**에는 **징병제**를 제정하여 수많은 한국인을 전쟁에 동원하였다. 심지어 **1944년 여자 정신 근로령**을 통해 여성들까지 전쟁에 동원하였다.

 대표 기출문제

다음 법령이 시행되던 시기에 볼 수 있는 모습으로 옳은 것은? **2016년 지방직 9급**

제1조 3개월 이하의 징역 또는 구류에 처하여야 할 자는 그 정상에 따라 태형에 처할 수 있다.
제6조 태형은 태로써 볼기를 치는 방법으로 집행한다.
제13조 본령은 조선인에 한하여 적용한다.

① 회사령 공포를 듣고 있는 상인
② 경의선 철도 개통식을 보는 학생
③ 동양 척식 주식회사의 설립식에 참석한 기자
④ 대한 광복군 정부의 군사 훈련에 참여한 청년

더 알아보기

내선 일체와 일선동조론

1. 내선 일체: 일본과 조선이 하나라는 주장으로 한국인을 일본인으로 동화시키려는 정책
2. 일선동조론: 한국사와 일본사의 뿌리가 같고 조상이 하나라는 논리로, 우리 고대사를 왜곡

더 알아보기

남면북양 정책

일제는 1930년대부터 공업 원료 수탈을 목적으로 남면북양 정책을 추진하였다. 이에 따라 남부에 면화(목화) 재배를, 북부에 면양(양) 사육을 강요하였다.

PART 07

제시문은 조선 태형령의 내용으로, 1912년 제정되어 1920년에 폐지되었다. ④ 대한 광복군 정부는 1914년에 수립되었다.

오답분석
① 1910년, ② 1906년, ③ 1908년의 일이다.

정답 ④

Theme 44 · 3 · 1 운동과 대한민국 임시 정부

구분	2008~2016	2017	2018	2019	2020	2021	2022	2023
국가 9급	3 · 1 운동(2)	국민 대표 회의				국민 대표 회의	임시 정부	임시 정부
지방 9급	임시 정부							
법원 9급	• 3 · 1 운동 • 임시 정부			임시 정부		• 3 · 1 운동 • 임시 정부		

해/법/요/람

대한민국 임시 정부

▶ 대한 국민 의회(연해주): 대통령(손병희)
⇩
▶ 한성 정부(국내): 국민 대회(13도 대표)
⇧
▶ 대한민국 임시 정부(상하이)

만주 중심론	상하이 중심론
국경선에 근접 조선인 많음. 무장 투쟁에 유리	국제적 도시(각국의 조계지) 안전함. 외교 활동에 유리

1919. 9. **상하이 임시 정부** 정통성: 한성 정부 / 위치: 상하이

형태 3권 분립, 민주 공화제, 대통령 – 이승만 / 국무총리 – 이동휘

활동 군자금 모금: 연통제, 교통국, 이륭양행, 백산상회, 애국(독립) 공채, 국민 의연금
군사: 광복군 사령부(총영), 육군 주만 참의부
문화: 「독립신문」, 사료 편찬소(「한·일 관계 사료집」)
외교: 파리 강화 회의에 김규식 파견, 구미 위원부 설치 ⇨ 성과 없음.

임정 침체 ➤ ◀ **노선 갈등**

1923 **국민 대표 회의**

창조파 VS 개조파 ⇨ 성과 없음.
⇨ 많은 독립운동가들 이탈 ⇨ 침체
⇩
임정 옹호파(김구): 한인 애국단 활약(이봉창, 윤봉길)
⇩

⇩
충칭 정부

주석제(김구), 한국 광복군 창설
건국 강령(삼균주의) 발표, 대일 선전 포고
김원봉 계열 합류 ⇨ 주석·부주석제(5차 개헌)

블라디보스토크
블라디보스토크
대한 국민 의회(1919. 3.)
대통령 손병희

ㅇ베이징
ㅇ톈진
ㅇ서울

서 울
한성 정부(1919. 4.)
집정관 총재 이승만
국무총리 이동휘

상하이ㅇ
상하이
대한민국 임시 정부(1919. 4.)
국무총리 이승만

1 3·1 운동의 배경

1차 세계대전 이후 미국 대통령 윌슨은 자기 민족의 운명은 스스로 결정한다는 **민족 자결주의**를 주장하였다. 이러한 국제 정세의 변화에 발맞추어 1917년에는 상하이에서 신규식, 신채호, 조소앙 등이 **대동단결선언**을 선포하였고, 만주에서는 독립 운동가들이 무장 투쟁의 의지를 담은 **무오 독립 선언**(대한 독립 선언)을 발표하였다. 또한, 1919년 2월에는 도쿄 유학생들이 **2·8 독립 선언**을 발표하며 시위를 벌였다. 이러한 국외의 상황은 3·1 운동에 큰 영향을 주었다.

2 3·1 운동의 전개

고종의 급작스런 죽음과 2·8 독립 선언에 영향을 받아 개신교, 천도교, 불교 등 종교계 인사와 학생 대표들이 비밀리에 모임을 갖고 만세 시위를 준비하였다. 종교계 인사를 중심으로 **33인의 민족 대표**가 구성되었고, 이들은 **독립 선언서와 공약 3장**을 작성하였다. 대중화, 비폭력 노선을 견지한 민족 대표들은 폭력 사태가 일어날 것을 우려하여 1919년 3월 1일 탑골 공원이 아니라 태화관에서 독립 선언서를 발표하고 자진체포되었다. 그러나 학생과 시민들은 탑골 공원에서 대한 독립 만세를 외쳤고 노동자와 상인 역시 적극 호응하였다. 이 운동은 서울을 비롯하여 전국 주요 도시를 비롯한 농촌까지 확대되었다. 이 무렵 비폭력으로 시작된 만세 시위가 이 무렵 점차 **무력적인 저항**으로 바뀌었다. 한편, 간도, 상하이, 연해주, 미주 지역 등 국외에서도 만세 시위가 이어졌다.

3 일제의 탄압

일제는 군대, 헌병 경찰, 본국 병력까지 동원하여 무자비하게 시위를 탄압하였다. 이 과정에서 화성 제암리 학살 등의 만행이 자행되었다.

4 3·1 운동의 의의와 영향

일제는 3·1 운동을 계기로 통치 방식을 바꿔 민족을 분열하기 위한 **기만적인 문화 통치를 실시**하였다. 또한, 독립 운동을 이끌어 갈 통일된 지도부의 필요성이 커짐에 따라 **대한민국 임시 정부가 수립**되는 계기가 되었다.
3·1 운동은 모든 계층이 참여한 **우리 역사상 최대 규모의 민족 운동**이며, 이후 민족 운동의 주체가 학생, 농민, 노동자 등으로 확대될 수 있었다.
3·1 운동은 **최초의 반제 민족 운동**으로, 중국의 5·4 운동이나 인도의 비폭력·무저항 운동 등에 영향을 미쳤다.

더 알아보기

윌슨의 민족 자결주의의 허구성
전승국의 식민지는 예외였고, 패전국이나 러시아의 지배하에 있었던 일부 약소 민족에게만 적용되었다.

✓ 3·1 운동

1단계
- 민족 대표에 의해 주요 도시에서 시위 점화
- 지식인 종교인 민족 자본가 참여
- 비폭력의 원칙

2단계
- 청년과 학생, 지식인 중심으로 시위 확산
- 도시 상인과 노동자도 참여

3단계
- 전국 농촌과 산간벽지까지 확산
- 토지 조사 사업 등으로 피해를 입은 농민층이 적극적 참여
- 무력 저항으로 변모

4단계
- 이후 국외 지역으로 확산
- 유학생들과 해외 동포 참여

더 알아보기

화성 제암리 학살 사건
1919년 4월 일본군은 경기도 화성 제암리에서 15세 이상의 남자를 교회에 모이게 하여 밖에서 문을 잠그고 무차별 사격 후 불을 질러 23명을 학살하고 이웃 마을로 가 또 6명을 학살하였다.

www.pmg.co.kr

더 알아보기

각지의 임시 정부

대한 국민 의회 (연해주, 1919. 3.)
대통령 손병희, 국무총리 이승만
상하이 임시 정부 (상하이, 1919. 4.)
의장 이동녕, 국무총리 이승만
한성 정부(서울, 1919. 4.)
집정관 총재 이승만, 국무총리 이동휘

▌임시 정부의 청사

더 알아보기

연통제와 교통국

연통제는 국내에 연락 책임자를 두어 정부 문서 전달과 군자금의 조달, 정보의 보고 등의 업무를 담당하게 했으며, 교통국은 통신 기관으로, 정보의 수집·분석과 독립 운동 자금 모집 등을 담당하였다.

더 알아보기

임시 정부의 개헌 과정

1차 개헌 (1919)	대통령 지도제(대통령 이승만, 국무총리 이동휘)
2차 개헌 (1925)	국무령 중심 내각 책임 지도제(국무령 김구)
3차 개헌 (1927)	국무위원 중심제
4차 개헌 (1940)	주석 중심제(주석 김구)
5차 개헌 (1944)	주석·부주석 중심제(주석 김구, 부주석 김규식)

5 대한민국 임시 정부의 구성

3·1 운동 이후 각지에서 수립된 정부들을 통합하여 **1919년 상하이에서 대한민국 임시 정부가 출범**하였다.

대한민국 임시 정부는 **삼권 분립**에 입각한 **민주 공화제 정부**로서 입법 기관(임시 의정원)과 사법 기관(법원), 행정 기관(국무원)으로 구성되었다.

6 임시 정부의 활동 ✦ ✦

(1) 국내와의 연결

국내외 독립 운동을 지휘·감독하기 위한 **비밀 행정 조직망**으로 **연통제**를 두었고, 정보의 수집·분석·교환·연락 업무를 담당하는 교통국을 두었다.

(2) 군자금 조달

독립 운동 자금을 마련하기 위해 **애국 공채를 발행**하고 **의연금을 모금**하였다. **만주의 이륭양행**이나 **부산의 백산상회, 연통제**와 **교통국**을 통해 전달되었다.

(3) 외교 활동

김규식을 외무 총장에 임명하여 **파리강화회의에 독립 청원서를 제출**하게 했으며, **워싱턴**에 구미 위원부를 두고 **이승만** 중심으로 외교 활동을 전개하였다.

(4) 군사 활동

1923년 남만주의 독립군을 통합하여 **육군 주만 참의부**를 편성하였다. 이후 **1940년**에는 지청천 등을 중심으로 **한국광복군**을 결성하였다.

(5) 문화 활동

임시 정부 기관지로 『**독립신문**』을 간행하였고, **사료 편찬소**를 설립하여 『**한·일 관계 사료집**』을 간행하였다.

7 국민 대표 회의

일제의 탄압이 심해지고, 외교 활동의 성과도 미흡하자 임시 정부의 활동 방향을 놓고 노선 갈등이 점차 심해졌다.

이에 1923년에 **국민 대표 회의**가 개최되었다. 새로운 정부를 세우자는 **창조파**(신채호 등, 무장 투쟁 주장)와 임시 정부의 개편을 주장하는 **개조파**(안창호 등, 실력 양성 주장)가 대립하여 성과를 얻지 못한 채 결렬되었다. 이후 다수의 독립 운동가들이 이탈하여 임시 정부의 세력은 크게 약화되었다. 임시 정부는 체제 정비를 위해 **1925년** 이승만을 대통령직에서 탄핵하고 **박은식을 2대 대통령으로 추대**하였다. 그리고 2차 개헌과 3차 개헌을 통해 보다 많은 독립 운동가의 참여를 유도하였다.

Theme 45 국내의 항일 운동

기/출/분/석

구분	2008~2016	2017	2018	2019	2020	2021	2022	2023
국가 9급	• 이동휘 • 독립 운동(1920) • 의열단 • 한인 애국단 • 독립 의군부와 대한 광복회	신간회		독립 운동(1920)				
지방 9급	• 이상설 • 의열단 • 한인 애국단	• 의열단 • 신간회	의열단	의열단	근우회	신간회	의열단	
법원 9급	• 독립 의군부 • 국내 민족 운동(3) • 신간회	• 광주 학생 항일 • 신간회	자치 운동			광주 학생 항일		

해/법/요/람

국내의 항일 만세 운동

6·10 만세 운동
1926
• 순종(융희) 인산일 • 조선 공산당 + 천도교 + 학생 노·농 단체 • 조선 학생 과학 연구회 주도 • 민족주의와 사회주의 연대 계기

⇒ 신간회 1927 ⇒

광주 학생 항일 운동
1929
• 민족 차별 교육 + 학생 운동 역량↑ + 신간회 활동 • 학생 투쟁 + 일반 국민 ⇒ 전국 규모 확대 • 3·1 운동 이후 최대 민족 운동

7월 조선 민흥회

11월 정우회 선언

① 창립(1927): 이상재, 홍명희
　├ 중앙 본부: 민족주의 주도
　└ 지방 지회: 사회주의 중심
② 주요 활동(1929)
　▶ 광주 학생 항일 운동 지원
　▶ 원산 노동자 총파업 지원
　⇒ 일제 탄압 ⇒ 지도부 검거
③ 해체(1931)
　┌ 새 지도부 우경화(타협적 민족주의자↑)
　├ ⇒ 중앙 본부 VS 지방 지회 갈등 증폭
　└ 코민테른 노선 변경

1920년대
의열단
약산 김원봉

VS

1930년대
애국단
백범 김구

• 김상옥: 종로 경찰서 폭탄 투척
• 나석주: 동척, 식산 은행 철도 회사 폭탄 투척
• 의열단 선언문(1923): 신채호 '조선 혁명 선언'

1926년 황포 군관 학교 입학
1935년 민족 혁명당
1938년 조선 의용대
1942년 충칭 정부에 합류

• 이봉창: 일본 국왕(도쿄) 투탄 의거
• 윤봉길: 상하이 훙커우 공원 투탄 의거
　⇒ 중국 국민당의 임정 지원 계기

1932년 1월 이봉창 의거
1932년 1월 상하이 사변
1932년 4월 29일 윤봉길 의거
⇒ 임시 정부 이동 시작

더 알아보기

복벽주의(復辟主義)
나라를 되찾아 임금을 다시 세
우겠다는 주장으로, 조선 왕조
의 회복을 추구하는 이념이다.

1 1910년대 국내의 민족 운동

1910년대 일제의 무단통치에 따른 탄압으로 국내에서는 주로 비밀 결사의 형
태로 활동했는데, 대표적인 단체로는 독립 의군부와 대한 광복회 등이 있다.
독립 의군부는 1912년 의병 출신인 **임병찬**이 고종의 비밀지령을 받아 결성한
단체로, 국권의 회복과 **고종의 복위(복벽주의)**를 목표로 활동하였다. 이들은
총독부와 일본 정부에 **국권 반환 요구서**를 제출하려고 계획했다가 발각되어
해체되었다.
대한 광복회는 1915년 결성된 단체로, **박상진**의 조선 국권회복단과 채기중의
대한광복단이 제휴한 것이다. **공화주의**를 목표로 했으며, 군대식 조직을 갖추
고 군자금 모집·친일 부호 처단 등 무력 투쟁 활동을 하였다.

2 6·10 만세 운동(1926)

■ 6·10 만세 운동

(1) 배경

일제의 수탈 정책과 식민지 교육 정책에 대한 반발이 커지고 있는 가운데,
1926년 4월 순종의 사망을 계기로 민족 감정이 크게 고조되었다.

(2) 전개

사회주의 계열(조선 공산당)과 일부 민족주의자(천도교 계열)은 학생 조직과
함께 **순종의 장례일**에 만세 운동을 하기로 계획하였다. 사전에 발각되었으나,
학생 단체들을 중심으로 1926년 6월 10일 서울에서 격문을 뿌리며 만세 시위
를 전개하였다. 사회주의 계열과 민족주의 계열 간의 협력 경험은 이후 **민족
유일당 운동의 기폭제**로 작용하였다.

더 알아보기

6·10 만세 운동의 의의
학생이 항일 운동의 주체로
등장, 민족 유일당 운동 촉진
(⇨ 신간회 결성)

광주 학생 항일 운동의 의의
3·1 운동 이후 최대 규모의
항일 운동

3 광주 학생 항일 운동(1929)

(1) 배경

학생들은 동맹 휴학 등을 전개하는 등 식민지 차별 교육에 저항하였다. 그리
고 전국의 학교에는 학생들의 비밀 결사 조직인 독서회 등이 다수 존재하여
학생 운동을 주도하였다.

(2) 전개

1929년 광주에서 일본 학생이 한국인 여학생을 희롱한 사건을 계기로 한·일
학생 간의 충돌이 발생하였다. 이를 처리하는 과정에서 일본 경찰이 일본 학
생만 두둔하자 11월 3일 **광주 지역 학생들이 대규모 시위를 전개**하였다. 광주
학생 항일 운동은 신간회와 성진회·독서회 중앙 본부 등 비밀 결사의 지원을
받아 전국으로 확산된 **3·1 운동 이후 최대 규모**의 민족 운동이었다.

4 신간회(1927) ✦✦

(1) 창립

이상재, 안재홍 **비타협적 민족주의 계열**은 **사회주의 계열과 연대**하여 1927년 신간회를 창립하였다. 신간회는 전국 각지에 140여 개의 지회를 구성했으며 약 4만 명의 회원을 확보한 **최대 규모의 합법적 항일 단체**였다. '**민족의 단결, 정치적·경제적 각성 촉구, 기회주의자 배격**'을 주요 강령으로 삼아 활동하였다.

(2) 활동

강연단을 만들어 전국 각지를 다니며 민중 계몽, 민족의식 고취 등을 위해 노력하였다. 또한, 노동운동·농민운동·여성운동 등 각종 사회운동을 적극 지원하였다. 대표적으로는 **광주 학생 항일 운동, 원산 노동자 총파업** 등이 있다.

(3) 해소(해체)

새로 구성된 지도부가 온건 노선을 내세우며 자치론자와의 제휴를 주장하자, 내부 갈등이 커졌다. 또한, 코민테른의 투쟁 노선 변화(민족주의 운동 비판, 계급 투쟁 강조)에 영향을 받은 일부 사회주의자들은 신간회의 해소를 주장하였다. 민족주의 계열과 사회주의 계열 사이에서 해소를 둘러싼 찬반 논쟁이 전개되었으나, 결국 **1931년 신간회는 해소**되었다.

> **더 알아보기**
>
> **근우회(1927)**
> 신간회의 자매 단체로 조직되었다. 여성 의식 계몽, 여성의 단결과 지위 향상을 목표로 강연회, 야학 등의 활동을 하였다.

5 의열단(1919) ✦✦

의열단은 1919년 **김원봉**, 윤세주 등을 중심으로 **만주 길림성**에서 조직된 단체이다. 이들은 일제 타도를 목적으로 일제 요인 암살, 식민 통치 기관의 파괴 등에 주력하였다. 또한, 김원봉의 요청을 받은 **신채호는 1923년 조선 혁명 선언을 작성**하여 의열단의 투쟁 노선과 행동 강령을 제시하였다.

1920년대 중후반, 의열단은 개별적인 투쟁에 한계를 느끼고 조직적인 무장 투쟁 노선으로 전환하였다. 이에 따라 일부 단원들이 황포 군관 학교에 입교(1926)하여 무장 투쟁을 위한 군대를 양성하고자 했으며, 민족 독립 운동의 단일 정당을 목표로 **민족 혁명당 결성(1935)**을 주도하였다.

■ 김원봉

⚙ **의열단의 주요 활동**: 1920년대 국내와 상하이를 중심으로 활발한 의거 활동 전개

박재혁	부산 경찰서에 폭탄 투척(1920)
최수봉	밀양 경찰서에 폭탄 투척(1920)
김익상	• 조선 총독부에 폭탄 투척(1921) • 상하이에서 일본 육군 대장 다나카 저격(1922)
김상옥	종로 경찰서에 폭탄 투척(1923)
김지섭	도쿄의 일본 궁성에 폭탄 투척(1924)
나석주	동양 척식 주식회사와 철도 회사, 조선 식산 은행에 폭탄 투척(1926)

www.pmg.co.kr

■ 이봉창

■ 김구와 윤봉길

더 알아보기

주요 의열 활동

강우규	조선 총독 사이토에게 폭탄을 투척(1919)
조명하	타이완에서 일본 왕족을 칼로 찌름
백정기	흑색공포단, 중국 상하이에서 일본 공사의 살해를 시도

사료 신채호의 조선 혁명 선언

민중은 우리 혁명의 대본영(大本營)이다. 폭력은 우리 혁명의 유일한 무기이다. 우리는 민중 속으로 가서 민중과 손을 맞잡아 끊임없는 폭력, 암살, 파괴, 폭동으로써 강도 일본의 통치를 타도하고 우리 생활에 불합리한 일체의 제도를 개조하여, 인류로써 인류를 압박하지 못하며, 사회로써 사회를 박탈하지 못하는 이상적 조선을 건설할지니라.

6 한인 애국단(1931) ✿

만주사변 이후 중국에서 독립 운동이 더욱 힘들어졌다. 이를 극복하기 위해 **김구**는 **1931년 상하이**에서 **한인 애국단을 조직**하였다. 단원인 **이봉창**은 1932년 도쿄에서 일본 국왕이 탄 마차 행렬에 폭탄을 던졌으나 실패하였다. 이 사건에 대해 중국 언론이 아쉽다는 기사를 실은 것이 빌미가 되어 일제는 상하이 사변을 일으켰다. 상하이 사변에서 승리한 일제는 **훙커우 공원**에서 상하이 점령 축하 기념식을 열었는데, 이때 단원인 **윤봉길**이 폭탄을 던져 일본 장군들을 살상하였다(1932. 4.). 윤봉길의 의거는 국내외로 큰 반응을 일으켰는데, 특히 중국 국민당(장제스)이 임시 정부에 대한 지원을 강화하는 계기가 되었다.

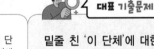
대표 기출문제

밑줄 친 '이 단체'에 대한 설명으로 옳은 것은? 2021년 지방직 9급

　　1920년대 국내에서는 일본과 타협해 실익을 찾자는 자치 운동이 대두하였다. 비타협적인 민족주의자들은 이를 경계하면서 사회주의 세력과 연대하고자 하였다. 사회주의 세력도 정우회 선언을 발표해 비타협적 민족주의 세력과 제휴를 주장하였다. 그 결과 비타협적 민족주의 세력과 사회주의 세력은 1927년 2월에 이 단체를 창립하고 이상재를 회장으로 추대하였다.

① 조선 물산 장려회를 조직해 물산 장려 운동을 펼쳤다.
② 고등 교육 기관을 설립하기 위해 민립 대학 설립 운동을 시작하였다.
③ 문맹 퇴치와 미신 타파를 목적으로 브나로드 운동을 전개하였다.
④ 광주 학생 항일 운동의 진상을 조사하고 이를 알리는 대회를 개최하고자 하였다.

제시된 자료의 밑줄 친 '이 단체'는 신간회이다. ④ 1929년에 광주 학생 항일 운동이 발생하자 조사단을 파견하고 민중 대회를 계획하였으나 사전에 발각되어 실패하였다. 이후 신간회의 지도부가 검거되었다.

오답분석
① 물산 장려 운동에 대한 설명이다. ② 민립 대학 설립 운동에 관한 내용이다. ③ 브나로드 운동은 동아일보가 1931년에 문맹 퇴치와 미신 타파를 목표로 전개한 운동이다.

정답 ④

Theme 46 무장 독립 전쟁의 전개

기/출/분/석

구분	2008~2016	2017	2018	2019	2020	2021	2022	2023
국가 9급	• 무장 독립 전쟁 (2) • 한국광복군	해외 이주		한국 독립군	무장 독립 전쟁			
지방 9급	• 무장 독립 전쟁 (4) • 한국광복군	조소앙	• 김구 • 한국 독립군	임시 정부(1940's)	이회영			
법원 9급	• 무장 독립 전쟁 (7) • 의열단(2) • 한인 애국단 • 조선 의용대 • 한국광복군	무장 독립 전쟁	• 이상설 • 조선 혁명군	무장 독립 전쟁	무장 독립 전쟁	무장 독립 전쟁 (2)		

해/법/요/람

1910년대 국외 독립 운동 기지 건설

지역	기지	단체
남만주	삼원보	• 경학사 ⇨ 부민단 ⇨ 한족회 ⇨ 서로 군정서, 신흥 무관 학교(신흥 강습소) • 대한 독립단 ⇨ (1920년대) 광복군 사령부(총영) ⇨ 대한 통의부 ⇨ 참의부
북간도	용정 연길 왕청	• 서전서숙(이상설) ⇨ 명동 학교(김약연, 명동촌) • 간민회 ⇨ 대한 국민회 ⇨ 국민회군 • 중광단(대종교) ⇨ 대한 정의단 ⇨ 북로 군정서(대한 군정서)
연해주	신한촌 (블라디보스톡)	• 한민회(1905): 자치 기구, 해조신문(1908) • 13도 의군(1910, 유인석) ⇨ 성명회(1910, 유인석 · 이상설) • 권업회(1911, 이상설), 권업신문 • 대한 광복군 정부(1914): 최초의 국외 정부, (정) 이상설, (부) 이동휘 • 한인 사회당(1918, 이동휘): 최초의 국외 사회주의 정당 • 대한 국민 의회(1919): 임시 정부, (정) 손병희
북만주	밀산부	한흥동(이상설), 집단 한인촌
중국	상하이	• 동제사(1912): 신규식 · 박은식, 한인 규합 • 대동 보국단(1915): 신규식 · 박은식, 잡지 『진단』 발행 • 신한 청년당(1919): 여운형, 파리 강화 회의에 김규식 파견
	베이징	신한 혁명당(1910년대): 이상설 · 박은식 · 신규식
미국 (미주)		• 대한인 국민회(1910): 미주 일대 한인 통합 단체 • 대조선 국민군단(1914): 박용만이 하와이에서 조직하여 군사 훈련 • 흥사단(1913): 안창호가 샌프란시스코에서 조직

무장 독립 전쟁 전개 과정

1920년대

| 1. 독립군의 편성 | (⇐ 3·1 운동)

| 2. 독립군의 활약 |

　봉오동 전투(1920. 6.): 대한 독립군(홍범도) 外

　청산리 전투(1920. 10.): 북로 군정서(김좌진) 外 6일간의 혈전, 독립군 항전 사상 최대 승리

| 3. 독립군의 시련 |

　간도 참변(1920. 10.~1921. 4.) ⇒ 밀산부 한흥동 ⇒ 대한 독립군단(서일) ⇒ 소련

　자유시 참변(1921): 소련 적색군의 배신

| 4. 독립군의 재편성 |

　3부의 성립: 민정 + 군정 − ㉠의부(임정 직할 부대), ㉡의부, ㉢민부

| 5. 미쓰야 협정 |　(1925) 만주 독립군 큰 시련

| 6. 독립군의 통합 |　3부 통합 운동 ⇒ 한국 독립 유일당 북경 촉성회(1926, 민족 유일당)

　㉠만주 − **혁신 의회**(1928) ⇒ 한국 독립당(한국 독립군, 지청천)
　㉡만주 − **국민부**(1929) ⇒ 조선 혁명당(조선 혁명군, 양세봉)

1930년대
한·중 연합 작전

| 7. 만주 − 한·중 연합 |

　㉠한국 독립군(지청천) + 중국 호로군 ⇒ **쌍성보, 대전자령, 사도하자 전투** 外

　㉡조선 혁명군(양세봉) + 중국 의용군 ⇒ **영릉가, 흥경성** 전투

| 8. 항일 유격대의 활동 |

　동북 항일 연군(1936) + 조국 광복회(1936, 민족 통일 전선) ⇒ **보천보 전투**(1937)

| 9. 중국 − 한·중 연합 |

　민족 혁명당　**조선 의용대**(김원봉)

　　　　　　　조선 의용대(김원봉) VS 조선 의용대(화북 지방) ⇒ 조선 의용군(김두봉)

　충칭 정부　**한국 광복군**(지청천)

　　　　　　　대일 선전 포고(1941), 인도·미얀마 전선 파견(+ 영국), 국내 진입 작전 준비(+ 미국)

1 1910년대 국외 민족 운동

(1) 남만주(서간도) 지역 ✤

이회영 등 신민회 간부들을 중심으로 **경학사(⇨ 부민단 ⇨한족회)**라는 자치 단체를 만들고, 독립군 양성을 위해 **신흥 강습소(⇨ 신흥 무관 학교)**를 설립하였다.

(2) 북간도 지역

서전서숙과 명동학교 등을 세워 민족 교육을 실시하였다. 또한, 대종교 계열이 만든 무장 독립 단체인 중광단이 활발히 활동하였다.

(3) 북만주 지역

이상설 등은 북만주의 밀산에 독립 운동 기지인 한흥동을 건설하였다.

(4) 연해주 지역 ✤

연해주에는 많은 동포들이 이주하여 집단 거주지인 **신한촌**이 형성되어 있었다. 1910년 의병 조직을 통합한 **13도 의군**이 결성되었으며, 1911년 이상설·홍범도 등이 한인 사회의 단결을 위해 **권업회**를 조직하였다. 권업회는 **이상설과 이동휘를 정·부통령**으로 하는 **대한 광복군 정부**를 수립(1914)하였다. 이후 1919년 손병희를 대통령으로 하는 대한 국민 의회가 만들어졌으나, 상하이 임시 정부로 합병되었다.

(5) 미국 지역

미주 지역에도 노동 이민으로 동포 사회가 형성되어 항일 단체가 생겨났다. 미주의 한인 단체들을 통합하여 1910년 **대한인 국민회**가 조직되었다. 또한, 안창호가 **흥사단**(1913)을, 박용만이 **대조선 국민군단**(1914)을 결성하였다.

(6) 일본 지역

유학생을 중심으로 조선 청년 독립단이 조직되어 **2·8 독립 선언을 발표**(1919)하였다.

2 1920년대 국외 무장 독립 전쟁

(1) 봉오동 전투(1920. 6.)

만주의 독립군이 두만강을 건너 한국에 주둔 중인 일본군을 공격하자 일본이 토벌군을 파견하였다. **홍범도의 대한 독립군**은 이들을 봉오동으로 유인, 국민 회군 등과 연합하여 대승을 거두었다.

(2) 청산리 대첩(1920. 10.)

봉오동 전투에서 참패를 당한 일본은 훈춘 사건을 날조하여 대규모 병력을 만주에 투입하였다. **김좌진의 북로 군정서군, 홍범도의 대한 독립군** 등 연합 부대는 백운평 전투를 시작으로 고동하 전투까지 6일간 10여 회의 전투를 벌여 청산리에서 대승을 거두었다.

> **더 알아보기**
> 국외의 민족 교육 기관
> • 서전서숙 : 1906년 이상설이 북간도 용정촌에 설립하였다. 만주 지역 민족 교육 기관의 효시이다.
> • 신흥 학교 : 신흥 강습소로 출발하여 신흥 중학교, 신흥 무관 학교로 바뀌면서 폐교될 때까지 3000명 이상의 졸업생을 배출했는데, 이들은 무장 독립 전쟁에 중추 역할을 하였다.

> **더 알아보기**
> 중국 본토 지역의 독립 운동
> 신규식은 1912년 동제사를 조직하였고, 1915년 박은식과 대동보국단을 결성하였다. 여운형 등은 상하이에서 신한 청년당(단)을 조직했는데, 1919년 파리 강화 회의가 열리자 김규식을 파견하였다.

> **더 알아보기**
> 흥사단
> 국내에 지부를 두었는데, 수양 동우회 등이 있었다. 그러나 1937년 수양동우회 사건이 일어나 안창호는 체포되고 흥사단은 강제 해산되었다.

PART 07

더 알아보기

훈춘 사건(1920. 10.)
일제에 매수당한 마적들이 훈춘을 공격하여 살인·약탈을 자행하고 일본 영사관에 불을 지른 사건이다. 일제는 이를 독립군 소행이라 주장하며 대규모 만주 출병 명분으로 삼았다.

더 알아보기

미쓰야 협정(1925. 6.)
일제는 만주 군벌 장쭤린과 미쓰야 협정을 체결하여 독립군을 탄압하였다. 이 협정은 일제와 만주 군벌이 공동으로 독립군을 소탕하고, 체포된 독립군을 일본에 인도한다는 내용이었다.

▌1920년대 무장 독립 전쟁

(3) 간도 참변(경신참변, 1920. 10.)

봉오동·청산리 전투에서 패배한 일본은 그 보복으로 독립 운동 근거지를 소탕하고자, **만주 지역의 한인을 무차별 학살**하였다.

(4) 자유시 참변(1921)

간도 참변 이후 독립군의 주력 부대는 대한 독립 군단을 조직하고 **소련 영토로 이동**하였다. 그러나 독립군의 지휘권을 둘러싼 분쟁이 벌어졌고, 소련에 의해 강제 무장해제를 당하는 과정에서 다수의 독립군이 희생되었다.

(5) 독립군의 재정비

자유시 참변 이후 다시 만주로 돌아온 독립군 부대는 조직의 재정비와 부대의 통합을 추진하였다. 이에 따라 만주의 독립군은 **임시 정부 직속의 육군 주만 참의부**(1923), **정의부**(1924), **신민부**(1925) 3부로 개편되었다. 이들 3부는 민정기관과 군정기관을 갖춘 자치정부였다. 한편 1925년에는 만주 군벌 장쭤린과 일제 총독부는 **미쓰야 협정을 체결하여 만주의 독립 운동을 탄압**하였다. 1920년대 중반 이후 만주의 독립 운동 단체들은 통합 운동을 전개하여, 혁신 의회(1928)와 국민부(1929)가 성립되었다.

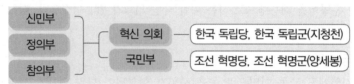
▌3부 통합 운동의 전개

3 1930년대의 무장 독립 전쟁

(1) 한·중 연합 작전(만주) ✦

일제는 만주 사변(1931)을 일으키고 만주국을 수립(1932)하였다. 이에 만주에서 활동하던 독립군은 중국인 부대와 연합하여 활동하였다. **지청천의 한국 독립군은 중국 호로군과 연합**하여 **쌍성보, 대전자령, 사도하자, 동경성 전투**에서 승리하였다. 또한, **양세봉의 조선 혁명군은 중국 의용군과 연합**하여 **영릉가, 흥경성 전투**에서 일본군을 격파하였다. 그러나 이러한 한·중 연합 작전은 1930년대 중반 이후 점차 쇠퇴하였다.

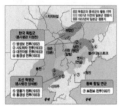
▌1930년대의 무장 독립 전쟁

(2) 민족 연합 전선 형성(중국 본토) ✦

의열단을 중심으로 여러 단체들이 연합하여 **1935년 민족 혁명당을 결성**하였다. 그러나 **김구는 민족혁명당 창설에 참여하지 않았으며**, 의열단 계통이 민족 혁명당을 주도하자 지청천·조소앙 등 민족주의 세력은 탈퇴하였다. 이후 민족 혁명당은 조선 민족 전선 연맹으로 개편되었고, **1938년 조선 의용대를 조직**하였다. 조선 의용대는 **중국 관내에서 결성된 최초의 한인 군사 조직**으로, 주로 대일 심리전과 후방 공작 활동을 전개하였다.

4 1940년대의 무장 독립 전쟁

(1) 충칭 임시 정부 ✦

1930년대에 일제가 중국 침략을 본격화하자 임시 정부는 계속 이동하다가 **1940년 충칭에 정착**하였다. 임시 정부는 1940년 4차 개헌을 통해 주석제(주석 김구)로 정치 체제를 바꾸고, 산하 부대로 **한국광복군**을 창설하였다. 1941년 **조소앙의 삼균주의**를 바탕으로 한 **건국 강령**을 발표하였다. 다음해(1942) 김원봉이 이끄는 조선 민족 혁명당이 **임시 정부에 합류**했으며, 조선 의용대의 일부가 한국광복군에 편입되었다.

(2) 한국광복군 창설(1940) ✦✦

임시 정부는 중국 국민당 정부의 지원을 받아 1940년 **한국광복군**을 창설(총사령관 지청천, 참모장 이범석)하였다. 이후 1942년 **김원봉의 조선 의용대를 통합**하여 군사력을 더욱 강화하였다. 1941년 태평양 전쟁이 일어나자 **연합군의 일원으로 참전**하여 **대일 선전 포고문**을 발표하였다. 이후 인도·미얀마 전선에 파견되어 영국군과 공동 작전을 펼쳤다. 또한 미국 전략 정보처(OSS)와 **국내 진공 작전까지 계획**하였으나 일본의 항복으로 실현되지 못하였다.

(3) 조선 독립 동맹과 조선 의용군

조선 의용대는 주로 후방 보조 업무를 맡았는데 이러한 활동 방향에 불만을 가진 일부 대원들이 화북 지방으로 이동하였다(조선의용대 화북지대). 화북 지역에서 1942년 김두봉을 위원장으로 하는 화복 조선 독립 동맹이 조직되었고, 산하 부대로 조선의용대 화북지대를 개편한 **조선 의용군**을 두었다. 조선 의용군은 중국 팔로군과 연합하여 항일 무장 투쟁을 전개하였다.

더 알아보기

조소앙의 삼균주의
개인과 개인, 민족과 민족, 국가와 국가 간의 완전 균등을 실현하기 위하여 정치·경제·교육의 균등을 주장하였다.

PART 07

 **대표 기출문제**

1920년대 만주 지역 독립 운동에 대한 설명으로 옳지 않은 것은? 2016년 국가직 9급

① 대종교 계통 인사들이 신민부를 결성하였다.
② 독립군 연합 부대가 봉오동 전투에서 승리하였다.
③ 민족 유일당 운동의 일환으로 국민부를 결성하였다.
④ 한국 독립군이 한·중 연합 작전으로 동경성에서 승리하였다.

④ 1930년대 만주 지역에서 전개된 무장 독립 전쟁에 대한 설명이다. 1930년대, 지청천이 이끄는 한국 독립군은 중국의 호로군과 연합하여 쌍성보, 대전자령, 경박호, 사도하자, 동경성 전투에서 일본군을 크게 격파하였다.

정답 ④

실력 양성 운동과 사회 운동

Theme 47

기출분석

구분	2008~2016	2017	2018	2019	2020	2021	2022	2023
국가 9급	자치 운동				문맹 퇴치 운동			
지방 9급	실력 양성 운동 (2)		물산 장려 운동				물산 장려 운동	
법원 9급	• 물산 장려 운동 (2) • 물산 장려 운동과 민립 대학 설립 운동	물산 장려 운동					형평 운동	

1 민족주의자의 활동

3·1 운동 이후 민족주의 계열과 사회주의 계열은 활동 방향을 놓고 의견을 달리하였다. 민족주의 세력은 독립을 이룬 후 자본주의 체제의 국가를 세우고자 하였으며, 이에 따라 **실력 양성 운동**의 일환으로 **민족 산업을 육성**하고 민족 교육을 장려하는 운동을 전개하였다.

■ 물산 장려 운동

2 물산 장려 운동 ✿✿

1920년대 초 일제가 관세를 철폐하려는 움직임을 보이자 이러한 상황을 타개하기 위해 **물산 장려 운동**이 시작되었다.

1920년 **조만식**을 중심으로 **평양**에서 조선 물산 장려회를 발기하고, 이어 1923년에는 서울에서 조선 물산 장려회가 조직되면서 전국적인 운동으로 발전하였다. 이 운동은 일본 상품을 배격하고 **국산품을 애용**하며 소비 절약, 근검저축, 금주·단연 운동 등을 전개하였다. 하지만 사회주의 계열은 이 운동을 자본가 계급을 위한 운동이라고 비판했으며, 일부 기업들의 일제와의 타협 등으로 결국 실패하게 되었다.

3 민립 대학 설립 운동

일제 강점기에 한국인을 위한 고등 교육 기관은 거의 존재하지 않았다. 이에 **이상재, 윤치호** 등은 조선 교육회를 조직하여 대학을 설립하고자 하였다. 이후 조선 교육회를 중심으로 **민립 대학 설립 운동**을 전개하여 **조선 민립 대학 기성회**(1923)를 조직하였다. 이들은 '**한민족 1천만이 한 사람이 1원씩**'이라는 구호를 내세우며 대학 설립을 위한 모금을 전개하였으나, 일제의 탄압과 가뭄·수해 등으로 실패하였다. 한편 일제는 이 운동을 방해하기 위해 1924년 **경성 제국 대학**을 설립하였다.

사료 조선 민립 대학 설립 기성회 발기 취지서(1923)

> 우리의 운명을 어떻게 개혁할까? 정치냐, 외교냐, 산업이냐? …… 가장 힘 있고, 필요한 수단은 교육이 아니면 아니 된다. …… 민중의 보편적 지식은 보통 교육으로도 가능하지만 심오한 지식과 학문은 고등 교육이 아니면 불가하며, …… 오늘날 조선인이 세계문화 민족의 일원으로 남과 어깨를 견주고 우리의 생존을 유지하며 문화의 창조와 향상을 기도하려면, 대학의 설립이 아니고는 다른 방도가 없다.

▣ 이상재

4 문맹 퇴치 운동

1930년대에는 **조선일보, 동아일보** 등 언론 기관과 조선어 학회 등에서 농촌 계몽 운동의 일환으로 **문맹 퇴치, 문자 보급 운동**을 전개하였다. 하지만 일제의 탄압으로 1935년에 중단되었다.

더 알아보기

언론 기관의 문맹 퇴치 운동
1. 조선일보 : '아는 것이 힘, 배워야 산다'는 구호 아래 문자 보급 운동 전개
2. 동아일보 : 생활 계몽 운동인 '브나로드(민중 속으로)' 운동 추진

5 청년 · 소년 운동

3·1 운동 이후 **사회주의 사상**이 청년과 지식인 중심으로 국내에 유입되었고 사회·경제적 민족 운동을 활성화시키는 데 기여하였다. 이에 여러 청년 단체가 조직되어 강연회와 토론회를 개최하고 강습소와 야학 등을 운영하였고, **조선 청년 총동맹**을 결성(1924)하였다.

한편, 1922년에는 **방정환**을 중심으로 한 천도교 소년회가 '어린이날'을 제정하는 등 소년 운동을 전개하였다.

▣ 동아일보의 브나로드 운동

6 여성 · 형평 운동

3·1 운동에 여성이 적극적으로 참여하면서 여성의 사회적·정치적 의식이 성장하였다. 이에 여성 운동이 전개되어 1920년대에는 조선 여자 교육회 등 많은 여성 단체들이 설립되었다. 1927년에는 신간회 창립을 계기로 **여성계 민족 유일당인 근우회**가 결성되었다.

■ 형평사의 전국 대회 포스터

더 알아보기

암태도 소작 쟁의(1923~1924)
전남 암태도에서 전개된 1920
년대 전반기 대표적 소작 쟁
의이다. 70% 이상의 고율 소
작료를 징수하던 지주 문재철
의 횡포와 일제 경찰에 맞서
소작인들이 1년여에 걸친 투
쟁으로 소작료 40% 등 대부
분의 요구를 관철시켰다.

한편, 갑오개혁으로 신분제가 폐지된 이후에도 백정에 대한 차별은 심각하였다. 그리하여 백정들도 지위 개선을 위해 **형평 운동**을 전개하였다. 특히 **1923년 백정 이학찬**은 **진주**에서 **조선 형평사**를 설립하고 백정 차별 철폐 및 민족 해방을 주장하였다.

7 농민 · 노동 운동

(1) 농민 운동

1920년대 사회주의의 영향을 받아 농민들이 일본인 지주에 대항하여 소작 쟁의를 일으켰다. 이 시기 농민 운동은 소작료 인하, 소작권 이전 반대 등 **생존권 투쟁**이었으며, **암태도 소작 쟁의**(1923)가 대표적이다.

또한, **1924년 조선 노농 총동맹**이 결성되었다. 1930년대에는 식민지 지주제 타파, 일제 타도 등 **항일 민족 운동**으로 그 성격도 변화하였다. 일제는 회유책으로 **농촌 진흥 운동**을 전개했으며, 조선 농지령(1934) 등을 발표하였다.

(2) 노동 운동

일제의 식민지 공업화 정책에 따라 노동자 수가 점차 증가하였다. 그러나 한국인 노동자는 긴 노동 시간과 저임금 등 열악한 환경에 시달리고 있었다. 이러한 상황에서 전개된 **노동 운동**은 노동 조건 개선을 요구하는 **생존권 투쟁**이었다. 특히 한 석유 회사에서 일본인 감독이 한국인 노동자를 구타한 사건에서 비롯된 **원산 총파업**(1929)은 일제 경찰력과 자본가에 맞서 투쟁한 **최대 규모의 노동 쟁의**였다. 1930년대에는 일제 타도 등 **항일 민족 운동**으로 발전하였다.

제시문은 물산 장려 운동(1922)
에 대한 내용이다. 물산 장려
운동에서는 국산품 애용과 병
행하여 소비 절약을 통한 민
족 자본 육성 운동이 전개되
었다.

오답분석

① 민립 대학 설립 운동(1922)
에 대한 설명이다. ③ 국채 보상
운동(1907)에 대한 설명이다.
④ 문자 보급 운동(1930년대)
에 대한 설명이다.

정답 ②

대표 기출문제

〈보기〉의 기사와 관련된 운동에 대한 설명으로 가장 옳은 것은? 　2018년 서울시 7급

> **보기**
>
> 우리의 빈약한 원인이 무엇인가를 말하고자 하노라. …… 나는 큰 원인이 있음을 간파하였으니, 즉 자작자급(自作自給)치 아니함이라 하노라. 환언하면 조선 물산을 장려치 아니함이니 고로 오인(吾人)이 이에 대서특서(大書特書)하고 절규 고창하는 바는 자작자급하자 함이니 즉 조선 물산을 장려함이 또 환언하면 보호 무역을 의미함이니 이것이 조선인의 가장 큰 문제라 하노라.

① 500여 명의 인사가 민립 대학 설립 기성회를 만들고 모금 운동에 나섰다.
② "조선인이 만든 것을 입고, 먹고, 쓰자."라는 구호를 내세웠고 민족 자본을 육성하려 하였다.
③ 대구에서 서상돈 등이 국민 성금으로 국채를 갚자는 운동을 일으켰다.
④ 조선어 학회가 참여하였으며, 전국 규모의 문맹 퇴치 운동을 전개하였다.

Theme 48 민족 문화 수호 운동

기 / 출 / 분 / 석

구분	2008~2016	2017	2018	2019	2020	2021	2022	2023
국가 9급	• 역사학 • 문예 활동	• 손진태 • 백남운(하)		박은식				
지방 9급	• 신채호 • 박은식 • 박은식과 신채호	신채호			박은식			
법원 9급	• 신채호(2) • 백남운			신채호		사회 경제 사학		

1 일제의 식민지 교육 정책

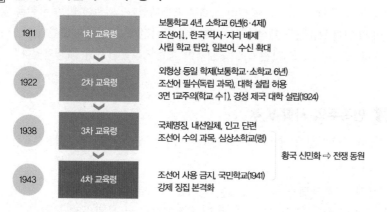

1911	1차 교육령	보통학교 4년, 소학교 6년(6·4제) 조선어↓, 한국 역사·지리 배제 사립 학교 탄압, 일본어, 수신 확대
1922	2차 교육령	외형상 동일 학제(보통학교·소학교 6년) 조선어 필수(독립 과목), 대학 설립 허용 3면 1교주의(학교 수↑), 경성 제국 대학 설립(1924)
1938	3차 교육령	국체명징, 내선일체, 인고 단련 조선어 수의 과목, 심상소학교(령)
1943	4차 교육령	조선어 사용 금지, 국민학교(1941) 강제 징집 본격화

황국 신민화 ⇨ 전쟁 동원

2 일제의 언론 탄압

일제는 국권 피탈을 전후하여 신문지법(1907), 출판법(1909) 등을 제정해 **언론·출판·집회·결사의 자유를 박탈**하고, 민족 신문을 모두 폐간하였다. 3·1 운동 이후에는 조선일보, 동아일보 등이 창간되었으나, **일제의 검열**은 더욱 강화되었다. 이후 손기정 선수의 일장기 말소 사건(1936)을 계기로 동아일보를 탄압하였고, **1940년**에는 **조선일보와 동아일보가 폐간**되었다.

3 일제의 식민 사관

일제는 **한국의 주체적 발전을 부정**하면서 일제의 **식민 지배를 합리화**하려 하였다.

(1) 타율성론

우리 민족의 역사가 **외세의 간섭에 의해 타율적으로** 전개되었다는 이론이다.

더 알아보기
손기정 선수 일장기 말소 사건
1936년 손기정 선수가 올림픽의 마라톤 종목에서 우승하였는데 동아일보는 일장기를 지우고 보도하였다.

더 알아보기
일제의 한국사 왜곡
일제는 조선사 편찬위원회(이후 조선사편수회로 개편) 등을 조직하여 식민사관에 입각해 우리 역사를 왜곡·날조하였다.

일선 동조론
조선과 일본은 같은 조상을 가지고 있다는 이론이다. 우리 민족의 근원을 말살하여 식민 지배를 정당화하고자 하였다.

(2) 정체성론
겉으로는 왕조의 교체를 반복했으나 내적 발전이 없었고, 중세 봉건 사회가 형성되지 못하여 **고대 사회에서 정체되고 발전하지 못했다**는 이론이다.

(3) 당파성론
우리 민족 자체가 분열성이 강하고, 파벌주의로 조선이 멸망했다는 이론이다. 근거로 조선 시대의 **붕당 정치**를 들고 있다.

4 국어 연구와 한글 보급 운동

(1) 조선어 연구회
1921년에 최현배, 이윤재 등은 조선어 연구회를 조직하고 한글 연구와 보급에 노력하였다. 『**한글**』이라는 **기관지를 발행**하였고 한글 기념일인 '**가갸날**'을 정하여 한글 대중화에 기여하였다.

(2) 조선어 학회
조선어 연구회가 1931년 **조선어 학회로 개편**되었다. 조선어 학회는 **한글 맞춤법 통일안과 표준어를 제정**하였고, 『**우리말 큰사전**』의 편찬을 시도했으나 1942년 일제의 **조선어 학회 사건**으로 회원들이 체포·투옥되면서 해산되었다.

5 민족주의 사학 ❤❤
일제의 식민 사관에 대항하여 우리 역사의 주체성과 우수성, 자주성을 강조하였다.

(1) 박은식
박은식은 『**한국통사**』에서 '**나라는 형이요. 역사는 혼이다**'라며 민족 정신을 혼(국혼)으로 파악하였고, 『**한국독립 운동지혈사**』를 통해 독립 투쟁 과정을 저술하였다. 그는 임시 정부에 참여하여 독립 운동을 전개하였다.

(2) 신채호
신채호는 고대사 연구에 주력하며 민족주의 역사학의 기반을 마련하였다. 『**조선상고사**』에서 단군부터 삼국의 역사를 저술하였고, 역사를 '**아(我)와 비아(非我)의 투쟁**'으로 파악하였다. 『**조선사연구초**』에서는 우리의 민족 정신을 자주적·진취적인 **낭가 사상**으로 파악하는 한편 묘청의 서경 천도 운동을 높이 평가하였다.

6 사회 경제 사학 ❤
사회 경제 사학은 식민 사관의 **정체성론에 대항**하여 고대-중세-근대 등으로 이어지는 **역사 발전의 보편적 법칙이 한국사에도 적용됨을 강조**하였다. 대표적인 학자로는 『조선사회경제사』, 『조선봉건사회경제사』 등을 저술한 **백남운**이 있다.

7 실증 사학

이병도, 손진태 등은 1934년 **진단 학회를 조직**하였다. 이 단체는 **객관적 사실**에 근거하여 문헌 고증을 하는 **실증 사학**을 표방하였다.

8 신민족주의 사학과 조선학 운동

(1) 정인보

정인보는 우리의 민족 정신으로 조선의 **얼**을 강조하였으며, 『**조선사연구**』를 저술하였다.

(2) 안재홍

신채호의 사학을 계승하여 고대사 연구를 발전시켰고 해방 후에는 '**신민족주의와 신민주주의**'라는 이론을 제시하였다. 저서로는 『**조선상고사감**』 등이 있다.

(3) 조선학 운동

정인보, 문일평, 안재홍 등은 **정약용** 서거 100주기인 1934년 『여유당전서』 간행을 계기로 조선학 운동을 시작하였다. 조선학 운동은 조선 후기의 실학에서 자주적 근대 사상과 주체성을 찾고자 하였다.

더 알아보기

정인보
광개토대왕 비문을 연구하여 일본의 잘못된 고대사 연구를 바로잡는데 기여하였다.

더 알아보기

문일평
조선 심(心)을 강조하였고, 세종과 실학자들을 높이 평가하였다.

9 종교계의 민족 운동

천도교 (동학)	• 3·1 운동을 주도하였고, 1922년 제2의 3·1 운동을 계획 • 청년, 여성, 어린이 운동 전개, 『개벽』, 『신여성』등의 잡지 발간
대종교	• 나철이 창시, 단군 숭배, 민족주의 성격이 강함. • 만주에서 중광단 결성 ⇨ 북로 군정서로 개편 ⇨ 항일 무장 투쟁 전개
천주교	일부가 만주에서 의민단을 조직하여 무장 항일 투쟁
개신교	농촌 계몽, 의식 개혁, 신사 참배 거부로 탄압받음.
불교	한용운 등이 조선 불교 유신회를 조직하여 일제의 사찰령에 반대
원불교	박중빈 창시, 개간 사업, 저축 운동 등 전개

10 시기별 문학 활동

(1) 1910년대

이광수는 1917년에 **최초의 근대 장편 소설인 「무정」**을 발표하였다.

(2) 1920년대

1920년에 들어서 문학은 예술성이 강조되고, 사실주의적 경향을 띠었으며, 한편으로는 민족의식을 높이고자 하였다. 이러한 사조는 『**창조**』, 『**폐허**』, 『**백조**』 등의 동인지를 통해 표현되었다. 김소월, 이상화 등이 대표적이었다.
한편, **사회주의의 영향**을 받은 **신경향파**는 1925년에 카프(KAPF)를 결성하고 문학의 사회적 기능을 강조하였다.

(3) 1930년대 이후

최남선·이광수·노천명·서정주 등 친일 문학이 대두하였고, 반면 이육사·윤동주 등은 강렬한 저항 의식을 표현하였다.

11 각 분야의 예술 활동

(1) 음악

홍난파의 '봉선화', '고향의 봄', 현제명의 '고향생각' 등이 애창되었으며, **안익태**는 '애국가'와 '코리아 환상곡'을 작곡하였다.

(2) 미술

안중식 등이 전통 회화를 계승했으며, 서양화에서 활약한 화가로는 고희동·이중섭 등이 있다.

(3) 연극

토월회(1923)와 **극예술 연구회**(1931) 등은 현실을 고발하고 일제의 수탈을 폭로했으나, 이러한 극단들은 일제의 탄압으로 점차 친일화되었다.

(4) 영화

나운규는 '**아리랑**'(1926)을 통해 민족의 아픔과 저항 의식을 표현하였다. 이후 1940년대 조선 영화령을 제정하여 영화의 제작·상영 등을 통제하였다.

더 알아보기

나운규
한국 영화계의 선구자로서 뛰어난 감독이며 배우였다. 민중의 삶이 담긴 영화를 만들었고 민족의식을 고취하였으며 영화를 통해 민족의 애환을 생생하게 그렸다.

▮ 아리랑 포스터

대표 기출문제

다음 글의 저자에 대한 설명으로 옳은 것은?
2018년 국가직 7급

> 국가의 역사는 민족의 소장성쇠(消長盛衰)의 상태를 서술할지라. 민족을 빼면 역사가 없으며 역사를 빼어 버리면 민족의 그 국가에 대한 관념이 크지 않을지니, 오호라 역사가의 책임이 그 역시 무거울진저 …… 만일 그렇지 않으면 이는 무정신의 역사이다. 무정신의 역사는 무정신의 민족을 낳으며, 무정신의 국가를 만들 것이니 어찌 두렵지 아니하리오.

① 이순신, 을지문덕 등 위인의 전기를 써 민족의식을 고취하였다.
② 한국의 독립 운동 과정을 서술한 『한국독립 운동지혈사』를 저술하였다.
③ 「5천년간 조선의 얼」이라는 글을 신문에 연재하여 민족정신을 고취하였다.
④ '조선심'을 강조하며 정약용 연구를 중심으로 한 조선학 운동을 전개하였다.

제시문은 신채호의 『독사신론』(1908) 일부이다. 신채호는 을지문덕, 강감찬, 최영, 이순신 등의 애국 명장에 관한 전기를 써서 애국심을 고취하였다.

오답분석
② 박은식, ③ 정인보, ④ 문일평에 대한 설명이다.

정답 ①

MEMO

시작!
노범석
한국사

49 대한민국 정부의 수립

50 6·25 전쟁

51 이승만 정부와 박정희 정부

52 전두환 정권과 제6공화국

53 통일 정책

54 경제의 발전과 사회의 변화

PART

08

현대 사회의 발전

Theme 49 대한민국 정부의 수립

기/출/분/석

구분	2008~2016	2017	2018	2019	2020	2021	2022	2023
국가 9급	• 모스크바 3상 회의(3) • 정부수립과정(3) • 반민법, 북한사		이승만과 김구	정부수립과정			• 김구 • 제헌 국회	정부수립과정
지방 9급	• 건·준·위 • 정부수립과정(6) • 반민법, 김구	• 반민법 • 카이로 선언			정부수립과정	정부수립과정	반민법	
법원 9급	• 정부수립과정(6) • 이승만 김구	정부수립과정	김구	좌우 합작 위원회		• 정부수립과정 • 조선 건국 준비 위원회		

해/법/요/람

대한민국의 수립 과정

1945년

8月 해방 대한민국 임시 정부, 조선 독립 동맹, 조선 건국 동맹(1944)

건국 준비 위원회(여운형, 안재홍, 중도 우파와 중도 좌파 결집: 좌우 합작)

9月 군정

> **북** : 소련 – 간접 통치: 인민 위원회 활동 인정, 김일성 세력의 권력 장악을 지원
> **남** : 미국 – 직접 통치: 건국 준비 위원회와 조선 인민 공화국 부정, 충칭 임시 정부 부정

12月 모스크바 3상 회의

> ⇨ 임시 정부 구성, 미·소 공동 위원회 설치, 신탁 통치 결정
> ⇨ 신탁 통치 반대 운동
> ⇨ 반탁 vs 회의 결정안 지지 ⇨ 좌우익 대립 격화

1946년

3月 1차 미·소 공동 위원회 결렬(임시 정부에 참여할 단체의 자격과 범위를 놓고 이견)

6月 이승만의 정읍 발언 "남쪽만이라도 임시 정부 혹은 위원회를 조직하자."(단정론 주장)

7月 좌우 합작 위원회 김규식, 여운형 좌우 합작 운동 전개, 이승만·김구·박헌영 계열 불참
미군정 지지 이후 지지 철회
10월 좌우 합작 7원칙 발표
12월 남조선 과도 입법 의원(김규식) ⇨ 남조선 과도 정부 설치(안재홍, 1947. 5.)

1947년

5月 2차 미·소 공동 위원회 미·소 냉전으로 결렬
⇨ 9月 유엔에 한반도 문제 상정: 미국

11月 유엔 총회 인구 비례에 의한 남북한 자유 총선거 결의(유엔 감시단 입국하)

1948년

1月 유엔 감시단 입국	소련 측이 유엔 한국 임시 위원단 입북 거부, 남측만 입국
2月 유엔 소총회	유엔 한국 임시 위원단 활동이 가능한 지역(분단 의미)에서만이라도 선거 실시 결의
4月 단독 선거 반대	**남북 협상파** 김구, 김규식 등 남북 연석회의(평양) 개최: 구체적 방안 X **제주 4·3 사건** 무고한 양민 희생, 10·19 여수·순천 반란 사건
5月 5·10 총선거	⇨ 남한만의 총선거 실시(남북 협상파, 공산주의자 불참), 제헌 국회(1대 국회)
7月 헌법 제정	⇨ 대통령 중심제, 대통령 국회 간선
8月 대한민국 정부 수립	⇨ 국회에서 이승만을 대통령으로 선출
9月 조선 민주주의 인민 공화국 선포	

1 광복 직전의 건국 준비 활동

국내외의 독립 운동 세력은 일제의 패방을 예상하고 건국 준비 작업을 추진하였다. 충칭의 **대한민국 임시 정부**는 대한민국 **건국 강령**을 발표(1941)했으며, 1942년 민족혁명당의 인사들을 받아들여 민족 연합 전선을 형성하였다. 국내에서는 중도 좌파인 **여운형**을 중심으로 1944년에 **조선 건국 동맹**이 조직되었다.

2 한국 독립과 관련된 국제적 논의

2차 세계 대전과 태평양 전쟁 등의 전후 문제를 논의하기 위해 모인 회담에서 여러 국가들은 한국의 독립을 약속하고 확인하였다.

회담	참여국	내용
카이로 회담 (1943. 11.)	미국, 영국, 중국	한국 독립을 처음으로 약속
얄타 회담 (1945. 2.)	미국, 영국, 소련	소련의 대일전 참가 결정
포츠담 선언 (1945. 7.)	미국, 영국, 중국, 소련	카이로 선언에서 결정한 한국의 독립을 재확인

PART 08

3 8·15 광복과 미·소 군정 실시

히로시마와 나가사키에 미국의 원자폭탄이 떨어지고 소련이 참전하자 일제는 1945년 **8월 15일 무조건 항복**을 하였다. 이에 따라 우리 민족은 광복을 맞이하게 되었다. 이후 미국의 38도선 분할 점령 제의에 소련이 동의하면서 38도선 **북쪽에는 소련군**이, **남쪽에는 미군**이 진주하게 되었다. 그리하여 1945년 9월 미국은 군정을 선포하고 직접 통치 방식을 추진하였다.

4 해방 이후 남한의 정치 상황

광복 직후인 8월 15일 여운형, 안재홍 등은 조선 건국 동맹을 모체로 하여 **조선 건국 준비 위원회**를 조직하였다. 친일 세력을 배제한 좌우 연합 단체였으나, 송진우 등 보수 우파 민족주의자들은 참여하지 않았다. 각지에 치안대를 설치하여 치안을 담당하였다.

미군이 들어오기 직전인 9월 6일 **조선 인민 공화국**을 선포하였다. 그러나 좌익 계열이 실권을 장악하자 일부 우익 세력이 탈퇴하였다.

이러한 상황에서 미 군정은 조선 건국 준비 위원회와 조선 인민 공화국, 심지어 충칭의 대한민국 임시 정부까지 모두 부정하고, 오히려 일제의 총독부 체제를 그대로 인수하여 군정을 실시하였다.

또한 이 시기에는 건국의 주도권을 차지하기 위해 **우익과 좌익, 중도 세력들이 여러 정치 단체를 조직**하였다.

더 알아보기

해방 이후 정치 상황

한국 민주당 (45.9)	우익, 송진우·김성수, 미군정과 협력 관계
독립 촉성 중앙 협의회 (45.10)	우익, 이승만 총재로 추대, 우익 세력 결집
한국 독립당	우익, 김구 등 임시정부 요인들이 활동
조선 국민당 (45.9)	중도 우파, 안재홍·김규식
조선 인민당 (45.11)	중도 좌파, 여운형
조선공산당	좌파, 박헌영

5 모스크바 3국 외상 회의(1945.12)

1945년 12월 **미국, 영국, 소련 3국의 외상**들이 모스크바에서 3국 외상 회의를 개최하여 한반도 문제를 논의하였다. 이 회의에서 **최고 5년간 미·영·중·소 4개국이 우리나라를 신탁 통치**하는 것을 기본 전제로 하고, **임시 정부 수립을 위해 미·소 공동 위원회를 설치**하기로 결정하였다.

이러한 결정에 전 국민이 분노하며 반대하였고 김구 등 우익 계열을 중심으로 **반탁 운동이 확산**되었다. 처음에 반탁에 동의했던 **좌익 계열**은 본질이 임시 정부 수립에 있다고 보고 모스크바 3상 회의 결정 지지로 입장을 바꾸었다. 이후 좌·우익의 대립이 더욱 격화되었다.

> **모스크바 3국 외상 회의의 내용**
> • 민주주의적 원칙 아래 독립 국가를 건설하기 위해 임시 정부를 수립할 것
> • 임시 정부 수립을 원조하기 위해 미·소 공동 위원회를 설치할 것
> • 미·영·소·중은 한국을 최고 5년 동안 신탁 통치할 것

6 미·소 공동 위원회

모스크바 3국 외상 회의 결정에 따라 **1946년 3월** 임시 정부 수립을 위한 **1차 미·소 공동 위원회가 개최**되었다. 여기서 소련은 신탁 통치 결정을 지지·찬성하는 정당이나 단체만 임시 정부 수립의 협의 대상으로 삼자고 하였고, 미국은 모든 정치 단체들을 참여시켜야 한다고 주장하였다. 양측의 대립으로 회의는 결렬되었다.

한편 이런 상황 속에서 **1946년 6월**에 이승만은 정읍에서 '**남한만이라도 단독 정부를 수립해야 한다.**'라고 공식적으로 주장하였다(정읍 발언).

▌ 반탁 운동

7 좌우 합작 운동 ✦

미소 공동위원회 결렬·좌우익의 대립 격화되는 상황 속에서 임시 정부를 조속히 수립하기 위해 **좌우 합작 운동**이 추진되었다. 1946년 7월, 미군정의 지원을 받은 **중도 우파**인 김규식과 **중도 좌파**인 여운형은 **좌우 합작 위원회**를 구성하여 남북한 통일 정부를 수립하고자 하였다. 또한, **좌우 합작 7원칙을 발표 (1946.10.)**했는데, 임시 정부 수립·미·소 공동 위원회의 재개·토지 개혁 실시와 친일파 처리, 입법의원 구성 등을 주요 내용으로 하였다.

트루먼 독트린 발표(1947) 직후 냉전이 본격화되는 상황에서 개최된 2차 미·소 공동 위원회(1947.5)도 미국과 소련의 의견 대립으로 결렬되었다. 또한, 1947년 7월 여운형이 암살당하면서 좌우 합작 운동은 실패하고 말았다.

 사료 **좌우 합작 7원칙**

2. 미·소 공동 위원회 속개를 요청하는 공동 성명을 발표할 것
3. 토지 개혁에 있어 몰수, 유조건 몰수, 체감 매상 등으로 토지를 농민에게 무상으로 나누어 줄 것
4. 친일파 및 민족 반역자를 처리할 조례를 본 합작 위원회의 입법 기구에 제안하여 입법 기구로 하여금 심리 결정하여 실시케 할 것

8 한반도 문제의 유엔 상정

1947년 2차 미·소 공동 위원회가 결렬된 이후 **미국은 한반도 문제를 유엔에 상정**(1947. 9.)하였다. 그리하여 **1947년 11월** 유엔 총회에서 '유엔 한국 임시 위원단을 구성하여 유엔 감시 하에 **인구 비례에 따라 총선거를 실시**한다는 결의안을 확정하였다. 그러나 절차상의 문제를 제기한 소련의 반대로 임시위원단의 북한 입국은 거부되었다. 결국 **1948년 2월** 유엔 소총회에서는 '유엔 한국 임시 위원단의 활동으로 **선거가 가능한 지역에서만이라도 총선거를 실시하여 정부를 수립할 것**'을 결의하였다.

더 알아보기

유엔 한국 임시 위원단
인도, 오스트레일리아, 캐나다, 중국, 프랑스 등 8개국 대표로 구성되었다. 이들은 1948년 1월 남한에 들어와 임무를 수행하였다.

■ 남북 협상을 위해 38도선에 선 김구

☑ 대한민국 정부 수립 과정

1946. 3.
1차 미·소 공동 위원회

▼

1946. 6.
이승만, 정읍 발언

▼

1946. 7.
좌우 합작 위원회 구성

▼

1948. 2.
유엔 소총회, 남한만의 선거 결의

▼

1948. 4.
남북 협상, 제주 4·3 사건

▼

1948. 5.
5·10 총선거 실시

▼

1948. 7.
제헌헌법 및 정부 조직법 공포

▼

1948. 8.
대한민국 정부 수립 공포

▼

1948. 12.
유엔, 대한민국을 한반도 유일의 합법 정부로 승인

9 남북 협상(1948.4) ✦

김구와 **김규식**은 남한만의 총선거로 단독 정부가 수립되면 남북이 분단될 것을 우려하였고, 북한에 **남북 협상**을 제안하였다. 이에 **1948년 4월** 평양에서 김구, 김규식, 김일성, 김두봉 등 남북의 정당과 사회단체 대표들이 참가한 남북 지도자 회의가 열려 미·소 양군 철수와 단독 선거, 단독 정부 수립 반대를 결의하였다. 그러나 이 협상은 별다른 성과없이 끝나고 말았다.

10 5·10 총선거와 제헌 국회 성립

1948년 5월 10일 우리나라 역사상 **최초의 민주 보통 선거에 의한 총선거**가 남한에서 실시되었다. 21세 이상 모든 국민들에게 투표권이 부여됐으며, 좌익 세력과 김구·김규식·조소앙 등 남북협상파 세력은 선거에 불참하였다. 5·10 총선거에 당선된 국회의원들로 **제헌 국회**가 구성되었다. 1948년 7월 17일 제헌 국회에서는 **임시 정부의 법통을 계승**한 민주 공화국 체제의 헌법인 **제헌헌법**을 제정하였다. 3권 분립의 대통령 중심제, **간접 선거에 의한 대통령 선출** 등을 주요 내용으로 하였다.

11 대한민국 정부의 수립

제헌 국회는 7월 20일 간접 선거를 통해 **대통령**에 **이승만**, 부통령에 이시영을 선출하였다. 8월 15일 이승만 초대 대통령은 국내외에 대한민국 정부 수립을 선포하였으며, 1948년 12월에 개최된 유엔 총회에서 대한민국이 한반도에서 유일한 합법 정부임을 인정하였다.

12 반민족 행위 특별 처벌법

1948년 9월 제헌 국회는 **친일파를 청산**하기 위해 **반민족 행위 특별 처벌법**을 제정하였다. 이후 국회의원으로 구성된 **반민족 행위 특별 조사 위원회**(반민 특위)를 조직하고, 친일 경찰 노덕술·친일 행위를 했던 최남선·이광수 등을 체포하였다. 그러나 이승만 정부가 반민 특위의 활동에 소극적이었고, 1949년 국회 프락치 사건과 반민 특위 습격 사건 등이 일어나면서 결국 반민 특위는 해체되고 **친일파 청산은 실패**하였다.

> **사료** **반민족 행위 처벌법**
>
> 제1조 일본 정부와 통모하여 한·일 합병에 적극 협력한 자, 한국의 주권을 침해하는 조약 또는 문서에 조인한 자와 모의한 자는 사형 또는 무기 징역에 처하고, 그 재산과 유산의 전부 혹은 2분의 1 이상을 몰수한다.
>
> 제3조 일본 치하 독립 운동자나 그 가족을 악의로 살상·박해한 자 또는 이를 지휘한 자는 사형·무기 또는 5년 이상의 징역에 처하고 그 재산의 전부 혹은 일부를 몰수한다.

이외에도 1948년 국가 보안법을 제정했으며, 1949년 **유상매수·유상분배**를 원칙으로 하는 **농지개혁법**을 제정하였다.

13 건국 초기의 국내 정세

(1) 제주도 4·3 사건

남한만의 총선거가 결정된 후 많은 좌익 세력들이 **단독 선거를 반대**하며 소요를 일으켰다. 1948년 4월 제주도에서는 남한의 단독 선거 반대, 미군의 철수 등을 요구하며 관공서와 경찰서 등을 습격하는 사건이 일어났다. 미 군정 및 토벌대가 이를 과잉진압하는 과정에서 무고한 제주도민들이 희생당하는 참사가 일어났고, 이에 제주도 일부 지역에서는 총선거가 실시되지 못하였다.

(2) 여수·순천 10·19 사건

제주도 **4·3 사건**의 소요를 **진압**하기 위해 여수에 주둔하고 있던 군대를 투입하는 과정에서, **부대 내의 좌익 세력**들이 이를 거부하고 반발하며 **여수·순천 일대를 점령**하고 반란을 일으켰다.

> **더 알아보기**
>
> 제주 4·3 사건의 재평가
> 6·25 전쟁 다음으로 인명 피해가 많았던 비극적 사건이다. 지난 수십 년 동안 진상 규명이 이루어지지 않다가 정부가 제주 4·3 사건 진상 규명 및 희생자 명예 회복에 관한 특별법(2000)에 따라 제주 4·3 사건 진상 규명 및 희생자 명예 회복 위원회를 설치하여 관련 사업을 추진하였다.

■ 남북의 정치적 혼란

> **대표 기출문제**
>
> 제헌 국회에 대한 설명으로 옳은 것은? 　　　　2022년 국가직 9급
> ① 반민족 행위 특별 조사 위원회를 구성하였다.
> ② 한·일 기본 조약 체결에 반대하는 성명을 내놓았다.
> ③ 통일 3대 원칙이 언급된 7·4 남북 공동 성명을 발표하였다.
> ④ 통일 주체 국민 회의에서 대통령을 뽑는다는 내용의 개헌안을 통과시켰다.

> ① 제헌 국회는 1948년에 구성되어 1950년 5월까지 운영되었다. 제헌국회에서는 1948년 9월 반민족 행위 처벌법을 제정하였다. 이후 '반민족 행위 특별 조사 위원회'를 구성하였다.
>
> **오답분석**
> ② 1964년에 전개된 6·3 시위에 대한 설명이다. ③ 1972년 7월의 일이다. ④ 1972년 유신 헌법에 대한 설명이다.
>
> **정답** ①

Theme
50 6 · 25 전쟁

기/출/분/석

구분	2008~2016	2017	2018	2019	2020	2021	2022	2023
국가 9급	6 · 25 전쟁							
지방 9급								
법원 9급								

해/법/요/람

6 · 25 전쟁의 전개 과정

배 경	중국 공산화(1949. 10.) 미국의 극동 방위선에서 한반도를 제외(애치슨 라인: 1950. 1.)
경 과	1. 북한군 남침(1950. 6. 25.) ➡ 낙동강 저지선까지 후퇴 ㉠ ➡ ㉡ 2. 유엔군 참전(1950. 7.): 인천 상륙 작전(1950. 9. 15.), 압록강 진격(1950. 10. 26.) ㉡ ➡ ㉢ 3. 중국군 참전(1950. 10. 25.): 국제전의 양상을 띰, 흥남 철수(1950. 12.) ㉢ ➡ ㉣ 4. 휴전 협상 시작(1951. 7.): 휴전 협정 체결(1953. 7. 27.), 한 · 미 상호 방위 조약 체결(1953. 10.)

구 분	유엔군 주장	공산군 주장
휴전 방식	선 휴전, 후 협상	선 협상, 후 휴전
군사 분계선	현재의 군사 대치선 (38도선 보다 북쪽)	38도선의 원상회복
포로 송환	개별 자원 송환(자유 송환)	전원 자동 송환(강제 송환)

(왼쪽 표 제목: 휴전 회담)

지도 라벨: 국군·유엔군 최대 북진선 / ⓒ / 38° / ㉠ / ㉣ / ㉡ / 중국군 최대 남침선 / 북한군 최대 남침선

더 알아보기

김일성의 권력 장악
소련군과 함께 북한에 입성한 김일성은 소련의 지원을 받아 권력을 점차 장악하였다. 북조선 임시 인민 위원회의 위원장이 되어 친일파 처단, 무상몰수·무상분배의 토지 개혁, 주요 산업 국유화 등을 추진하면서 민심을 얻고 공산주의 체제를 강화하였다.

1 북한 정권의 수립 – 조선 민주주의 인민 공화국 선포

북한은 정부 수립을 위해 북조선 노동당(1946. 8.), 북조선 인민 위원회(1947. 2.), 인민군 등을 조직하였다. 남한에서 1948년 8월 대한민국 정부가 수립되자, 북한은 최고 인민 회의 대의원 선거(1948. 6.)를 실시하여 **김일성을 수상**으로 하는 **조선 민주주의 인민 공화국을 수립**(1948. 9.)하였다.

2 6·25 전쟁

(1) 배경

북한은 남한을 공산화하고자 남침 준비에 돌입하여 군사력을 증강시켰다. 한편 국제적으로는 냉전 체제가 강화되는 가운데 1949년 중국이 공산화되었으며, 1950년 1월에는 미국이 **애치슨 라인**을 발표하였다.

(2) 전쟁의 전개

마침내 북한은 1950년 6월 25일 **남침을 강행**하여 서울을 함락시켰다. 국군은 **낙동강 전선까지 후퇴**하였는데, **유엔군이 파견**되자 9월 **인천 상륙 작전**을 성공시켜 전세를 역전시켰다. 이후 국군은 서울을 수복하고, 평양을 함락하여 10월에 압록강까지 진격하였다. 그러나 **중국군이 참전**하면서 서울이 다시 함락 (1·4 후퇴, 1951)되었고, 다시 반격을 가하여 **38도선 일대에서 교착 상태**가 이루어졌다.

3 휴전 협정의 체결

소모적인 전투가 계속되자 1951년 6월 소련이 휴전을 제의하였고 이후 수차례의 **휴전 협정**이 진행되었다. 이 협정의 최대 쟁점은 **군사 분계선의 설정과 포로 송환 방법**(유엔군은 개별 자유 송환, 공산군은 전원 자동 송환 주장) 등의 문제였다. 우리 정부와 국민은 남북 분단이 영구화될 것을 우려하여 휴전 반대 운동을 전개하였고, 이승만은 북진 통일을 주장하면서 휴전협정 체결에 반대하였다. 이승만 정부는 휴전 반대 의사를 표현하기 위해 **1953년 6월 반공 성향이 있는 인민군 포로들을 석방**하였다. 그러나 **1953년 7월** 판문점에서 **휴전 협정이 체결**되었다.

그리고 미국은 한국 정부에게 한·미 상호 방위 조약 체결(1953.10), 한국군 증강, 경제 원조 등을 약속하였다.

더 알아보기

애치슨 라인

미 국무장관 애치슨은 한반도와 타이완을 미국의 태평양 방위선에서 제외한다고 선언하였다. 이 선언은 한반도에서 전쟁이 일어나도 미국이 개입하지 않을 것이라는 오해를 불러일으켰다.

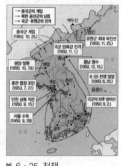

■ 6·25 전쟁

PART 08

대표 기출문제

(가) 시기에 있었던 사실로 옳은 것은?   2017년 국가직 7급

1950. 6.	1950. 9.	1951. 1.	1951. 6.	1953. 7.
6·25 전쟁 발발	서울 수복	1·4 후퇴	휴전 회담 시작	정전 협정 체결

(가)

① 대규모 해상 작전인 흥남 철수가 이루어졌다.
② 이승만 정부가 반공 포로의 석방을 단행하였다.
③ 맥아더 장군이 유엔군 총사령관직에서 해임되었다.
④ 미국은 극동 방위선에서 한국을 제외한다고 선언하였다.

흥남 철수(1950. 12. 15.~12. 24.)

오답분석
② 반공 포로 석방(1953. 6.),
③ 맥아더 해임(1951. 4.),
④ 애치슨 선언(1950. 1.)

정답 ①

Theme 51 이승만 정부와 박정희 정부

기/출/분/석

구분	2008~2016	2017	2018	2019	2020	2021	2022	2023
국가 9급	• 남북의 정치 (1950's~) • 4 · 19 혁명 • 대한민국 헌법					유신 체제		박정희 정부
지방 9급	4 · 19 혁명	개헌 과정		베트남 파병	3차 개헌	박정희 정부	• 4 · 19 혁명 • 유신 헌법	
법원 9급	• 2차 개헌 • 박정희 정부(2)				개헌 과정	• 이승만 정부 • 유신 헌법		

해/법/요/람

10년 단위로 정리하는 현대사

1950년대	제1공화국	이승만	개헌 과정, 4 · 19 혁명
1960년대	제3공화국	박정희	경제 성장 & 반공
1970년대	유신 체제	박정희	통일 주체 국민 회의 · 긴급 조치
1980년대	제5공화국	전두환	강권 통치 vs 유화 정책, 87년 6月 민주화 항쟁
1988년	제6공화국	노태우	外 북방 외교 vs 內 여소야대
1993년	문민 정부	김영삼	각종 개혁 vs 각종 사건(IMF)
1998년	국민의 정부	김대중	外 햇볕 정책 vs 內 신자유주의

1 발췌 개헌과 사사오입 개헌 ☆

(1) 발췌 개헌(1952. 7.)

1950년 2대 국회의원 선거에서 정부에 비판적인 세력이 대거 당선되자, 이승만 정부는 간접 선거로는 대통령 선거에서 재선될 가능성이 희박하다고 판단하였다. 이에 1952년 임시 수도인 부산에서 **직선제로 헌법을 고치는 개헌안**을 거수기립 표결의 방식으로 **통과**시켰다(발췌개헌). 이에 따라 1952년 8월 **이승만은 직선제 선거를 통해 대통령으로 당선**되었다.

(2) 사사오입 개헌(1954. 11.)

이승만과 자유당은 이승만의 장기 집권을 위해 **초대 대통령의 중임 제한을 철폐**한다는 헌법 개정안을 제출하였다. 개헌 정족수 136표에 1표가 부족해 부결되었으나, 자유당은 **사사오입을 주장하며 개헌안을 통과**시켰다(사사오입 개헌).

2 독재 체제 강화

1956년 3대 대통령 선거에서 '못 살겠다, 갈아보자'라는 구호를 외치던 민주당 신익희 후보가 선거 직전에 갑자기 사망함에 따라 3대 대통령 선거에서 이승만이 당선되었다. 그러나 무소속 후보인 조봉암의 선전에 놀란 이승만 정부는 진보당 사건(1958)을 일으켜, **진보당의 조봉암을 간첩 혐의로 사형**시켰다. 또한 언론 규제를 주요 내용으로 하는 국가 보안법 개정안을 통과시켰으며, 정부에 비판적인 기사를 보도한 경향신문을 폐간하였다.

3 3·15 부정 선거

1950년대 후반부터 미국의 경제 원조가 줄어들기 시작하자 우리 경제 상황은 악화되었다. 이에 따라 독재 정치뿐 아니라 경제 문제에 대해서도 이승만 정부에 대한 불만이 높아졌다.

이러한 상황에서 자유당 정권은 1960년 3월 15일 정·부통령 선거가 치러지자 대통령에 이승만, 부통령에 이기붕을 당선시키기 위해 **대대적인 부정 선거를 자행**하였다.

더 알아보기

사사오입의 논리

국회는 정부 개헌안을 재적의원 203명 중 찬성 135표(개헌 정족수에 1표 부족), 반대 60표, 기권 7표로 부결시켰다. 자유당은 재적의원 203명의 2/3는 135.333이지만, 근사치인 135명으로도 가결할 수 있다는 논리를 내세웠다.

■ 3대 대통령 선거 포스터

더 알아보기

3·15 부정 선거

사전투표, 3인조·9인조 공개투표, 대리투표, 투표함 바꿔치기 등의 부정이 행해졌다.

▮ 마산 의거

▮ 4 · 19 혁명

더 알아보기

4 · 19 혁명의 의의
학생과 시민이 중심이 되어 독
재 정권을 붕괴시킨 민주 혁명,
우리나라 민주주의 발전의 초석

4 4 · 19 혁명 ✮ ✮

부정 선거에 분노한 마산 학생과 시민들이 시위를 벌이자(**마산 의거**), 경찰은 무력으로 진압하였다. 이에 사상자가 많아졌으며, 시위 도중 실종된 **김주열 학생**이 최루탄을 맞은 시신으로 발견되자 시민들은 더욱 격분하였다.

시위는 전국으로 확산되었고, 4월 19일 대도시에서 **학생과 시민의 대규모 시위가 전개**되었다. 이에 경찰은 무차별 총격을 가하였고, 정부는 비상 계엄령을 선포하였다. 그럼에도 불구하고 시위는 계속되었고 4월 25일에는 대학 교수들이 시국 선언문을 발표하였다. 결국 4월 26일 **이승만은 대통령 하야 성명을 발표**하고 미국으로 망명하였다.

🔊 사료　서울대학교 학생회의 4월 혁명 선언문

> 상아의 진리탑을 박차고 거리에 나선 우리는 질풍과 같은 역사의 조류에 자신을 참여시킴으로써 …… 관료와 경찰은 민주를 위장한 가부장적 전제 권력의 하수인으로 발벗었다. 민주주의 이념의 최저의 공리인 선거권마저 권력의 마수 앞에 농단되었다.

5 장면 내각의 출범

(1) 허정의 과도 정부

이승만이 하야한 후 혼란을 수습하고자 허정을 내각 수반으로 하는 과도 정부가 구성되었다. 과도 정부는 **내각 책임제**와 양원제로 헌법을 개정(3차 개헌)하고 총선거를 실시하였다. 총선거에서는 민주당이 압승하였고, 새로 구성된 국회에서 실시된 선거에서 **대통령에 윤보선, 국무총리에 장면**이 선출되었다.

(2) 장면 내각

노동 · 청년 · 학생 운동이 활발히 일어났으며, 학생과 혁신 세력에 의해 **평화 통일 논의**도 활성화되었다. 그러나 정부는 개혁 의지가 미약하였고 남북 협상에도 소극적이었으며, 게다가 경제 상황 악화와 당내 세력 다툼 등으로 분열되었다.

▮ 가자 북으로 오라 남으로
남북 학생 회담 환영 및 통일
궐기 촉진 대회에서 주장된
'가자 북으로! 오라 남으로!'

6 5 · 16 군사 정변과 박정희 군사 정부 성립

장면 내각의 정치적 혼란을 틈타 박정희 중심의 일부 군부 세력이 1961년 5월 16일 정변을 일으켰다. 이들은 최고 통치 기관인 **국가 재건 최고 회의**를 구성하여 군정을 실시하였다. 그리고 정보 수집 기관으로 **중앙정보부**를 설치하였다. 또한, 정치 활동 정화법 제정 · 사회 정화 사업 · 화폐 개혁 · 1차 경제 개발 계획 등을 추진하였다.

▮ 5 · 16 당시의 박정희

7 박정희 정부의 출범과 활동

(1) 박정희 정부 출범

군사 정부는 민정 이양을 위해 **대통령 중심제·**단원제를 주요 내용으로 하는 개헌안을 통과시켰다(1962, 5차 개헌). 다음해 군사 정부는 민주 공화당을 창당하여 정권을 계속 장악하고자 하였다. 1963년 10월 대통령 선거에서 공화당 후보로 나선 박정희가 당선되면서 제3공화국이 출범하였다.

(2) 3공화국의 주요 정책

박정희 정부는 **경제 개발과 반공**을 국시로 내세우며 **경제 개발 계획을 추진**하였다. 또한 경제 개발에 필요한 자금 확보를 위해 **한·일 국교 정상화 회담**을 추진했는데, 1964년 학생과 시민은 시위(**6·3 시위**)를 전개하여 일본의 반성과 그에 따른 배상이 제대로 이루어지지 않음을 비판하였다. 이에 정부는 계엄령을 선포하고 시위를 진압했으며, 결국 **1965년 6월 한·일 협정을 체결**하였다. 또한 미국의 요청으로 **베트남 파병을 결정**함에 따라 미국으로부터 군사 원조와 차관을 획득하였다.

1967년 6대 대통령 선거에서 재선된 박정희는 장기 집권을 위해 1969년 **3선 개헌안(대통령 연임 횟수를 3회로 연장)을 변칙 날치기로 통과시켰다.** 이를 반대하는 시위가 전국으로 확산됐음에도 불구하고, 박정희는 1971년 7대 대통령 선거에서 당선되었다.

8 유신 체제의 성립과 붕괴

(1) 배경

1970년대 초 미국이 닉슨 독트린을 발표하면서 **냉전 체제가 완화**되었다. 이러한 국제 정세의 변화에 반공을 내세워 정권을 유지해 온 박정희 정부는 위기감을 느끼게 되었다. 또한 국내적으로는 수출 부진, 성장 위주의 경제 개발이 초래한 사회 모순 심화 등으로 민심이 악화된 상태였다.

(2) 유신 체제의 성립 ✿

정부는 **1972년** 한국적 민주주의를 표방하며 **10월 유신**을 단행하였다. 10월 17일 비상계엄을 선포하고 11월 **유신 헌법**을 국민투표로 확정하였다. 유신 헌법에 따라 **통일 주체 국민 회의**에서 **임기 6년의 대통령**을 **간선제**로 선출하게 했으며, 중임 제한이 철폐되어 대통령의 영구 집권이 가능해졌다. 또한 **대통령의 권한이 극대화**되어 국회와 법원을 장악할 수 있게 되었으며 **긴급조치**라는 초헌법적 권리가 부여되었다. 단독 출마한 박정희는 통일 주체 국민 회의의 압도적인 지지를 받아 8대 대통령에 선출(1972. 12.)되었다.

김종필·오히라 메모와 브라운 각서

1. 김종필·오히라 메모(1962): 김종필과 오히라는 한·일 회담의 성사 조건으로 일본 정부가 박정희 정부에게 무상 3억 달러, 정부 차관 2억 달러, 상업 차관 1억 달러를 제공할 것을 비밀리에 합의하였다.
2. 브라운 각서(1966): 한국군을 베트남에 파병하면 비용은 미국이 부담하고 한국군의 현대화를 지원하며, 미국이 군사 원조와 차관을 추가 대여하기로 약속하였다.

유신 헌법

대통령의 임기를 6년으로 연장, 통일 주체 국민 회의에서 대통령 간접 선거, 대통령의 중임 제한 철폐, 대통령이 국회 의원의 1/3을 직접 임명, 국회 해산권·긴급 조치권 등을 대통령에게 부여하여 대통령이 초법적인 권한을 가진 독재 체제였다.

(3) 유신 체제에 대한 저항과 탄압

일본에서 유신 반대 운동을 하던 **김대중**이 국내로 납치되어 연금되는 사건(1973)이 발생하였고, 재야 인사 중심으로 개헌 청원 1백만 명 서명 운동이 전개(1973)되었다.

이에 유신 정권은 **긴급 조치**를 발동하여 유신 반대 운동을 탄압하였다. 그럼에도 불구하고 유신 체제에 대한 저항은 계속되어 **1976년** 재야 인사들은 명동 성당에서 박정희 정권 퇴진 등을 요구하는 **3·1 민주 구국 선언**을 발표하였다.

(4) 유신 체제의 붕괴

1978년 7월 박정희는 통일 주체 국민 회의의 간접 선거로 9대 대통령에 선출되었다. 그러나 YH 노동자 사건과 **김영삼 의원직 발탈** 등으로 야당과 국민의 불만이 크게 고조되었다. 이에 부산과 마산 등지에서 유신 체제를 반대하는 대규모 시위(**부·마 항쟁**)가 일어나는 등 정치적으로 혼란하였다. 이러한 상황에서 경호실장 차지철과 갈등을 빚어온 정보부장 김재규의 저격으로 **박정희가 피살**당하며(10·26 사태) 유신 체제는 붕괴되었다.

 **대표 기출문제**

밑줄 친 '나'가 집권하여 추진한 사실로 옳은 것은? **2023년 국가직 9급**

나는 우리 국민이 선천적으로 타고난 재질을 최대한으로 활용하여 다각적인 생산 활동을 더욱 활발하게 하고, …(중략)… 공산품 수출을 진흥시키는 데 가일층 노력할 것을 요망합니다. 끝으로 나는 오늘 제1회 수출의 날 기념식에 즈음하여 …(중략)… 이 뜻깊은 날이 자립 경제를 앞당기는 또 하나의 계기가 될 것을 기원합니다.

① 대통령 직선제 개헌을 추진하였다.
② 3·1 민주 구국 선언을 발표하였다.
③ 반민족 행위 특별 조사 위원회를 구성하였다.
④ 베트남 파병에 필요한 조건을 명시한 브라운 각서를 체결하였다.

제시된 자료는 1964년 12월 5일 제1회 수출의 날 기념식이 열렸는데, 이때 박정희 대통령이 발표한 기념사의 내용이다. 따라서 밑줄 친 '나'는 박정희 대통령이다. 박정희 대통령 때인 1966년에 미국과 브라운 각서를 체결하여 한국의 베트남 파병에 대한 보상 조치를 확인받았다.

정답 ④

전두환 정권과 제6공화국

구분	2008~2016	2017	2018	2019	2020	2021	2022	2023
국가 9급	• 민주화 운동 • 6월 민주 항쟁							
지방 9급								
법원 9급	• 6월 민주 항쟁 • 김영삼 정부 • 현대의 정치 (2)	6월 민주 항쟁		민주화 운동				

1 신군부 세력과 5 · 18 광주 민주화 운동

10 · 26 사태 이후 국민들은 민주 사회가 올 것을 기대하였다. 그러나 1979년 12월 12일 **전두환, 노태우 등 신군부 세력**이 병력을 동원하여 군부를 장악 (**12 · 12 사태**)하였다. 이에 1980년 5월 서울에서는 '계엄령 철폐, 유신 헌법 폐지, 전두환 퇴진' 등을 주장하는 민주화 운동이 확산되었다('**서울의 봄**'). 5월 17일 **신군부 세력은 전국적으로 계엄령을 확대**하고 일체의 **정치 활동을 금지**하였다. 5월 18일 **광주**에서는 학생들의 시위가 일어났다. 이때 신군부가 공수 부대를 투입하여 무자비하게 시위를 진압하자, 분노한 시민들이 무장하여 **시민군을 조직**하였다. 결국 5월 27일 계엄군이 시민군이 있던 전남도청을 점령하고 저항하는 시민군을 살상하면서 진압하였다.

■ 5.18 민주화 운동

2 전두환 정부

(1) 제5공화국 출범

5 · 18 민주화 운동을 탄압하며 집권에 성공한 신군부는 **국가 보위 비상 대책 위원회**를 조직하고 정치 활동 통제, 언론 통폐합, 삼청 교육대 운영 등을 추진 하였다. 1980년 8월 전두환은 통일 주체 국민회의의 간접 선거에 의해 11대 대통령으로 선출되었으며, 1980년 10월 대통령 선거인단의 **간접 선거**와 **대통령 7년 단임제**를 주요 내용으로 하는 8차 개헌을 확정하였다. 이 개헌안에 따라 1981년 2월 전두환이 12대 대통령에 선출되면서 제5공화국이 출범하였다.

더 알아보기

3저 호황
저달러, 저금리, 저유가의 국제적 경제 상황을 의미한다. 달러 약세와 저유가 현상으로 원자재를 비교적 싸게 들여왔으며, 경쟁국인 일본의 엔화 강세에 힘입어 수출을 증대할 수 있었다.

(2) **주요 정책**

전두환 정부는 **민주화 운동과 노동 운동을 탄압**하고 **언론을 통제**하는 동시에 해외여행 자유화, 야간 통행금지 해제, 교복 자율화 등 유화 정책도 추진하였다. 한편, 이 시기에는 **3저 호황**에 따라 경제 성장과 수출 증대를 이루기도 하였다.

3 6월 민주 항쟁 ✦✦

야당 정치인들과 재야 세력들은 전두환 정권의 독재에 맞서 직선제 개헌 운동을 추진하였다. 이런 상황에서 1987년 1월 서울대생 **박종철이 경찰의 고문에 의해 사망**하고, 4월 13일에 전두환 정부가 헌법을 그대로 유지한 채 선거를 실시하겠다는 내용의 **4·13 호헌 조치**를 발표하자 국민들이 더욱 분노하였다. 그해 6월 10일 박종철 고문 살인에 대한 조작과 은폐 규탄 및 호헌 철폐를 주장하는 국민 대회가 일어나 전국적으로 민주화 운동이 확산되었다(**6월 민주항쟁**). 마침내 정부는 이에 굴복하여 민정당 차기 대통령 후보로 지명된 노태우가 **6·29 민주화 선언**을 발표하였다. 이 결과 **대통령 직선제와 5년 단임제**를 주요 내용으로 하는 9차 개헌이 이루어졌다.

더 알아보기

6·29 민주화 선언
대통령 직선제 개헌을 통한 평화적 정부 이양을 보장하고, 김대중 사면 복권, 정치범 석방, 지방 자치 실현, 정당의 활동 보장, 인간의 존엄성 및 국민의 기본권 존중 등을 약속하였다.

▌ 6월 민주 항쟁

> **사료** 6·10 대회 선언문
>
> 꽃다운 젊은이를 야만적인 고문으로 죽여 놓고 그것도 모자라서 뻔뻔스럽게 국민을 속이려 했던 현 정권에게 국민의 분노가 무엇인지를 분명히 보여 주고, 국민적 여망인 개헌을 일방적으로 파기한 4·13 폭거를 철회시키기 위한 민주 장정을 시작한다.

4 노태우 정부(1988~1992)

1987년 12월 대통령 선거가 있었는데, 김영삼·김대중 등 야당 후보의 단일화 실패, 지역 감정 심화 등으로 민주 정의당 **노태우 후보가 13대 대통령으로 당선**되었다. 노태우 정부는 **지방 자치제를 부분적으로 실시**하였고 **소련**(1990), **중국**(1992)과 **국교를 수립**하였다. 또한 북한과도 관계가 개선되어 **남북한 유엔 동시 가입**(1991. 9.), **남북 기본 합의서 채택**(1991. 12.) 등의 성과를 이루었다.

5 김영삼 정부(1993~1997)

30여 년 동안 이어진 군사 정권이 종식되고 **문민정부**가 출범하였다.
김영삼 정부는 공직자 윤리법(고위 공직자 재산 등록), **금융 실명제** 등을 추진했으며, 1995년에는 **지방 자치제를 전면 실시**하였다. 경제적으로는 **경제 개발 협력 기구(OECD)에 가입**(1996)하며 시장 개방 정책을 실시했으나, 그러나 1997년 경제 위기를 맞이하여 **국제 통화 기금(IMF)에 구제 금융을 신청**하였다.

사료 금융 실명제 발표

저는 이 순간 엄숙한 마음으로 헌법 제76조 1항의 규정에 의거하여, 「금융 실명 거래 및 비밀 보장에 관한 대통령 긴급 명령」을 반포합니다. … 이 시간 이후 모든 금융 거래는 실명으로만 이루어집니다.

6 김대중 정부(1998~2002)

최초로 선거에 의한 평화적 여야 정권 교체가 이루어졌다.
김대중 정부는 경제 위기를 극복하고자 노사정 위원회를 설치하였고 기업의 구조 조정, 외국 자본 유치, 부실기업 정리 등을 실시하여 **IMF 관리 체제를 극복**(2001)할 수 있었다. 또한 여러 방면에서 사회 개혁과 민주화를 추진하였고, 대북 화해 정책을 전개하여 금강산 관광 사업(1998), 최초의 남북 정상 회담과 **6·15 남북 공동 선언**(2000) 등을 이루었다.

7 노무현 정부(2003~2007)

노무현 정부는 정경 유착 단절, 권위주의 청산을 위해 노력하였고 과거사 진상 규명법을 제정하였으며, 2007년에는 평양에서 2차 **남북 정상 회담**을 가졌다.

더 알아보기

노사정 위원회
경제 위기와 IMF 관리 체제를 극복하기 위한 사회적 협의 기구이다. 경제와 사회 개혁, 노사 관계 개선을 위해 노력하였다.

대표 기출문제

다음은 같은 해에 벌어졌던 사건들이다. 이러한 사건들로 말미암아 나타난 사실로 옳은 것은?   2013년 국가직 9급

- 박종철 사건
- 4·13 호헌 조치
- 6·10 국민 대회 개최
- 민주 헌법 쟁취 국민 운동 본부 결성

① 국가 보위 비상 대책 위원회가 구성되었다.
② 5년 단임의 대통령 직선제 개헌이 이루어졌다.
③ 전국에 계엄령을 선포하고, 모든 정치 활동을 정지시켰다.
④ 대통령의 중임 제한을 없애고 간선제를 골자로 하는 헌법을 제정하였다.

제시된 자료는 1987년에 일어난 6월 민주 항쟁과 관련된 사건들이다. ② 6월 민주 항쟁은 5년 단임의 대통령 직선제로의 개헌을 이끌어냈다.

정답 ②

Theme 53 통일 정책

기/출/분/석

구분	2008~2016	2017	2018	2019	2020	2021	2022	2023
국가 9급	• 남북 기본 합의서 • 통일 정책 순서	통일 정책(하)						
지방 9급	• 7 · 4 공동 성명(3) • 6 · 15 공동 선언	통일 정책(하)	7 · 4 공동 성명					
법원 9급	• 7 · 4 공동 성명(2) • 7 · 4 공동 성명과 6 · 15 공동 선언		통일 정책	6 · 15 공동 선언	통일 정책		통일 정책	

해/법/요/람

통일 정책의 추진

7 · 4 남북 공동 성명	1972	• 자주 · 평화 · 민족적 대단결의 민족 통일 3대 원칙 • 남북 조절 위원회 설치 • 남북 집권 세력은 7 · 4 남북 공동 성명을 독재 체제 강화에 이용
남북 이산가족 고향 방문단 및 예술 공연단 교환 방문	1985	최초로 남북 이산가족 고향 방문, 예술 공연단 교환 방문
남북 유엔 가입	1991. 9.	남북이 유엔에 동시 가입함.
남북 기본 합의서	1991. 12.	• 남북 간의 화해와 불가침 및 교류 · 협력에 관한 합의서 • 통일 지향하는 과정에서 잠정적으로 형성되는 특수 관계 인정
한반도 비핵화 선언	1991. 12.	한반도 비핵화에 관한 공동 선언 채택(1991. 12. 31.)
금강산 관광 사업(해로)	1998	현대 그룹 주도, 금강호가 분단 후 처음으로 동해항에서 출발
6 · 15 남북 공동 선언	2000	• 최초의 남북 정상 회담의 결과, 통일 문제의 자주적 해결 • 남측의 '남북 연합제안'과 북측의 '낮은 단계의 연방제안'의 공통성 인정 • 8 · 15 이산가족 방문단 교환(상봉 면회소 설치), 개성 공단 설치, 경의선 복구

1 박정희 정부의 통일 정책

(1) 남북 적십자 회담 제의(1971)

대한적십자사가 북한에 '1천만 이산가족 찾기'를 위한 회담을 제의하여 1972년
에 서울과 평양에서 남북 적십자 회담이 개최되었다.

(2) 7 · 4 남북 공동 성명(1972)✤

분단 이후 남북한 정부의 합의하에 이루어진 **최초의 공동 성명**이다. **자주 · 평
화 · 민족적 대단결**의 원칙을 천명하고, **남북 조절 위원회** 구성에 합의하였다.
하지만 남 · 북은 이 성명을 **독재 체제 구축**을 위해 **정치적으로 이용**하였다.

> 🔖 **사료** **7 · 4 남북 공동 성명**
>
> 쌍방은 다음과 같은 조국 통일 원칙들에 합의를 보았다.
> 첫째, 통일은 외세에 의존하거나 외세의 간섭을 받음이 없이 <u>자주적</u>으로 해결해
>   야 한다.
> 둘째, 통일은 서로 상대방을 반대하는 무력행사에 의거하지 않고 <u>평화적</u>으로 실
>   현하여야 한다.
> 셋째, 사상과 이념, 제도의 차이를 초월하여 우선 하나의 민족으로서 <u>민족적 대
>   단결</u>을 도모하여야 한다.

2 전두환 정부의 통일 정책 - 남북 이산 가족 상봉(1985)

1984년 남한이 큰 수해를 입었을 때 북한이 구호물자를 제공하여 최초로 물자
교류가 이루어졌고, 이후 여러 분야에서의 회담이 재개되었다. 이러한 노력의
결과 1985년에는 **이산가족 고향 방문** 및 **예술 공연단 교환 방문**이 성사되었다.

3 노태우 정부의 통일 정책

(1) 한민족 공동체 통일 방안(1989)

자주 · 평화 · 민주의 원칙하에 '**남북 연합**'을 설정하여 민족 사회를 통합한 후
민주공화제 통일 국가를 형성할 것을 제의하였다. 또한 이후 남북 고위급 회담
(1990), **남북한 유엔 동시 가입**(1991. 9.)이 이루어졌다.

(2) 남북 기본 합의서(남북 간 화해와 불가침 및 교류 협력에 관한 합의서, 1991. 12.)✤

남북한 정부 간에 이루어진 **공식 합의서**로, **서로의 체제를 인정**하고 **상호 불가
침에 합의**했다는 점에 큰 의의가 있다.

> 🔖 **사료** **남북 기본 합의서**
>
> 제1조 남과 북은 서로 상대방의 체제를 인정하고 존중한다.
> 제9조 남과 북은 상대방에 대하여 무력을 사용하지 않으며 상대방을 무력으로
>   침략하지 아니한다.

■ 제1차 남북 이산가족 만남

(3) **한반도 비핵화 공동 선언(1991. 12. 31. 합의 ⇨ 1992. 2. 발효)**
남북한이 핵전쟁에 대한 위협을 제거하기 위한 것이었다.

4 김영삼 정부의 통일 정책

더 알아보기
김영삼 정부 때의 남북 관계
북한의 핵 개발을 억제하기 위해 경수로 원자력 발전소 건설 사업을 추진하여 한반도 에너지 개발 기구(KEDO)를 구성하였다.

김영삼 정부는 통일의 3원칙(자주·평화·민주)과 3단계(화해·협력, 남북 연합, 통일 국가)를 제시한 **민족 공동체 통일 방안**을 발표(1994)하였다.

5 김대중 정부의 통일 정책 ✦

김대중 정부는 평화·화해·협력을 통한 남북 관계 개선을 목표로 **햇볕 정책**을 추진하여 대북 화해 협력을 추구하였다.
1998년 **금강산 관광이 시작**되었다. 이후 평양에서 **제1차 남북 정상 회담**이 열려 통일 정책의 기조를 남북 관계의 화해와 협력으로 전환한다는 **6·15 남북 공동 선언**(2000)에 합의하였다. 그 결과 이산가족 방문단의 교환이 이루어졌고, **경의선 복구·개성 공단 건설** 등 경제 협력이 이루어졌다.

> **사료** 6·15 남북 선언문
>
> 1. 나라의 통일 문제를 우리 민족끼리 서로 힘을 합쳐 자주적으로 해결해 나가기로 하였다.
> 2. 나라의 통일을 위한 남측의 연합제 안과 북측의 낮은 단계의 연방제 안이 서로 공통성이 있다고 인정하고, 이 방향에서 통일을 지향하기로 하였다.
> 4. 경제 협력을 통해 민족 경제를 균형적으로 발전시키고, 사회·문화·체육 등의 협력과 교류를 활성화하여 서로의 신뢰를 다져 나가기로 하였다.

대표 기출문제

남북 기본 합의서는 1991년 12월 노태우 정부 때 합의 및 채택되었다.

남북 관계에 대한 역대 정부의 합의로 옳지 않은 것은?   **2017년 국가직 9급(하)**
① 박정희 정부 - 7·4 남북 공동 선언
② 김영삼 정부 - 남북 기본 합의서
③ 김대중 정부 - 6·15 남북 공동 선언
④ 노무현 정부 - 10·4 남북 공동 선언

정답 ②

Theme 54 경제의 발전과 사회의 변화

구분	2008~2016	2017	2018	2019	2020	2021	2022	2023
국가 9급	• 농지 개혁 • 1960년대 경제 • 현대 문화 전반	• 농지 개혁 • 인구 정책	1960년대 경제		• 해방 직후 경제 • 1980년대 경제	1950년대 경제		
지방 9급	• 농지 개혁(2) • 1970년대 경제	• 교육 정책 • 1960·70년대 경제		농지 개혁				
법원 9급	• 농지 개혁(2) • 경제 상황(2)		농지 개혁	1970년대 경제	1960년대 경제			

1 이승만 정부의 경제 정책

이승만 정부 때는 **미국의 경제 원조**에 의존하여 산업이 발달하였다. 소비재와 원료 중심으로 원조를 받았는데, 점차 무상 원조에서 유상 차관 방식으로 변하였다. 1949년에는 **귀속 재산 처리법**을 제정하여 일본인 소유의 공장을 민간 기업에 불하하였다.

2 농지 개혁 ✯

농민들의 토지 재분배 요구와 북한의 토지 개혁(1946) 등의 영향으로 이승만 정부는 1949년에 **농지 개혁법**을 제정하고 1950년 3월부터 시행하였다. **3정보**를 상한으로 그 이상의 농지를 **유상 매수**하고 농민에게 3정보 한도 내에서 **유상 분배**함을 원칙으로 실시되었다. 하지만 **농지만을 대상**으로 이루어졌다.

🔗 북한의 토지 개혁과 남한의 농지 개혁

구분	시행 시기	대상	내용
북한의 토지 개혁	1946년	전 국토	• 원칙 : 무상 몰수, 무상 분배 • 토지 소유 상한선 : 5정보
남한의 농지 개혁	1950년	농지(산림과 임야 제외)	• 원칙 : 유상 매수, 유상 분배 • 토지 소유 상한선 : 3정보

3 경제 개발 계획

(I) 1·2차 경제 개발 5개년 계획(1962~1966, 1967~1971)

박정희 정부는 장면 정부 때 수립해 놓았던 경제 개발 계획에 기초하여 **1차 경제 개발 5개년 계획**(1962~1966)을 추진하였다. 이 시기에 노동 집약적 산업을 육성하여 수출을 늘리고자 하였다. 이후 도로 등 사회 간접 자본을 확충하고 **경공업 중심 수출 주도형 공업화 정책**을 추진하였다. 이 시기에는 **베트남 전쟁 특수**로 기업과 인력의 해외 진출이 이루어졌다.

1960년대 (1·2차 경제 개발 5개년)	• 정부 주도 노동 집약적 경공업 육성(섬유, 신발) • 베트남 특수, 빠른 경제 성장과 수출 증대 • 경부 고속 국도와 포항 제철의 건설 추진(완성은 1970년대)

(2) 3·4차 경제 개발 5개년 계획(1972~1976, 1977~1981)

1970년대 (3·4차 경제 개발 5개년)	• 재벌 중심의 자본 집약적 중화학 공업 육성(자동차, 조선) • 1973년 1차 석유 파동 ⇨ 건설업 중동 진출로 극복 • 신흥 공업국으로 성장 ⇨ 100억 달러 수출 달성(1977) • 1979년 2차 석유 파동 ⇨ 경기 침체

4 산업화·도시화와 노동 운동

도시와 농어촌 사이의 소득 격차가 커지자 **박정희 정부** 때인 1970년에 '근면, 자조, 협동'을 강조하는 농어촌 근대화 운동인 **새마을 운동**이 전개되었다. 한편, 급속한 산업화가 이루어지는 과정에서 노동자들은 열악한 근무 조건에 시달렸으며, 이에 노동 운동이 전개되었다. 1987년 6월 민주 항쟁 이후에는 노동 운동이 이전보다 활성화되었으며, **국제 노동 기구**(ILO) 가입(1991), **노사정 위원회 설치**(1998) 등 노동자의 권익이 점차 향상되었다.

[더 알아보기]
전태일의 분신 자살(1970)
1970년 11월 서울 청계천의 평화시장에서 전태일이 근로기준법 준수를 외치며 분신자살하였다. 이를 계기로 노동장의 권익에 대한 관심이 높아졌다.

5 교육 정책

미 군정기	미국식 민주주의 교육 도입, 미국식 6-3-3-4 학제 마련
1950년대	1950년부터 국민(초등)학교의 의무 교육 실시
1960년대	• 1968년 국민 교육 헌장 선포 • 1968년 중학교 무시험 진학 제도 결정
1970년대	1974년 고등학교 평준화 정책 시행(고등학교 입학 시험 : 연합고사)
1980년대	과외 전면 금지 시행, 대학 입학 본고사 폐지, 졸업 정원제 등 실시
199년대 이후	• 1994년 대학 수학 능력 시험이라는 새로운 대학 입시 제도 도입 • 2002년부터 중학교 의무 교육의 전국적 시행

MEMO

노범석

주요 약력

박문각 공무원 한국사 전임교수
EBS 공무원 한국사 강사
전) KG패스원 공무원 한국사 전임교수
전) 강남구청 인터넷수능방송 강사
전) 두로경찰간부학원 한국사 교수
전) 을지대학교 한국사 특강 교수

주요 저서

2024 박문각 공무원 입문서 시작! 노범석 한국사
노범석 한국사 기본서
노범석 한국사 필기노트
노범석 한국사 기선제압 OX
노범석 한국사 기출문제집
노범석 한국사 기출필수코드 단원별 실전문제
노범석 한국사 파이널 모의고사
2024 박문각 한국사능력검정시험 노범석 원샷 한능검 심화 1/2/3급

시작!
노범석
한국사

박문각 공무원
입문서

초판인쇄 | 2023. 5. 15. **초판발행** | 2023. 5. 19. **편저자** | 노범석 **발행인** | 박 용
발행처 | (주)박문각출판 **등록** | 2015년 4월 29일 제2015-000104호
주소 | 06654 서울시 서초구 효령로 283 서경 B/D 4층
팩스 | (02)584-2927 **전화** | 교재 주문·내용 문의 (02)6466-7202

저자와의
협의하에
인지생략

이 책의 무단 전재 또는 복제 행위를 금합니다.

정가 19,000원   ISBN 979-11-6987-297-3
                 ISBN 979-11-6987-302-4(세트)

* 본 교재의 정오표는 박문각출판 홈페이지에서 확인하실 수 있습니다.